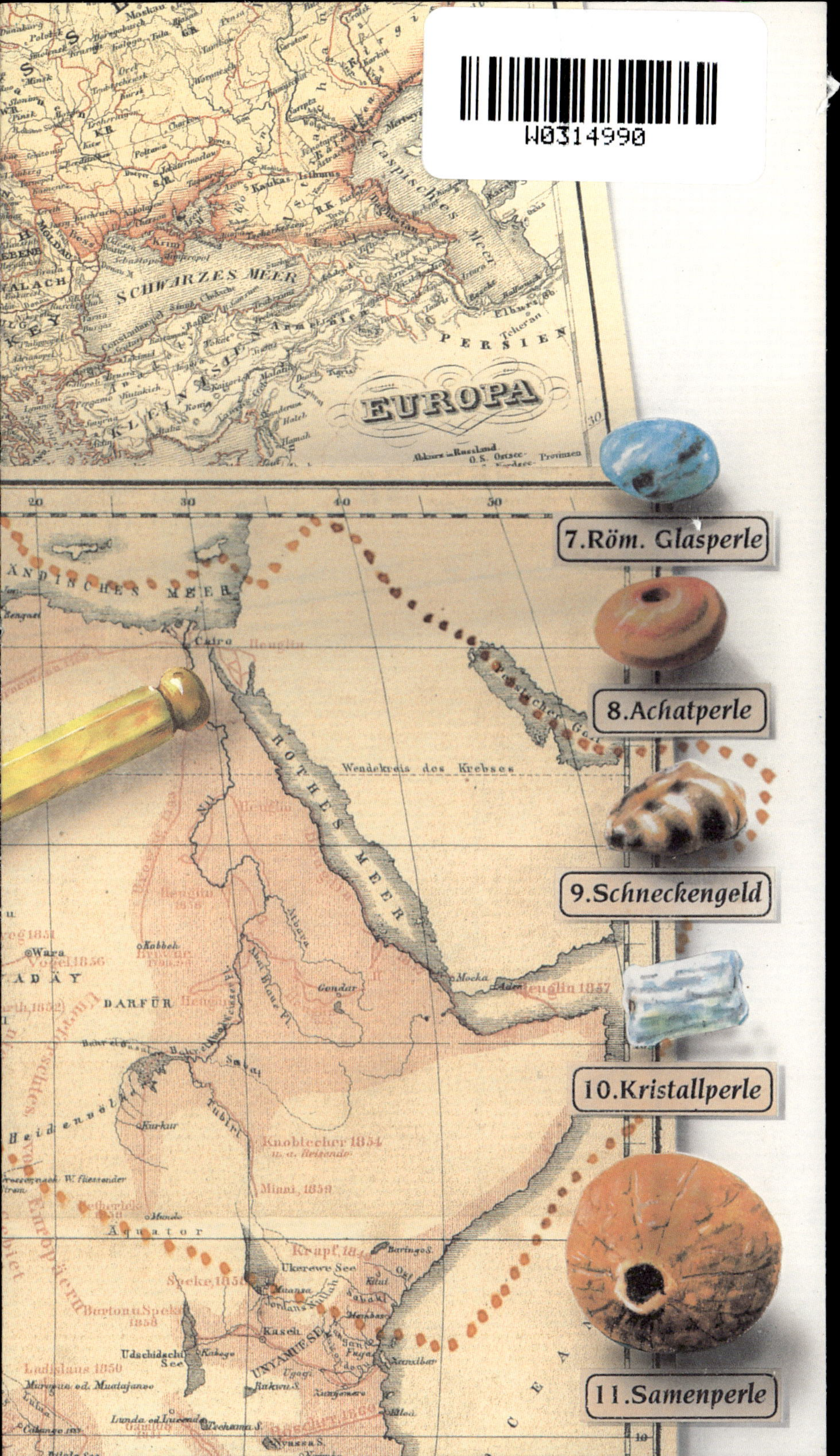

EUROPA
SCHWARZES MEER
PERSIEN
Caspisches Meer
ROTHES MEER
Wendekreis des Krebses
DARFÜR
Äquator
7.Röm. Glasperle
8.Achatperle
9.Schneckengeld
10.Kristallperle
11.Samenperle

Die Perlen-
schnur

Sigrid Heuck

Die Perlen-schnur

Roman

Weitbrecht

Die Autorin bedankt sich herzlich bei Wolfgang Wisgickl, Hudson's Bay Indian Trading Post, München, dessen wertvolle Fachkenntnisse ihr sehr geholfen haben, die geheimnisvolle Welt der alten Glas- und Steinperlen zu erkunden.

Die Deutsche Bibliothek – CIP-Einheitsaufnahme

Heuck, Sigrid:
Die Perlenschnur / Sigrid Heuck. –
Stuttgart; Wien: Weitbrecht, 1995
ISBN 3-522-71840-2

Die Illustration des Schutzumschlags
besorgte Tilman Michalski, München.
Typografie des Umschlags Michael Kimmerle, Stuttgart.
Reproduktion des Umschlags von Repro Brüllmann, Stuttgart.
Satz von KCS GmbH, Buchholz/Hamburg.
Druck und Bindung: Friedrich Pustet, Regensburg.

5 4 3 2 1

1

In den Mittagsstunden wurde die Hitze fast unerträglich. Ein Schleier aus feinem Staub verwandelte die Felstürme hinter der Siedlung Hombori in riesige Schattengestalten, die das kleine Dorf und die vor ihm liegende Wüste zu beherrschen schienen.

Die Straße, die südlich des großen Niger-Flusses Westafrika durchquert und die Hauptstädte Malis und Nigers miteinander verbindet, war kaum mehr als eine sandige, mit unzähligen Rinnen und Schlaglöchern übersäte Piste. Staubstürme, tropische Regengüsse und viele, oft überladene Containerlastzüge hatten ihre Betondecke fast völlig zerstört. »Die Felsen heißen ›Hand der Fatima‹«, erklärte der Mann am Steuer des Rover seiner Frau und seiner Tochter, ohne den Blick von der Straße abzuwenden. »Über ihre Entstehung erzählt man sich hier viele Geschichten.«

Thomas Bender hatte geschäftlich in Timbuktu zu tun gehabt, und weil er sich den Umweg über Gao ersparen wollte, hatte er bei Gourma die Fähre über den Niger benutzt und eine Abkürzung genommen. Diese Abkürzung war eine von Autos nur selten benützte Wüstenpiste. Auf der mehr als hundert Kilometer langen Strecke bis Gossi war ihnen nur ein Kamelreiter mit seinem Kind begegnet.

»Ich hab Durst, Mama!« seufzte das auf der Rückbank des Rover kauernde Mädchen, als sich das Auto Hombori näherte.

»Die Flasche liegt hinten, Jessy«, erwiderte die Frau, ohne sich umzudrehen.

»Die warme Brühe schmeckt so scheußlich. Gibt's dort vorne etwas zum Trinken?« In der schattenlosen Landschaft waren ein paar armselige Lehmhütten zu erkennen.

»Ich weiß nicht.« Karen Bender zögerte und sah zu ihrem Mann hinüber, der das hin und her schlagende Steuerrad krampfhaft festzuhalten versuchte.

»Wegen mir ...«, sagte er müde. »Versuchen können wir's ja. Mir tut schon der Rücken weh von der Rüttelei.« Die Dächer der Hütten bestanden aus losen, mit Felsbrocken beschwerten Wellblechplatten. Vor einem der Gebäude steckte ein Schild im Sand: *Restaurant & Buvette chez Barbra Moro.*

»Hier!« schrie Jessica ihrem Vater in den Nacken. »Hier kriegt man sicher 'ne Cola!« Karen lachte.

»Warum lachst du?« fragte ihre Tochter, weil sie sich nicht erklären konnte, was ihre Mutter so lustig daran fand.

»Fällt euch nicht auf, wie man hier das Wort ›Buffet‹ schreibt?« sagte Karen.

»Es ist die afrikanische Version dieses Wortes«, erklärte ihr Thomas. »Das wird dir noch öfters begegnen.« Er stellte den Rover hinter einem schweren Lastzug am Straßenrand ab und wartete, bis Karen und Jessica den Wagen verlassen hatten. Bevor er ihnen folgte, prüfte er, ob alle Türen verschlossen waren.

In dem fensterlosen Raum standen mehrere einfache Tische und Bänke und an der Rückwand so etwas Ähnliches wie eine Theke. Unter den Tischen suchten ein paar zerrupfte Hühner nach Brotkrumen. Nur ein Plakat, das für Michelin-Reifen warb, gab dem Raum Farbe.

»Haben Sie gekühlte Cola?« fragte das Mädchen die dicke Wirtin. Sie nickte. »Eine für mich bitte!«

»Für mich Tee«, sagte Karen und fügte mit einem Blick auf ihren Mann hinzu: »M'sieur möchte gern ein Bier!«

»Cola, Tee, Bier«, wiederholte die Wirtin. »Was zu essen, Ma'am?«

»Merci, nein.«

An der Theke hockten zwei Afrikaner. Den leeren Flaschen nach, die vor ihnen standen, waren sie schon länger hier. Neugierig musterten sie die drei Weißen. Offenbar kehrten hier nur selten Touristen ein. Doch Karen störte das nicht weiter. Seitdem sie nach Afrika gekommen war, hatte sie sich daran gewöhnt, angestarrt zu werden.

»Fahren wir heute noch bis Bamako?« fragte sie.

»Nein, nur nach Mopti. Ich hab dort noch etwas zu erledigen.«

»Wie weit ist es noch?«

»Etwa dreihundert Kilometer.« Thomas Bender war müde. Er widerstand dem Drang, sein verschwitztes Hemd auszuziehen. Um sich wach zu halten, bestellte er noch eine Tasse Kaffee.

Gerade als die Wirtin den Kaffee brachte, erschien in der Türöffnung ein Mann. Gegen das grelle Sonnenlicht war seine Gestalt nur als Schattenriß erkennbar. Erst als er näher kam, erkannte Karen, wie schrecklich mager und alt er war. Arbeit und schlechte Ernährung hatten seinen Rücken gekrümmt, seine Haare grau gefärbt und in seine Gesichtshaut Risse gegraben. Sein bis zum Boden reichendes Hemd hatte die Sonne gebleicht und die Zeit verschlissen. Er trug eine Brille, deren eines Glas zersprungen war. Mit schlurfenden Schritten durchquerte der Alte den Raum und blieb vor den drei Weißen stehen. Er zog etwas aus seiner Tasche und hielt es über den Tisch.

»Ma'am?« murmelte er leise in fragendem Ton und sah dabei Karen an.

»Oh!« rief Jessica entzückt, als sie eine bunte Perlenschnur erkannte. »Ist die aber schön!« Die meisten Perlen schienen aus Glas zu sein. Ein paar von ihnen waren mit Punkten, Spiralen oder kleinen Blättchen verziert, zwischen ihnen befanden sich einige Schneckenhäuser. Eine fiel durch ihre Größe auf. Sie sah aus wie eine Samenkapsel.

»Was soll sie kosten?« fragte Karen den Mann, denn es war offensichtlich, daß er ihr die Kette zum Kauf anbot. Doch anstatt einen Preis zu nennen, zuckte der Alte nur mit den Schultern und sah sich ein wenig ratlos um. »Er kann sie nicht verstehen, Ma'am«, mischte sich die Wirtin ein. »Er ist ein Songhai, und von denen sprechen die wenigsten französisch.«

Einer der Männer vom Nebentisch bot sich als Übersetzer an. Er erklärte ihnen, daß der Mann dreitausend Malifrancs für die Kette haben wollte.

»Wieviel ist das?« fragte Karen ihren Mann.

»Ungefähr fünfzehn Mark. Vielleicht kann man ihn noch herunterhandeln.«

»Nicht handeln!« sagte Karen. »Schau ihn an! Vielleicht hat er Hunger.«

Doch offensichtlich litt der Mann nicht nur unter Hunger. Die Augen waren entzündet, und auf seinem Handrücken waren offene, eiternde Stellen zu sehen.

»Vielleicht braucht er Geld für eine Medizin, Mama?« flüsterte Jessica ihrer Mutter ins Ohr, während ihr Vater bereits ein paar abgegriffene Scheine aus der Brusttasche seines Hemdes zog, dreitausend Franc abzählte und sie auf den Tisch legte. Daß ihn die Wirtin und die beiden anderen Gäste für einen dummen Touristen hielten, der nicht wußte, daß man in Afrika feilschen muß, nahm er gelassen hin.

Mit einer langsamen, fast zärtlichen Bewegung, die Karen so vorkam, als ob ihm die Trennung schwerfiel, legte der Alte die Glasperlenkette auf den Tisch und griff nach den Scheinen. Er nickte, ohne zu lächeln, drehte sich um und verließ den Raum. Karen sah ihm nach, bis seine Gestalt im grellen Licht der Türöffnung verschwunden war.

»Darf ich sie haben?« bettelte Jessica.

»Wegen mir, aber laß sie mich zuerst waschen, bevor du sie anziehst«, erwiderte ihre Mutter.

»Waschen? Wozu?«

»Weil man nicht weiß, ob sie vielleicht jemand getragen hat, der krank war«, erklärte Karen. Während ihr Mann die Getränke bezahlte, suchte sie eine kleine Plastiktüte aus ihrer Umhängetasche, in der sie die Kette verpackte. Enttäuscht sah ihr Jessica dabei zu. Sie hätte sie gern sofort angezogen.

»Es ist besser so«, erklärte ihr Karen. »Heute abend im Hotel wasche ich sie. Dann kannst du sie morgen tragen.«

2

Karen war das erste Mal in Afrika. Als ihr Mann ihr mitgeteilt hatte, daß ihn seine Firma für mehrere Monate nach Mali schicken würde, um einige Brunnenbohrungen zu beaufsichtigen, hatte sie entsetzt reagiert. In ihrer Vorstellung war Afrika ein wildes, gefährliches Land, das aus Steppen, Urwäldern und Wüsten bestand, allenfalls noch aus einigen schmutzigen Städten, in denen man sich schreckliche Seuchen holen konnte. Sie hatte ihn gleich gebeten, die Firmenleitung zu überreden, jemand anderen mit diesem Auftrag dorthin zu schicken. Doch dann mußte sie feststellen, daß sich Thomas auf diese Arbeit freute. Erst als er ihr mitteilte, daß die Firma ihr und Jessica die Flugtickets bezahlen würde, damit sie ihn besuchen könnten, hatte sie sich in das Unvermeidliche gefügt und der bevorstehenden Trennung das Beste abzugewinnen versucht. Ganz im Gegensatz zu ihr hatte sich Jessica von Anfang an auf diese Reise gefreut. Thomas war der Meinung gewesen, mit ihren dreizehneinhalb Jahren sei sie alt genug, um die Eindrücke einer solchen Reise aufnehmen und verarbeiten zu können. Er hatte eine Weile gebraucht, um Karen davon zu überzeugen, und erst als er betonte, wie hilfreich es seiner Meinung nach für Jessicas Französischkenntnisse sein würde, durch ein Land zu reisen, in dem nur französisch gesprochen wurde, hatte sie eingewilligt.

Inzwischen hatte sie festgestellt, daß diese Reise für ihre Tochter ein großes Abenteuer bedeutete, und sie gab sich große Mühe, es ebenso anzusehen. Mit eigenen Augen etwas zu sehen, mit eigenen Ohren zu hören, mit der eigenen Nase die fremden Gerüche in sich aufzunehmen und die Hitze auf der Haut zu spüren war eine andere Sache, als darüber nur erzählt zu bekommen. Allmählich vergaß sie, wie sehr sie dagegen gewesen war. Jeder Tag steckte voller Erlebnisse und neuer Erfahrungen. Die Nächte in der Wüste, der ruhig dahinfließende Niger, die riesigen Baobab-Bäume, das alles hatte sie sehr beeindruckt. Nur die

Menschen blieben ihr fremd. Sie waren für sie noch wie die Abbildungen in einem schönen Bildband, deren Fremdartigkeit man bestaunte und bewunderte. Sie hätte gern gewußt, was in ihnen vorging, was sie dachten und fühlten und wie sie lebten, und daher war sie ziemlich enttäuscht, daß sie so wenig Kontakt mit ihnen bekam. Als sie sich mit Jessica darüber unterhielt, erfuhr sie, daß es ihr so ähnlich erging.

»Wahrscheinlich geht das nicht so schnell«, versuchte Jessica sie zu trösten.

»Vielleicht sind wir auch zu ungeduldig und würden die Menschen hier erst besser kennenlernen, wenn wir einige Zeit mit ihnen zusammenleben könnten«, erwiderte Karen. Doch mit dieser Antwort war das Mädchen nicht zufrieden gewesen.

Am Morgen nach ihrer Ankunft in Mopti trug Jessica zum erstenmal die neue Halskette. Karen hatte die Perlen am Abend zuvor gewaschen. Dabei hatte sie sie gezählt: »... neunundachtzig, neunzig, einundneunzig. Mit der Samenperle sind es einundneunzig«, sagte sie laut.

»Einundneunzig was?« fragte Jessica zerstreut, die gerade ihre Reisetasche auspackte.

»Die Kette besteht aus einundneunzig Perlen«, wiederholte Karen.

»Ach so!«

Während sie zählte, hatte sie eine Perle nach der anderen ein Stück zur Seite geschoben, wobei ihr aufgefallen war, daß sich unter ihnen auch eine Perle aus Holz und eine aus einem bräunlichen Stein befand. Wieder eine andere sah aus, als habe sie jemand aus einem Kristall geschlagen. Sie hielt die Perlenschnur vor ihre Nachttischlampe. Erstaunt beobachteten Jessica und sie, daß einzelne Perlen im Licht aufleuchteten und andere nicht. Eine einfache blaue, röhrenförmige, die sie vorher nicht beachtet hatten, schimmerte plötzlich meergrün, eine runde, schwarze glühte rubinrot, und eine ovale, die sie für undurchsichtig gehalten hatten, wurde durchsichtig violett. Das alles kam ihnen wie Zauberei vor.

»Sie ist bunt wie ein Regenbogen!« rief Jessica entzückt.

Sie nahm ihrer Mutter die Kette aus der Hand und schüttelte sie hin und her. Dabei vernahmen sie ein merkwürdiges Geräusch, das aus der Samenperle kam. Es hörte sich an, als ob sich in ihrem Inneren winzige Tropfen bewegten.

»Von nun an werde ich die Kette jeden Tag tragen«, teilte Jessica ihrer Mutter mit. Die Perlen gefielen ihr. Ihre unterschiedlichen Erscheinungsformen machten sie geheimnisvoll.

An diesem ersten Morgen besichtigten Karen und ihre Tochter allein die Stadt. Thomas konnte sie nicht begleiten. Er verhandelte mit den örtlichen Behörden, weil seine Firma den Auftrag erhalten hatte, hier eine Wasserleitung zu verlegen.

Mopti lag an der Mündung des Bani-Flusses in den Niger. Ihr Hafen war das östliche Tor zum Binnendelta, das südliche war Djenné und das nördliche Timbuktu. Fast alle Häuser waren aus Lehm erbaut. Sie hatten höchstens zwei Stockwerke und ein flaches Dach. Karen und Jessica besuchten die ebenfalls aus Lehm erbaute Moschee. Sie liefen durch die engen Gassen, aßen in einem kleinen Fischrestaurant am Hafen zu Mittag und kehrten, als es ihnen zu heiß wurde, in ihr Hotel zurück, um ein paar Stunden zu schlafen. Als sie von dem Hotelbesitzer erfuhren, daß am übernächsten Tag der berühmte Wochenmarkt stattfinden sollte, beschlossen sie, Thomas zu überreden, noch so lange hierzubleiben. Daß sich ihre Bitte erübrigte, weil ihn seine Arbeit noch mindestens zwei Tage hier festhielt, erfuhren sie am Abend.

Wie ihnen der Hotelbesitzer noch erzählte, wurde eigentlich jeden Tag ein kleiner Markt in Mopti abgehalten, doch donnerstags trafen sich dort mehr Leute als an den anderen Wochentagen, um Waren zu kaufen, zu verkaufen oder einzutauschen.

Am Donnerstag morgen stakten dann von allen Seiten Bauern und Fischer mit ihren schmalen Pirogen über die Wasser des Niger und des Bani nach Mopti. Nur wenige Boote waren mit Außenbordmotoren ausgestattet. Bald stauten sie sich Bordwand an Bordwand im Hafenbecken.

»Findest du nicht, daß sie Ähnlichkeit mit venezianischen Gondeln haben, Jessy«, fragte Karen. »Es fehlt ihnen nur der aufgewölbte Bug.« Gemächlich schlenderten sie an den Ständen der Fischhändler vorbei und an denen der Metzger, auf deren Waren dicke, grünliche Schmeißfliegen hockten.

»Da käme bei uns gleich das städtische Gesundheitsamt!« stellte Jessica mit einem Blick auf die Fliegen fest.

»Hier nimmt man das offensichtlich nicht so genau«, sagte Karen, und als ihr einfiel, daß sie vor zwei Tagen wahrscheinlich so einen Fisch gegessen hatten, schüttelte sie sich vor Ekel.

Sie blieben bei den Frauen stehen, die ihre Feldfrüchte in kleinen Pyramiden auf dem Boden ausgelegt hatten, und bei jenen, die winzige Reiskugeln in schwimmendem Öl ausbrieten. Männer mit großen Zuckerrohrbündeln auf dem Kopf drängelten sich durch die Menge der Marktbesucher, wobei sie sorgfältig darauf achteten, keinen der auf dem Boden ausgestellten Tonkrüge umzustoßen. Karen staunte über die Frauen, die ihr ebenso dick und reif erschienen wie die Melonen, die sie auf dem Kopf trugen. Sie hatten sich ihre selig im Schlaf lächelnden oder zufrieden um sich blickenden Babys auf den Rücken gebunden. Vornehmer aussehende Damen trugen zum Zeichen ihrer Würde kunstvoll um ihre Köpfe geschlungene Tücher, die fast immer aus demselben Stoff wie ihre Gewänder geschnitten waren. Bei der einen türmte sich das Tuch wie ein Turban auf, während bei einer anderen die Enden wie ein Schleier über den Rücken herabhingen. Kleine Mädchen ließen sich von älteren Frauen die kurzen Kraushaare in winzig kleine Zöpfchen flechten, und Jessica stellte mit großem Erstaunen fest, wie viele verschiedene Möglichkeiten von Zopffrisuren es gab.

Das Herz des Marktes bestand aus einem Geviert aus Buden, die sich von den übrigen Marktständen dadurch unterschieden, daß man die Gänge zwischen ihnen mit Bambusmatten überdacht hatte. Die Stände gehörten Gewürz-, Teppich- und Altwarenhändlern und solchen, die einfaches Kunstgewerbe, Schmuck oder Plastikgeschirr verkauften. In den schmalen Gassen herrschte Dämmerlicht, das ab und zu durch einen schräg einfallenden Sonnenstrahl unterbrochen wurde.

Karen entdeckte einen Deckenhändler, der handgewebte Decken in traditionellen Mustern anbot. Weber aus dem Bambara-Stamm hatten sie auf ihren Webstühlen angefertigt und bei den fliegenden Händlern, die flußauf- und flußabwärts die Dörfer besuchen, gegen Salz oder Tee getauscht. Sie hätte gern eine der Decken gekauft, doch ihre Tochter drängte sie weiterzugehen, weil sie wissen wollte, ob es hier Perlenketten zu kaufen gäbe, die so aussahen wie ihre.

Unter den Bambusmatten staute sich die Hitze. Es

roch nach Schweiß, nach ranzigem Fett, nach Hundekot und faulem Gemüse. Karen hatte die Hitze bisher wenig ausgemacht, doch hier klebten ihr die Kleider auf der Haut, und der Schweiß lief ihr in die Augen. Das Schwatzen der Marktbesucher vermischte sich mit den Klängen aus mehreren Kassettenrecordern zu einem Summen und Rauschen. Längst hatte Karen die schwermütige westafrikanische Musik lieben gelernt. Hier, im Halbdunkel des Marktes und zusammen mit all den anderen Geräuschen, hatte sie eine betäubende Wirkung. Sie spürte, daß sie auf einmal schläfrig wurde und ihre Umgebung nicht mehr genau wahrnahm.

»Nicht so schnell!« rief sie, als sie entdeckte, daß der Abstand zwischen Jessica und ihr immer größer wurde. Kurz darauf verlor sie sie ganz aus den Augen, weil sich andere Marktbesucher zwischen sie drängten. Erst als die Frauen vor ihr stehenblieben, schreckte sie hoch und sah sich um. Dabei begegnete sie kurz den Augen eines Mannes, der sie von einem Seitengang aus beobachtete. Der Mann trug eine Brille. Als ein Lichtstrahl die Gläser traf, blitzten sie auf, und Karen sah, daß eines der Gläser zerbrochen war. Blitzartig wurde ihr bewußt, daß der Mann der alte Songhai sein mußte, der ihnen während der Rast in Hombori die Perlenschnur verkauft hatte. An seine gekrümmte Gestalt, die grauen Haare und das ausgebleichte, verschlissene Gewand konnte sie sich noch gut erinnern. Er winkte ihr, und seine Lippen bewegten sich. Dann drehte er sich um und ging davon, und es schien, als ob er sich völlig sicher wäre, daß sie ihm folgen würde. Doch Karen widerstand der Aufforderung und wandte sich ab. Viel mehr interessierte es sie, warum ihr die Frauen den Weg versperrten. Als sie sich noch einmal kurz nach dem Mann umdrehte, war er verschwunden, als habe er sich in Luft aufgelöst. Im selben Augenblick hörte sie Jessica rufen:

»Nein, nicht! Lassen Sie mich gehen!«, und der verzweifelte Ton in ihrer Stimme gab ihr die Kraft, zwei Frauen ein wenig zur Seite zu drücken, um zu erkennen, was vor ihr geschah. Sie sah, daß ihre Tochter von einer auf dem Boden kauernden Greisin festgehalten wurde. Die Frau hatte nur ein Auge. Dort, wo das andere sein sollte, schien das Lid nur ein Loch zu bedecken. Das gesunde Auge war schwarz wie ein Kohlestück.

Hastig, mit einem Gefühl zwischen Angst und Neugier, suchte Karen in ihrer Tasche nach einer Münze, mit der sie ihre Tochter von der Frau, die offensichtlich eine Bettlerin war, loskaufen könnte. Dabei hörte sie, wie die Alte mit heiserer Stimme zu reden begann, während sie auf Jessicas Halsschmuck deutete: »Du tragen schöne Perlenschnur«, brabbelte sie. »Alte Kette mit viele Perle. Perle erzählen von Leute, die sie gemacht aus Sand und Asche und Feuer. Dann gefädelt auf Schnur aus trockenem Gras. Perle und noch einmal Perle und noch und noch.« Gebannt starrte Jessica die Alte an, während sie versuchte, ihre Worte zu verstehen. »Geschichte von Leute, die vor viel, viel Zeit getauscht Perle gegen Sklave, Gold, Elfenbein oder Gewehr. Erzählen Geschichte von Händler und von Seeräuber, von Schmuggler, Medizinmann, auch von König und tapfere Krieger. Eine ist gewesen Träne von Frau, andere Tropfen von Regenbogen gefallen auf Erde, und noch einmal andere hat begleitet tote Mann auf letztes Reise als Geschenk für Geister. Doch in eine stecken Zauber, große, heilige Zauber. Du nicht wissen, was Zauber bedeuten. Mir geben Kette, bitte! Gehören hierher und nicht in Land von weiße Menschen!« Immer noch umklammerte die Alte Jessicas Bein.

»Bitte lassen Sie mich los!« Hilflos beobachtete Karen, wie ihre Tochter versuchte, die Hand abzuschütteln.

»Gib mir die Perlen! Ich brauchen. Du nicht. Gib, gib!« wiederholte die Greisin wieder und dabei versuchte sie, sich an Jessicas Hosenbein hochzuziehen, in der eindeutig erkennbaren Absicht, ihr die Schnur vom Hals zu reißen. Da stieß Karen mit all ihrer Kraft die gaffenden Frauen zur Seite, drängte sich durch die Lücke, packte ihre Tochter und zog sie mit sich. Die knochigen Finger der Alten öffneten sich, und das Mädchen war frei.

Sie verließen die engen Gänge so schnell es ihnen möglich war, drängelten sich durch die Masse der Marktbesucher, stießen Körbe zur Seite, schoben Kinder vor sich her, und Karen blieb nicht einmal stehen, als ein Baby auf dem Rücken seiner Mutter zu weinen begann, weil sie ihm im Vorbeihasten das Beinchen eingeklemmt hatte. Erst als sie das Dämmerlicht des gedeckten Marktes verlassen hatten und die von der grellen Sonne geblendeten Augen zusammenkneifen mußten, blieben sie aufatmend stehen.

»Was war das?« fragte Karen Jessica, die immer noch ein wenig zitterte.

»Die Alte wollte mir die Kette wegnehmen. Ich weiß auch nicht warum.«

»Verlangte sie kein Geld von dir?«

»Nein, nein. Sie wollte die Perlen. Nichts anderes.«

»Laß uns ins Hotel zurückkehren!« schlug Karen vor. Doch der Vorfall ließ beide so schnell nicht los. Während Jessica über die düsteren Worte der Greisin nachdachte, machte sich Karen Vorwürfe, ihre Tochter mit auf diese Reise genommen zu haben. Sie hatte sie unbekannten Gefahren ausgesetzt, Gefahren, vor denen sie niemand gewarnt hatte und vor denen sie ihr Kind nicht beschützen konnte. Sie selbst war in einer Welt aufgewachsen, die von Wissenschaft und Technik beherrscht wurde. Religiosität spielte nicht mehr die Rolle, die sie noch vor hundert Jahren gespielt hatte, und sie wußte nicht, ob sie das bedauerte oder nicht. Doch hier in Afrika schien das alles anders zu sein. Hier gab es noch vieles, daß die Weißen nicht begriffen. Der Glaube an Götter und Geister gehörte immer noch zu dem Leben der Menschen hier. Unbegreifliches war noch möglich, und es gab sicher viele Geheimnisse, die einem Außenstehenden unverständlich bleiben würden.

Jessica unterbrach ihre Überlegungen mit einer Frage:

»Was war das für eine Frau, Mama? Und warum wollte sie die Perlen? Sie war mir unheimlich.«

»Es war eine Bettlerin, Jessy. Bettlerinnen gibt's überall«, versuchte Karen sie zu beruhigen. »Und außerdem ist es keine Kunst, zu erkennen, daß die Perlen an deiner Kette alt sind.« Sie fand, daß ihre Stimme wenig überzeugend klang.

»Aber es muß irgendeine Bewandtnis mit den Perlen haben.« Jessica ließ sich nicht so schnell von ihrem Thema abbringen.

»Ach was«, erwiderte Karen, und das klang barscher, als es sonst ihre Art war. »Deine Phantasie geht mit dir durch.« Womit sie ihre Tochter zum Schweigen gebracht hatte.

Am Abend sprach sie mit Thomas über den Vorfall.

»Erstens bin ich sicher, daß du den Songhai, von dem wir die Perlen kauften, mit einem anderen Mann verwechselt hast. Die dunkle Haut macht für uns alle Afrikaner einander ähnlich«, gab Thomas ihr zu bedenken, als sie geendet hatte. »Und zweitens ...«

»Nein, nein«, unterbrach ihn Karen schnell. »Er trug die zerbrochene Brille und ein zerschlissenes graues Hemd. Ich habe ihn deutlich gesehen. Er hat mir ein Zeichen gegeben, daß ich ihm folgen soll.«

»Das bildest du dir sicher nur ein«, sagte Thomas. Da überlegte sich Karen, ob ihr die Hitze, der Gestank, die Musik und das Gemurmel der Marktbesucher, das sie wie eine Decke eingehüllt hatte, bis sie glaubte, ersticken zu müssen, die Sinne verwirrt haben könnten.

»Und was meintest du mit zweitens?« erinnerte sie ihn an das, was er sagen wollte, bevor sie ihn unterbrochen hatte.

»Du bist zum ersten Mal in Afrika, und da ist alles fremd und exotisch für dich. Merkwürdigen alten Frauen wirst du noch oft begegnen und schließlich erkennen, daß an ihnen nichts Geheimnisvolles ist.«

»Aber ich mache mir Vorwürfe, daß ich Jessica mit hierher gebracht habe. Für sie ist das alles vielleicht zu viel?«

»Ach was!« Thomas lachte. »Jessica ist kein kleines Kind mehr. Du wirst dich daran gewöhnen müssen, daß sie erwachsen wird und ihre Erfahrungen machen muß. Wir können sie nicht immer behüten.« Da schluckte Karen und schwieg, weil sie wußte, wie sinnlos es sein würde, ihm klarzumachen, daß auch ihr die Begegnung mit der Alten unheimlich vorgekommen war. Für so etwas hatte er kein Verständnis.

Da Thomas Bender seine Geschäfte in Mopti erledigt hatte, fuhren sie gegen Mittag des nächsten Tages nach Bamako zurück, wo seine Firma ein Büro unterhielt.

3

Ein paar Tage lang verfolgte Karen noch der Gedanke an die einäugige Bettlerin. Einmal erschien ihr die Alte sogar im Traum und verlangte die Kette zurück. ›Sie gehört uns‹, sagte sie mit ihrer heiseren Altweiberstimme, ›gib sie zurück! Afrikanische Menschen haben teuer bezahlt. Weiße Frau kann nicht verstehen wie teuer.‹ Und als sie nach der Glasperlenkette griff, war Karen schnell davongelaufen.

Auch ihre Tochter hatte den Vorfall offenbar nicht vergessen, denn sie ließ ihren Eltern keine Ruhe mehr. »Ich würd' so gern mehr über die Perlen erfahren!« sagte sie eines Abends.

»Ach was«, erwiderte Thomas. »Da gibt's nichts zu wissen. Es sind alles einfache, billige Glasperlen, nichts weiter. Wertvoll sind nur Muschelperlen, die von Perlentauchern aus den Tiefen der Meere geholt werden, aber auch die werden heute schon künstlich hergestellt.«

Doch mit dieser Antwort gab sich Jessica nicht zufrieden.

»Kennst du denn niemand, der sich ein bißchen auskennt mit so was?« stand Karen ihrer Tochter bei. Sie kannte sie gut und wußte aus Erfahrung, daß Jessica nicht so schnell nachgab, wenn sie sich einmal etwas in den Kopf gesetzt hatte. Das beste würde sein, wenn ihr jemand anderer erklärte, daß hinter den Perlen kein Geheimnis steckte. Vorher würde sie keine Ruhe geben.

»Vielleicht kann dir Herr Ndobo, der Direktor des Nationalmuseums weiterhelfen«, antwortete Thomas. »Ich habe ihn und seine Frau einmal auf einer Einladung der Regierung kennengelernt. Damals hat er mir angeboten, mich durch sein Museum zu führen und mit der Kultur seines Landes bekannt zu machen. Er ist sicher so freundlich, einen Blick auf die Perlen zu werfen. Richtet ihm einen Gruß von mir aus!«

Am nächsten Tag besuchten Karen und Jessica das Nationalmuseum. Sie mußten sich gedulden, denn Monsieur Ndobo war in einer Besprechung. Diese würde sicher noch lange dauern, und weil er morgen auswärts zu tun habe, sollten sie in zwei Tagen wiederkommen, erklärte ihnen die Sekretärin. »So gegen drei Uhr am Nachmittag«, sagte sie. »Dann wird sich der Herr Direktor Zeit nehmen. Er freut sich immer sehr, wenn sich jemand für seine Arbeit interessiert.«

Weil sie schon einmal da waren, besichtigten Karen und Jessica die Ausstellungsräume. Jessica las ihrer Mutter laut vor, was auf den Schrifttafeln stand, die hinter den Vitrinen an der Wand hingen. »›Das Reich der Songhai erreichte unter den Königen Sonni Ali und Askia Mohammed im 15. und 16. Jahrhundert seine größte Ausdehnung. Seine Hauptstadt war Gao am Nigerfluß. Die beiden anderen wichtigen Städte waren Timbuktu und Djenné. Askia Mohammed gründete in Timbuktu eine Universität, die bald zum geistigen Zentrum ganz Westafrikas wurde. Die Frauen der Songhai waren weithin berühmt für ihre magischen Fähigkeiten. Da es Animisten waren, gab es viele Geheimgesellschaften.‹ Was sind Animisten, Mama?« unterbrach sich Jessica selbst.

»Animisten glauben an Naturgeister und Dämonen, die man beschwören muß, soviel ich weiß«, erklärte ihr Karen. »Lies weiter!«

»›Eine der letzten Songhai-Siedlungen befindet sich in den Bergen von Hombori.‹ – Ist das nicht dasselbe Hombori, wo wir meine Kette gekauft haben?«

»Das ist schon möglich.«

Sie wanderten an vielen Holzstatuen vorbei, betrachteten den in Glasschränken ausgestellten Goldschmuck und die an den Wänden hängenden Götter- und Teufelsmasken, deren groteske Vereinfachung Karen Furcht einflößte. Jessica las ihrer Mutter die Tafel über den Stamm der Bambara vor, danach die über den Stamm der Fulbe, der Peul und der Tuareg. »Es gab viele Völker im alten Sudanreich«, stellte sie fest. »Und alle lebten friedlich miteinander.«

»Nein, nein«, klärte Karen sie auf. »Soviel ich weiß, gab es hier ebenso viele Kriege wie bei uns. Aber komm jetzt, Jessy, laß uns gehen! Mir tun schon die Füße weh.«

Am übernächsten Tag kamen sie wieder und wurden gleich bei Herrn Ndobo vorgelassen. Die geschlossenen Rolläden tauchten sein Büro in Dämmerlicht. An der Decke drehte sich ein Ventilator, doch er brachte nur wenig Kühlung.

»Darf ich ihnen etwas zu trinken anbieten?« fragte der Direktor freundlich. Er war ein schmächtiger Afrikaner mit Brille und schütterem Haar. Er trug einen Straßenanzug und darunter ein weißes Hemd und eine Krawatte.

Karen bat für ihre Tochter und sich um ein Glas Mineralwasser. Monsieur Ndobo holte die Getränke aus einem Kühlschrank. Er selbst schenkte sich einen Whisky ein, in den er ein paar Eisstücke warf.

»Was kann ich für sie tun?« fragte er, nachdem seine Gäste den ersten Schluck getrunken hatten.

»Wir haben vor einigen Tagen eine alte Kette gekauft«, begann Karen, »und weil meine Tochter Jessica ziemlich neugierig ist, würde sie gern etwas über die Perlen erfahren.«

Jessica zog sich den Schmuck über den Kopf und legte ihn auf den Tisch. Der Direktor schob sich die Brille auf die Stirn, hielt sich die Kette vor die Augen und prüfte jede einzelne Perle.

»Woher haben Sie sie?« fragte er.

»Aus Hombori. Ein Mann hat sie uns angeboten«, sagte Karen.

»Was haben Sie dafür bezahlt?«

»Dreitausend Franc.«

»Das war preiswert«, erwiderte Monsieur Ndobo. »Der Mann muß in Not gewesen sein. Einige Perlen sind wertvoll und auch sehr alt …«

»Wie alt ungefähr?« wollte Karen wissen. Allmählich begann ihr zu dämmern, daß es doch mehr als nur einfache Glasperlen waren, die der Songhai ihnen verkauft hatte.

»Ganz genau kann ich das nicht sagen, aber ich schätze vier- oder fünftausend Jahre vielleicht.«

»Können Sie uns etwas über sie erzählen?« unterbrach ihn Jessica ungeduldig.

»Nur über diejenigen, die aus Venedig stammen oder besser gesagt von der Insel Murano«, erklärte ihr der Direktor.

»Welche sind das?«

»Die rotbraunen und die schwarzen, deren Lochung mit einer weißen Schicht umgeben ist und die man verziert hat. Sie sind zwar im Verhältnis zu anderen Perlen an dieser Kette wahrscheinlich ziemlich jung. Hundert oder hundertfünfzig Jahre, vielleicht auch etwas älter.«

»Aber wie kommen sie von Venedig hierher?«

»Das ist ein langer Weg und eine lange Geschichte«, erwiderte Herr Ndobo lächelnd und wandte sich Karen zu, die es sich in einem Sessel bequem gemacht hatte.

»Wenn Sie etwas Geduld haben, kann ich sie Ihnen erzählen.«

»Hoffentlich nehmen wir ihre Zeit nicht zu sehr in Anspruch.«

»Aber nein. Ich freue mich sehr, daß Sie sich für so etwas interessieren. Ich werde meine Geschichte auch ein wenig ausmalen, damit das kleine Fräulein mehr davon hat!« Er füllte die Gläser noch einmal nach und begann:

Eine Handvoll Blütenperlen

An einem Tag im Jahr 1797 glänzten die kupfernen und goldenen Kuppeln der venezianischen Kirchen mit den spiegelnden Wellen der Lagune um die Wette. Die Tauben flatterten gurrend um den Campanile und die Gondoliere schmetterten ihre Liebeslieder, während auf der in unmittelbarer Nähe Venedigs gelegenen Insel Murano ein kleiner Junge geboren wurde, der von seinen Eltern den Namen Jacopo erhielt.

Seit dem dreizehnten Jahrhundert war das alte Venedig eine der bedeutendsten und reichsten Handelsstädte der westlichen Welt. Venezianische Kaufleute segelten weit über alle damals bekannten Ozeane und trieben Handel mit Arabien, Persien, dem osmanischen Reich und Afrika. Berühmte Baumeister errichteten die Kirchen und Paläste Venedigs auf unzähligen Eichensäulen mitten in einer Lagune, weil sich die Menschen dort sicherer fühlten als auf dem Festland. Statt Straßen gab es Kanäle und statt Fuhrwerke Gondeln oder andere Boote.

Nach dem Untergang von Byzanz, das ein Zentrum der Glasmacherei gewesen war, zogen viele Glasmeister von dort nach Venedig, weil sie von dem sagenhaften Reichtum dieser Stadt gehört hatten. Doch als sich zu viele von ihnen dort niederließen, verbannten sie die Männer, die die Gesetze machten und die sich ›Der Rat der Zehn‹ nannten, nach Murano. Die Angst, daß die heißen Glasöfen eine Feuersbrunst entfachen könnten, war der eine Grund, und der andere war, daß man die Glasmacher besser unter Kontrolle haben wollte, denn die Rezepte der Farbmischungen und die Technik, mit der die kostbaren Schalen, Pokale und Perlen hergestellt wurden, waren streng geheim. Bei Androhung der Todesstrafe und Sippenhaftung war es den Glasmachern verboten, etwas davon an Fremde zu verraten.

Schon lange hatten die Kaufleute erkannt, daß sie mit bunten Glasperlen fast überall auf der Welt gute Geschäfte machen konnten. Der Gewinn betrug oft mehr als das hundertfache des Einkaufspreises.

Doch nachdem Kolumbus die Neue Welt entdeckt hatte, begann der Glanz Venedigs zu verblassen. Die großen Segelschiffe brauchten zu lange, um das Mittelmeer zu durchqueren und sich dann erst auf die Reise nach Westen zu machen. Von Lissabon, Amsterdam und London aus ging das bedeutend schneller. Schließlich übergab in jenem Jahr 1797, in dem Jacopo geboren wurde, der letzte Doge die Schlüssel der Stadt an Kaiser Napoleon von Frankreich, der sie schon kurze Zeit später an Österreich weiterreichte.

Jacopos Vater war ein Glasmachermeister, und es war von vornherein ausgemacht, daß sein Sohn später einmal das gleiche Handwerk erlernen sollte. Jacopo liebte es, mit seinen Freunden in den Gassen der kleinen Inselstadt zu spielen. Sie wetteiferten, wer von der eisernen Brücke aus am weitesten über den großen Kanal spucken konnte oder liehen sich einen klobigen Fischerkahn aus und taten, als seien sie Gondoliere.

Davon, daß es den Glaswerkstätten auf der Insel zunehmend schlechter ging, merkte der Junge wenig. Die Zeiten, in denen europäische Fürsten und Könige für ihre Schlösser Glaslüster in Murano bestellten, waren vorbei. Und wenn trotz allem ein reicher Mann einen Lüster für seinen Salon haben wollte, dann gab er einer böhmischen Werkstatt den Auftrag. Das ging schneller und war nicht so teuer. Die Folge davon war, daß viele große Glaswerkstätten Arbeiter entlassen mußten. Auch Giovanni, Jacopos Vater, verlor seine Arbeit. Da er nichts anderes konnte, als mit Glas umgehen, kaufte er sich eine ›Lampe‹, das war ein kleiner Brenner, mit deren Hilfe er in Heimarbeit Perlen aus vorgefertigten Glasstäben um einen dünnen Metallstab wickeln und anschließend mit Punkten oder Linien verzieren konnte. Glücklicherweise gab es immer noch genügend Händler, die ihm seine Ware abnahmen. Nebenbei zeigte er seinem Sohn, wie man den Draht vor der Flamme drehen muß und anschließend zusammen mit der Perle in ein kleines Sandhäufchen steckt, damit das noch weiche Glas nicht zu schnell abkühlt und vielleicht zerspringt.

Die Jahre vergingen. Jacopo wuchs heran, und schon bald interessierte er sich nicht mehr so für die Spiele mit seinen Freunden, dafür aber mehr für hübsche Mädchen. Wenn er, wie alle anderen, am Tag des Heiligen Markus mit seiner Familie von Murano nach Venedig segelte, um in der Markuskirche die Messe zu besuchen, dann konnte er seine Blicke kaum von den jungen, schön herausgeputzten Venezianerinnen lösen, die nach dem Kirchenbesuch unter der Aufsicht ihrer Mütter oder einiger Tanten auf dem Markusplatz auf und ab wandelten.

Von allen diesen Mädchen gefiel ihm die schöne Isabella Colani am besten. Sie war die Tochter eines reichen Kaufmanns. In ihren dunklen Haaren schimmerten echte Perlen, und wenn sie anmutig hinter ihrer Mutter den Platz überquerte, dann kam es ihm vor, als ob ihre Füße kaum den Boden berührten. Daß es eine ihrer liebsten Beschäftigungen war, in einen Spiegel zu sehen und sich selbst zu bewundern, wußte er leider nicht.

Jacopo verliebte sich unsterblich in sie. Jedenfalls glaubte er das. Mit allen Mitteln versuchte er, ihre Aufmerksamkeit zu erregen. Doch sie schenkte ihm keine Beachtung. Er schrieb ihr mit ungelenker Handschrift kleine Liebesbriefchen, ließ ihr durch einen Freund Blumen überbringen und sang eines Nachts sogar ein schmachtendes Liebeslied vor ihrem Fenster, woraufhin ihn Isabellas Vater durch einen Diener davonjagen ließ.

Doch schon bald fehlte ihm die Zeit, um seiner Angebeteten seine Liebe zu zeigen, denn sein Vater wurde sehr krank. Von Jacopos Fleiß hing es ab, ob die Familie satt wurde oder nicht. Bis tief in die Nächte hinein saß der junge Mann vor der Lampe und wickelte Perlen, die er anschließend so verzierte, wie es die Händler bei ihm in Auftrag gegeben hatten. Während er das tat, träumte er davon, daß die schöne Isabella seine Liebe erwidern würde, und wie wunderbar es sei, wenn sie erst einmal verheiratet wären. Er sah sich mit ihr in einem Garten spazierengehen, und in Gedanken pflückte er kleine Blüten und steckte sie ihr in den Ausschnitt. Eines Tages fiel ihm ein, er könnte vielleicht ihre Aufmerksamkeit mit einer Perlenkette erringen, bei der er jede einzelne Perle mit winzigen Blüten bemalte. Die Perlen müßten aus rotbraunem Glas sein, so wie die Erde eines Blumenbeetes, und die Blüten gelb, weiß oder rosafarben. Das würde sich gut von der bleichen Haut Isabellas abheben. Es wäre ein ihrer unvergleichlichen Schönheit würdiger Schmuck. Von da an versuchte Jacopo Nacht für Nacht, nachdem er seine tägliche Anzahl Perlen fertiggestellt hatte, sein

Vorhaben in die Tat umzusetzen. Er verwendete die dünnsten Glasstäbe, die es zu kaufen gab, und hielt sie über die Flamme, bis ihre Enden zu glühen begannen. Dann malte er mit ihnen winzig kleine Ranken, Blüten und Blättchen auf die vorbereiteten Perlen. Er arbeitete, bis seine Augen tränten und der Draht mit der Perle in seiner Hand so heiß wurde, daß er sich die Finger an ihm verbrannte. Es dauerte lange, bis er mit dem Ergebnis zufrieden war, und dann noch länger, bis er so viele Perlen zusammen hatte, daß sie für eine Kette reichten. Als er sie auffädelte, zitterten seine Hände bei dem Gedanken, daß sie schon bald die Haut des Mädchens berühren würden, das er liebte. Er verschnürte sein Geschenk zu einem kleinen Päckchen und wartete auf eine günstige Gelegenheit.

Eines Tages stand Jacopo dann auf der Piazzetta und wartete auf das Ende der Messe. Als Isabella hinter ihren Eltern aus dem großen Mittelportal trat, ging er auf sie zu. Doch dann verließ ihn auf einmal der Mut, er warf ihr das Päckchen zu und lief davon, weil er Angst hatte, sie könnte sein Geschenk ablehnen. Die erstaunte und ein wenig erschrockene Isabella ließ er einfach stehen. Das Mädchen war ziemlich ratlos, was sie mit Jacopos Päckchen anfangen sollte.

»Was ist das?« fragte ihre Mutter, die nichts von dem Vorfall bemerkt hatte.

»Ich weiß es nicht«, erwiderte Isabella.

»Gib her!« verlangte die Mutter und nahm ihr Jacopos Geschenk aus der Hand. Zu Hause angekommen, packte sie es zusammen mit Isabella aus. »Was soll denn das?« sagte das Mädchen kopfschüttelnd. »Es ist eine Glasperlenkette.«

»Wer erdreistet sich, meiner Tochter Glasperlen zu schenken!« rief die Mutter entrüstet. »In unserer Familie tragen die Frauen nur echte Perlen und Steine.« Sie wollte die Kette schon ihrer Zofe schenken, als Signor Colani den Raum betrat und die Perlen auf dem Tisch entdeckte. Er befand sich gerade mitten in den Vorbereitungen zu einer Handelsreise und war daher ständig auf der Suche nach Waren, die er in Afrika oder Arabien gegen etwas anderes eintauschen konnte. Auf den ersten Blick erkannte er, daß sich mit diesen Blütenperlen sicher besonders gute Geschäfte machen ließen.

»Wo habt ihr die Kette her?« fragte er.

»Ein Verehrer hat sie Isabella geschenkt«, erklärte ihm seine Frau.

»Ein Verehrer? Wie heißt er?«

Glücklicherweise hatte seine Tochter einige von Jacopos Liebesbriefchen aufgehoben, weil sie vorgehabt hatte, sich mit ihnen vor ihren Freundinnen zu brüsten. Auf den Wunsch ihres Vaters hin holte sie sie aus ihrer Kammer.

»Jacopo Vaccari, Murano«, sagte der Vater. »Schickt einen Diener und bringt mir den jungen Mann hierher!«

Jacopo befürchtete Schlimmes, als der Diener ihm die Botschaft überbrachte. Doch es blieb ihm nichts anderes übrig, als der Anordnung Folge zu leisten, denn Signor Colani gehörte zu den angesehensten Männern Venedigs. Auch seine Hoffnung, Isabella im Haus ihres Vaters anzutreffen, war leider vergeblich. Signora Colani hatte ihre Tochter nämlich inzwischen zu einer Tante geschickt, bei der sie so lange bleiben sollte, bis die Liebe des jungen Mannes erloschen sein würde.

Trotz alledem zahlte sich der Besuch bei dem Kaufmann für Jacopo aus. Er erhielt nämlich den Auftrag, baldmöglichst mehrere Beutel voll Perlen zu liefern, die genauso verziert sein sollten wie diejenigen, die er für Isabella gemacht hatte.

Wie soll ich das schaffen, überlegte Jacopo ratlos. Da fielen ihm seine alten Freunde ein, von denen die meisten arbeitslos waren. Seine Bitte, ihm bei der Arbeit zu helfen, nahmen sie mit großen Freuden an. Als er die Perlen fristgerecht ablieferte, erhielt er nicht nur sofort sein Geld, sondern auch einen neuen Auftrag. In kurzer Zeit eröffnete er eine eigene Glaswerkstatt, die bald in dem Ruf stand, die schönsten Perlen Venedigs herzustellen. Isabella Colani sah er jedoch nie wieder. Doch ohne daß sie es wußte, hatte sie ihm Glück gebracht. Es war eine andere Art von Glück, als er es sich in seiner Verliebtheit herbeigesehnt hatte. Die Erfindung des Blütenmusters auf den Wickelglasperlen machte ihn nämlich reich, und er fand schon bald ein anderes schönes Mädchen, das einwilligte, seine Frau zu werden.

Der Kaufmann nahm Jacopos Blütenperlen mit auf die neue Reise. Er hatte eine lange Fahrt vor, die ihn an der afrikanischen Küste entlang nach Süden führen sollte, um Palmöl und vielleicht auch Elfenbein zu kaufen.

Sie segelten der untergehenden Sonne nach, übers Mittelmeer und durch die Straße von Gibraltar, dann an der maghrebinischen Küste entlang nach Süden. Als der Sextant des Kapitäns zehn Grad vierundzwanzig Minuten nördlicher Breite und achtzehn Grad siebenundzwanzig Minuten westlicher Länge anzeigte, wendete der Steuermann den Bug des Schiffes nach Ostsüdost. Sie folgten in einigem Abstand jener Küste, die von den ersten portugiesischen Seefahrern auf den Namen Sierra Leone getauft worden war, da sie das

Toben der Brandung an ihren Klippen für Löwengebrüll gehalten hatten. Die Pfeffer- und die Elfenbeinküste ließen sie an Backbord liegen und erreichten schließlich jenen Landstrich, der den Namen Goldküste erhalten hatte, weil zu jener Zeit die Könige dort auf goldenen Thronen saßen und die Priester goldene Götter anbeteten. Obwohl der Segler zeitweise gegen heftige Meeresströmungen anzukämpfen hatte, beschleunigte ein stetig von achtern blasender Wind seine Fahrt, und er erreichte El Mina, die ehemalige portugiesische Handelsstation, einige Wochen früher, als der Kaufmann erwartet hatte. Tief verstaut in seinen Laderäumen, neben Stoffballen und Kisten voller Gewehre, hatten Jacopos Perlen die Fahrt gut überstanden.

Schon seit langem war El Mina zu schäbiger Bedeutungslosigkeit herabgesunken. Bis auf eines waren die meisten gemauerten Häuser zusammengestürzt, und dieses letzte wurde, nachdem die Portugiesen das Fort aufgegeben hatten, von einem englischen Handelsvertreter bewohnt. Ebbe und Flut hatten die Mole zerstört und das Hafenbecken so versandet, daß große Schiffe, wie der venezianische Segler eines war, weit draußen ankern mußten. Trotz allem war El Mina noch immer ein Treffpunkt vieler afrikanischer Händler, die hofften, dort bessere Geschäfte machen zu können als im Binnenland. Signor Colani dagegen wußte, daß er gerade wegen der Bedeutungslosigkeit dieses Hafens, das, was er suchte, dort billiger bekäme als auf den großen Märkten weiter östlich. Er wollte Elefantenzähne kaufen, Palmöl und Straußenfedern, die sich bei den europäischen Damen gerade großer Beliebtheit erfreuten. Als ihn der Engländer einlud, für die Dauer seines Aufenthaltes in El Mina sein Gast zu sein, nahm er die Einladung mit großen Freuden an. Nach den langen

Wochen auf See bedeutete sie für ihn eine willkommene Abwechslung.

Am nächsten Tag machte ihn sein Gastgeber mit einem arabischen Händler bekannt.

»Salam aleikum, Mehmed«, begrüßte er den Araber.

»Aleikum assalam, Effendi«, erwiderte der Mann mit einer tiefen Verbeugung. »Was verschafft mir die Ehre des geschätzten Besuches?«

»Mein Gast ist ein Kaufmann aus Venedig. Er ankert mit seinem Schiff vor unserem Hafen, um hier einige Waren einzukaufen.«

»Was es auch sein möge, es wird nicht so wichtig sein, daß er mir Unwürdigem nicht die Ehre gibt, zuvor eine Tasse Tee zu trinken«, sagte der Händler und klatschte in die Hände.

Ein wenig ungeduldig ließ sich Signor Colani auf einem Polster neben dem Engländer nieder. Die orientalische Gepflogenheit, jedes Geschäft mit einer Tasse Tee zu beginnen, war ihm bekannt, aber es wäre ihm lieber gewesen, wenn er rasch zur Sache hätte kommen können. Während ein Diener ihnen Tee einschenkte, folgte er der Unterhaltung des Engländers mit Mehmed nur mit halbem Ohr.

»Was hört man Neues von dem Volk der Ashanti?«

»Oh, Effendi, der Streit mit dem Stamm der Fanti nimmt kein Ende. Seitdem die Briten den Handel mit Ebenholz verboten haben, sind die Ashanti böse.«

»Ebenholz?« fragte der Venezianer erstaunt. »Wieso das?«

»Ist Ihnen nicht bekannt, daß mit diesem Wort Sklaven gemeint sind?« klärte ihn sein Gastgeber auf.

»Der Handel mit ihnen war viele hundert Jahre ein einträgliches Geschäft der Ashanti-Könige«, sagte Mehmed. »Sie überfielen fremde Dörfer, legten die

Dorfbewohner in Ketten und trieben sie an die Küste, wo sie versteigert wurden. Als der Sklavenhandel schließlich verboten wurde, konnten sie ihre Ware nicht mehr verkaufen. Das machte sie so wütend, daß sie in ihrem Zorn nicht nur den britischen Gouverneur umbrachten, sondern auch die Fanti, ihre südlichen Nachbarn überfielen, weil sie mit den Briten zusammenarbeiteten. Kein Europäer kann es derzeit wagen, durch ihr Gebiet zu reisen.«

»Dann müssen sie eben mit anderen Dingen handeln«, schlug Signor Colani vor.

»Was für andere Dinge meint Ihr, Herr?« fragte der Händler. »Die Ashanti sind ein Bauernvolk. Sie treiben Viehzucht und bauen Hirse an und vielleicht auch Mais und Baumwolle. Nichts weiter.«

»Vielleicht kann man mit ihnen über Elfenbein reden, vielleicht auch über Straußenfedern?«

»Bei Allah! Nicht mit den Ashanti, Herr, nicht mit denen!« antwortete der Araber in gespieltem Entsetzen.

»Mit wem denn sonst?«

»Der Signor aus Venedig will Elfenbein kaufen und Straußenfedern, vielleicht auch Palmöl? Geben Sie Mehmed ein wenig Zeit. Er wird sehen, was sich machen läßt.« Mit dieser Antwort mußte sich Signor Colani zufrieden geben.

Es dauerte mehr als eine Woche, bis sich der Araber wieder meldete. Er schickte eine Botschaft zum Haus des Engländers und ließ ausrichten, der hochgeschätzte Kaufmann aus dem fernen Venedig möge die Güte haben, einen kleinen unwürdigen Händler namens Mehmed aufzusuchen, weil jener hoffte, ihm etwas zeigen zu können, was sein Wohlgefallen errege. Signor Colani folgte der Aufforderung unverzüglich.

Doch seine Geduld wurde abermals auf eine harte

Probe gestellt. Wieder lud ihn der Händler zu einer Tasse Tee ein. Er unterhielt sich mit ihm über die Politik der Engländer im Vergleich zu derjenigen der Franzosen, über die Stammesfehden der Ashanti, die Ausbeutung der ehemals reichen Goldgruben im Norden und noch über vieles andere. Doch schließlich klatschte er in die Hände und wies seine Diener an, die bereitgestellten Waren hereinzubringen. Eine Tür ging auf, und eine lange Reihe von Dienern schleppte die schönsten Elefantenzähne herbei, die der Kaufmann jemals gesehen hatte, viele von ihnen schienen so schwer zu sein, daß sie von zwei Männern getragen werden mußten.

»Was wollt Ihr für sie haben?« fragte Signor Colani und mußte sich sehr beherrschen, sein Interesse zu verbergen.

»Was wollt Ihr dafür geben?« Der Venezianer bot ihm mehrere Stoffballen und zwei Gewehre. Doch damit war der Händler nicht zufrieden. »Bei allem Respekt«, begann er umständlich, »das ist zu wenig. Bedenkt bitte, daß ich für sie auch einen hohen Preis zahlen mußte. Sie sind immer schwerer zu bekommen, weil es immer weniger Elefanten in Westafrika gibt. Es sind die Zähne von starken Bullen, deren Tötung für einen Jäger nur unter Lebensgefahr möglich ist. Sie sind mehr wert als einige Ballen billigen Stoffs oder zwei lumpige Gewehre, auch wenn Ihr die Munition für sie noch dazugebt.«

Signor Colani überlegte, was er dem Araber noch anbieten könnte. Er zog eine Handvoll Glasperlen aus der Tasche, einfarbige und verzierte, runde, ovale, facettierte und darunter zwei oder drei Blütenperlen. Als der Händler eine von ihnen in die Hand nahm und sie einer näheren Prüfung unterzog, blitzten seine Augen auf.

»Gebt mir zwölf Beutel von diesen«, verlangte er, »dazu fünf Gewehre samt Munition und zehn silberne Theresientaler, und ich gebe noch fünfzig Büschel Straußenfedern dazu.«

Sie feilschten eine Weile, saßen dann wieder schweigend voreinander, weil keiner nachgeben wollte, und einigten sich schließlich auf zehn Beutel voll Blütenperlen, vier Gewehre samt Munition und acht Theresientaler. Der Araber jammerte laut, daß ihn der europäische Kaufmann in schreckliche Armut stürze, doch insgeheim rieben sich beide die Hände über das gute Geschäft: Der Venezianer, weil er wußte, daß er in Amsterdam einen hohen Preis für das Elfenbein und in Paris einen mindestens ebenso hohen für die Straußenfedern verlangen konnte, und Mehmed, weil er nicht daran zweifelte, daß ihm die Frauen im Hinterland Jacopos Perlen aus den Händen reißen würden. Neues Elfenbein könnte er gegen sie eintauschen und schön gewebte Decken und, wenn er Glück hatte, vielleicht auch Gold.

Nachdem Signor Colanis neue Fracht auf dem Segler verstaut worden war, verabschiedete sich der Kaufmann von seinem Gastgeber und stach am nächsten Tag in See. Er hatte sich vorgenommen, weiter nach Osten zu segeln und dort noch so viele Fässer voll Palmöl zu kaufen, wie sein Schiff fassen konnte. Er hatte noch Stoff, noch Waffen und auch noch Perlen, doch den größten Teil von Jacopos Blütenperlen hatte er in El Mina zurückgelassen.

Inzwischen zog Mehmed mit einer Eselskarawane und einigen Dienern von Markt zu Markt. Er war kein Weißer, ihm taten die Ashanti nichts, ebensowenig wie es ihre Feinde, die Fanti, taten. Er tauschte die Blütenperlen gegen neues Elfenbein und manchmal auch gegen alte Bernsteinperlen oder Korallen, die bei anderen Stämmen soviel wert waren wie Gold. Die Frauen waren wild auf die neuen Perlen. Blüten und Blättchen in der Art, wie sie Jacopo zu ihrer Verzierung verwendet hatte, gab es nicht in den weiten Savannengebieten, die gab es höchstens auf den buntbedruckten Baumwolltüchern, mit denen sich die Frauen ihre kleinen Kinder auf den Rücken banden. Doch die Stoffe bleichten aus mit der Zeit. Eine Schnur voller Perlen, die man um den Hals tragen konnte, tat das nicht. Sie war nicht nur ein Zeichen für die Wohlhabenheit der Besitzerin, sondern auch eines für ihre Hoffnung und ihre Träume von einem fruchtbaren Garten, in dem man Gemüse anbauen konnte und in dem sogar Blumen blühten.

Doch die Träume der Frauen erfüllten sich nicht. Zwei Jahre lang blieb der Regen aus im Ashantiland. Die Hirse verdorrte am Halm. Staubwinde zogen über die Savanne, und viele Brunnen trockneten aus. Da die Fanti im Süden ihr Grünland erbittert verteidigten, zogen viele Ashanti-Bauern mit ihrem Vieh nach Norden. Sie hatten gehört, daß es dort einen großen, großen Fluß gäbe, der Vater der Flüsse genannt wurde, weil er genügend Wasser für alle hätte. Leider wußten sie nicht, daß es sehr weit war bis zu diesem Fluß, weiter als hundert und noch mal hundert Tagesreisen. In ihren Träumen sahen sie den Fluß durch grünes, fruchtbares Land strömen. Allein der Gedanke an ihn gab ihnen Kraft, denn sie litten unter schrecklichem Hunger und schrecklichem Durst. Auch ihr König, der in einem großen Haus in der Hauptstadt Kumasi residierte, konnte ihnen nichts zum Essen geben, weil er selbst nichts mehr hatte.

Nach und nach tauschten die Frauen auf den Märkten ihre Glasperlen gegen ein paar Süßkartoffeln, ein

Säckchen Hirse oder ein mageres Huhn ein, manchmal auch nur gegen ein oder zwei Kokosnüsse. Doch als sie keine Perlen mehr hatten, begannen sie ihre Kühe und Ziegen zu schlachten. Danach hatten sie gar nichts mehr. Viele Kinder und viele alte Leute starben, und wer nicht verhungerte oder verdurstete, der kam im Kampf um, denn die Königreiche, durch deren Gebiet sie kamen, waren nicht bereit, ihre kostbare Nahrung mit Fremden zu teilen. Nach einiger Zeit war von denen, die sich aufgemacht hatten, den Vater aller Flüsse zu suchen, niemand mehr übrig.

Auch Jacopos Blütenperlen wurden von Hand zu Hand weitergegeben, vertauscht, verschenkt, mit den Toten begraben oder auch den Göttern geopfert. Nach einigen Jahren, es können auch Jahrzehnte gewesen sein, erreichte tatsächlich eine kleine Handvoll von ihnen das Ufer des großen Flusses, den wir heute Niger nennen, wo sie ein junger Mann aus Hombori erstand, der sie seiner Braut zur Hochzeit schenken wollte. Der Preis, den er für die Perlen bezahlte, war ein großer Kürbis.

4

Als Herr Ndobo schwieg, schreckte Karen hoch. Die Sonne mußte inzwischen untergegangen sein, denn die schmalen Lichtstreifen auf dem Steinboden waren verlöscht. Nur die Flügel des Ventilators an der Decke drehten sich immer noch langsam im Kreis. Während der Direktor erzählte, hatte Karen die glänzenden

Kuppeln Venedigs vor sich zu sehen geglaubt. Sie hatte dem Geschrei der spielenden Kinder zugehört und das Gefühl gehabt, als ob ihr der heiße Draht, auf den eine Perle gewickelt wurde, die Finger verbrannte. Ab und zu hatte sie ihrer Tochter einen Blick zugeworfen und dabei beobachtet, daß auch sie von der Geschichte völlig gebannt war. Der kindliche Ausdruck, mit dem sie der Erzählung folgte, rührte sie. Mit der gleichen, nach innen gekehrten Miene, hatte sie als kleines Mädchen immer zugehört, wenn man ihr vor dem Einschlafen noch eine Geschichte vorgelesen hatte.

Dieses Mal hatte sich Karen selbst verzaubern lassen, und sie war sich auf einmal wieder wie ein Kind vorgekommen, das seine Umwelt beim Zuhören vergißt und sich mit den Personen einer Geschichte identifiziert, sich mit ihnen freut und mit ihnen leidet.

Als Herr Ndobo aufstand, um das Licht einzuschalten, brauchte sie einige Minuten, um sich in der Wirklichkeit wieder zurecht zu finden.

»Vielen Dank«, sagte sie und erhob sich ebenfalls. »Es war sehr nett von Ihnen, uns diese Geschichte zu erzählen.«

»Und was war mit den anderen Perlen?« fragte Jessica.

»Aber Jessy«, mahnte sie die Mutter. »Sei nicht unbescheiden! Herr Ndobo hat uns schon viel zu viel von seiner kostbaren Zeit geschenkt. Bitte bedanke dich bei ihm!«

»Oh, vielen Dank!« sagte Jessica verlegen. »Es war nur, weil ich so gern gewußt hätte, wie die anderen Perlen an meine Kette gekommen sind.«

»Leider bin ich kein Fachmann auf diesem Gebiet«, sagte der Museumsdirektor lächelnd. »Ich weiß nur, daß diese blauen, geschliffenen Perlen im Sklavenhandel eine große Rolle spielten. Meine Frau kennt sich da besser aus. Sie hat ihre Doktorarbeit darüber geschrieben.«

»Oh, bitte!« rief Jessica schnell. »Könnten Sie sie fragen?«

»Jessy, nein, hör auf damit! Verzeihen Sie bitte«, entschuldigte sich Karen, der die Neugier ihrer Tochter peinlich war. Doch innerlich mußte sie sich eingestehen, daß die Geschichte der Blütenperlen auch ihr Interesse geweckt hatte. Ohne lange zu überlegen, machte sie einen Vorschlag:

»Wie wär's, wenn Sie mit Ihrer Frau einmal zu uns kämen? Zu einem Abendessen auf unserer Terrasse vielleicht?«

»Vielen Dank. Ich glaube, daß sich meine Frau über Ihre Einladung sehr freuen wird, und wenn sie es erlauben, würde Masha sicher auch gern mitkommen«, erwiderte Herr Ndobo.

»Masha?«

»Masha ist unsere Tochter. Sie ist ungefähr so alt wie Jessica.«

»Aber gern«, sagte Karen. »Das ist schön für Jessy.«

Im Gegensatz zu ihrer Mutter wußte Jessica nicht, ob sie sich freuen sollte, wenn Herr und Frau Ndobo ihre Tochter mitbrächten. Sie sprach zwar recht gut Französisch, aber wenn Masha ein schwatzhaftes Mädchen wäre, dann könnte das schrecklich mühsam werden. Doch sie hatte keine Möglichkeit, Einwände dagegen zu erheben, denn inzwischen hatte Karen schon mit dem Direktor ausgemacht, daß er mit seiner Familie am nächsten Abend zum Essen kommen würde.

An diesem Tag kam Thomas später nach Hause als

sonst. Er erzählte von einem schweren Unfall auf der Straße nach Segou, bei dem mindestens ein Dutzend Rinder eines Viehtransportes getötet worden waren. Die Hitze hatte ihre Leiber aufgebläht wie Ballons. Es muß ein schlimmer Anblick gewesen sein. Die Straße war gesperrt, und er hatte ziemlich lange warten müssen, bis er weiterfahren durfte. »Aber das ist noch nicht alles«, sagte der Vater wütend. »Es gibt Ärger in Djenné ...«

»Djenné«, unterbrach ihn Karen. »Liegt das nicht in der Nähe von Mopti?«

Der Vater nickte. »Ja. Irgendein neunmalkluger Professor hat die Arbeiten an dem neuen Brunnen gestoppt. Warum, weiß ich nicht, und deshalb muß ich wahrscheinlich hinfahren.«

»Nimmst du uns mit?«

»Mal sehen«, sagte der Vater, der viel zu müde war, um gleich eine Entscheidung zu treffen. Karen erzählte ihm von dem Besuch im Museum und daß der Direktor so nett gewesen war, ihnen eine Perlengeschichte zu erzählen.

»Ich habe ihn und seine Frau morgen abend zum Essen eingeladen«, sagte sie. »Hoffentlich bist du damit einverstanden? Sie bringen ihre Tochter mit.«

»Aber natürlich. Ich fand sie sehr nett.«

5

Der nächste Tag war schwül und windstill. Der aus dem Niger aufsteigende feuchtheiße Dampf hüllte die Stadt so ein, daß die Hitze gegen Mittag für Menschen und Tiere zu einer Qual wurde. Wer es sich leisten konnte, zog sich an einen schattigen Platz zurück. Über die große Nigerbrücke stapften mit Brennholz bepackte Kamele. Weder ihre Besitzer noch sie selbst ließen sich durch das Hupen der Lastwagenfahrer aus der Ruhe bringen. In der Innenstadt staute sich der Verkehr.

Karen und Jessica kauften für das bevorstehende Essen ein. Karen war stolz, daß sie sich in der ihr fremden Stadt schon so gut auskannte, um ihre Besorgungen ohne die Hilfe ihres Mannes zu erledigen. Beim ersten Mal war er mit ihr gegangen und hatte sie mit einigen Händlern bekannt gemacht.

»Ich kann dich nicht immer begleiten«, hatte er ihr erklärt, »meine Arbeit im Büro läßt das nicht zu.« Als sie ihn ängstlich anblickte, fügte er hinzu: »Versuch es nur! Die Leute sind äußerst freundlich.« Seitdem waren sie und Jessica allein losgezogen, und inzwischen kannten sie sich schon recht gut aus, wußten, wo es das zarteste Fleisch gab und das frischeste Gemüse.

An diesem Abend wollte sie eine Lammkeule zubereiten und dazu Reis und Gemüse sowie Melonen zum Dessert. Sie schleppten die schweren Taschen zum Auto, wobei Karen zum ersten Mal bedauerte, ihre Last nicht, wie die meisten afrikanischen Frauen, auf dem Kopf tragen zu können. Die vielen erstaunten Blicke, die ihr folgten, beachtete sie nicht, denn es war ungewöhnlich, daß eine europäische Frau ohne Chauffeur oder Hausangestellte Einkäufe machte.

Einmal, an einer Straßenecke, blieb Jessica stehen. Das war, als sie bei einem alten Mann vorbeikamen, den viele Menschen umringten. Der alte Mann redete mit ihnen in einem Dialekt, den Karen nicht verstand. Manchmal schien er die Leute etwas zu fragen, dann murmelten sie ihre Antwort in einem Chor, manchmal lachten sie auch, riefen ihm etwas zu oder ahmten seine Handbewegungen nach. Ein kleiner Junge ging mit einer alten Konservenbüchse herum, in die die Zuschauer Münzen warfen.

»Was macht der Mann, Mama?« fragte Jessica.

»Vater hat mir erzählt, daß es hier noch Märchenerzähler gibt. Offensichtlich ist das einer.«

»Und so ein Märchenerzähler erzählt immer nur Märchen?« fragte Jessica, für die Märchen nur etwas waren, was man kleinen Kindern erzählte.

»Nein, ich glaube nicht. Vermutlich übermittelt er den Leuten auch Wissen oder Nachrichten aus anderen Gebieten des Landes, denn viele von ihnen können sich keine Zeitung leisten und andere, die es vielleicht könnten, haben nie lesen gelernt.«

»Gibt es keine Schulen hier?«

»Doch, natürlich, aber für viele Familien ist es wichtiger, daß ihre Kinder das Vieh hüten oder auf dem Feld mithelfen, als in die Schule zu gehen.«

Jessica überlegte, ob sie diese Kinder bedauern oder beneiden sollte, denn die Schule war ihr oft ziemlich lästig. Doch dann sah sie ein Mädchen in ihrem Alter, und das erinnerte sie an die Tochter der Ndobos, die sie am Abend kennenlernen sollte.

»Ich muß dich was fragen, Mama.«

»Was denn?«

»Diese Masha – eigentlich freue ich mich nicht besonders, daß sie mitkommt.«

»Vergiß nicht, daß ihre Mutter uns eine Perlengeschichte erzählen kann«, sagte Karen. »Und außerdem ist es eine gute Gelegenheit, einmal ein gleichaltriges afrikanisches Mädchen kennenzulernen. Das wolltest du doch, oder?«

Jessica mußte zugeben, daß das stimmte, aber Karen überlegte mit einem Mal, ob es ihr nicht ähnlich erging. Sie hatte zwar die ganze Zeit bedauert, so wenig vom Leben der Menschen hier zu wissen, aber jetzt, wo sich ihr die Gelegenheit dazu bot, hatte sie eine ihr unbekannte Scheu davor. Sie vermied es, ihre Bedenken laut auszusprechen.

Jessica half ihrer Mutter bei der Zubereitung des Abendessens. Sie putzte das Gemüse, zerteilte die Melone und deckte den Tisch auf der Terrasse. Dann legte sie die Servietten auf die Teller, stellte Windlichter auf die Brüstung, achtete darauf, daß auf den Stühlen Kissen lagen, und polierte die Weingläser blank. Kurz bevor die Gäste eintreffen sollten, zündete sie die Kerzen an und betrachtete zufrieden ihr Werk. Karen vermutete, daß die Geschäftigkeit ihrer Tochter mit der Angst vor dem Besuch des fremden kleinen Mädchens zu tun hatte, und als Jessica sie auf einmal fragte, was sie denn mit dieser Masha reden sollte, bestätigte es ihren Verdacht.

»Aber Jessy, seit wann hast du Hemmungen, dich mit einem Mädchen zu unterhalten?«

»Aber ich würde viel lieber euch zuhören. Vor allem wenn uns Frau Ndobo eine neue Perlengeschichte erzählt!«

»Und du glaubst, Masha würde das nicht interessieren?«

Diese Möglichkeit hatte Jessica überhaupt nicht in Betracht gezogen. Der Gedanke tröstete sie etwas.

Wie überall in Äquatornähe war die Dunkelheit rasch über die Stadt hereingebrochen. Als es an der Haustür läutete, verschwand Jessica in ihrem Zimmer, um nicht aufmachen zu müssen. Dabei zögerte sie das Unabwendbare nur hinaus. Sie hörte, wie Herr Ndobo ihren Eltern seine Frau und seine Tochter vorstellte: »Das ist meine Frau Therése«, sagte er, »und das meine Tochter Masha.«

»Wir freuen uns sehr, daß sie heute Abend unsere Gäste sind«, erwiderte Thomas etwas steif.

»Jessy!« rief Karen, und dann, als sie aus ihrem Zimmer kam: »Masha, das ist Jessica.«

Masha war anders, als Karen sie sich vorgestellt hatte. Sie beobachtete, daß auch Jessica überrascht war. Die kleine Afrikanerin trug Jeans und ein weißes T-Shirt, das ihre dunkle Haut vorteilhaft zur Geltung brachte. Die Haare hatte ihre Mutter in viele kleine Zöpfchen geflochten, so wie es die Frauen in Mopti gemacht hatten. Sie schien ein wenig schüchtern zu sein und hielt sich dicht neben ihrer Mutter, einer fülligen, warmherzigen Frau in einem langen afrikanischen Kattunkleid und dem dazu passenden Tuch auf dem Kopf.

»Ich habe Masha schon von der Perlenkette erzählt«, begrüßte Herr Ndobo Jessica. Wenn er gehofft hatte, mit dieser Bemerkung ein Gespräch zwischen den beiden Mädchen in Gang zu bringen, hatte er sich getäuscht, denn Masha schwieg, und Jessica fiel nichts ein, was sie sagen könnte. Aber auch Karen fühlte sich gehemmt. Sie kam sich steif vor und beobachtete ihre eigenen Bewegungen. Nach der allgemeinen Begrüßung verschwand sie mit einer Ausrede in der Küche, um nach dem Lammfleisch zu sehen. Doch ein Ruf ihres Mannes zwang sie schon bald, sich wieder ihren Gästen zu widmen.

Glücklicherweise überschwemmte die temperamentvolle Frau Ndobo ihre Gastgeber mit einer Woge aus Herzlichkeit. Mit lauten Ausrufen bewunderte sie den schönen Ausblick über den Fluß, in dem sich die Lichter der Straßenlaternen spiegelten. Die Geräusche des Tages verstummten allmählich. Sie lösten sich in einzelne Stimmen auf, in Hundegekläff, das Hupen eines Autos und das Landegeräusch eines Flugzeugs.

»Schön haben sie es hier!« sagte sie zu Thomas und fügte hinzu: »Findest du nicht auch, Masha?« Das Mädchen, das hinter seinen Eltern die Terrasse betreten hatte, nickte.

»Meine Firma hat uns dieses Haus vermittelt«, erklärte Thomas und bat seine Gäste, Platz zu nehmen. Während des Essens unterhielten sich die beiden Männer über alles mögliche: Vor Timbuktu war ein Flugzeug abgestürzt, von dem das Gerücht ging, daß es zu schwer beladen gewesen sei. Die Tuareg und noch einige andere Stämme waren unzufrieden mit der Regierung, und von Bandiagara aus sollte eine Straße ins Dogonland gebaut werden, damit die Leute nicht immer nur über Baumleitern die Felswand hochsteigen mußten, um die Märkte am Niger zu besuchen. Diese Straße sollte später bis an die Grenze von Burkina Faso weitergeführt werden. Ab und zu unterbrach Frau Ndobo das Gespräch, indem sie Einzelheiten genauer beschrieb oder von einem kleinen Erlebnis berichtete, das den Zusammenhang deutlicher machte. Sie hatte eine feste eigene Meinung, die sich nicht immer mit der ihres Mannes deckte, stellte Karen mit Befriedigung fest. Mit zunehmendem Interesse folgte sie der Unterhaltung, und es fiel ihr auf, daß Mashas Augen ständig zwischen den Gesprächspartnern hin und her wanderten. Einmal lächelte sie sogar. Doch außer ›ja‹ und

›nein‹ sowie ›danke‹ und ›bitte‹ kam kein Wort über ihre Lippen.

Nachdem Dessert servierte Karen Mokka, und erst dann kam der von Jessica so ersehnte Augenblick, da Herr Ndobo das Gespräch auf die Glasperlen lenkte. »Jessica würde gern etwas über jene Perlen erfahren, von denen du mir erzählt hast, sie hätten im Sklavenhandel eine Rolle gespielt«, sagte er zu seiner Frau.

»Eine traurige Rolle«, antwortete Frau Ndobo, und ihr Gesicht wurde ernst. »Eine sehr traurige Rolle, denn Perlen gehörten zu den Dingen, für die Menschen andere Menschen verkauften.«

»Ihr Mann sagte uns, sie hätten eine Doktorarbeit darüber geschrieben«, erklärte Karen, während sie die Teller zusammenstellte. »Können Sie uns nicht ein bißchen mehr darüber erzählen!«

Masha half Jessica beim Abräumen des Tischs, und Thomas schenkte nach.

»Also«, begann Frau Ndobo, »wenn es euch recht ist, nenne ich meine Geschichte:

Der Preis eines Menschen

In der Mitte des achtzehnten Jahrhunderts lebte ein Glasperlenmacher in Böhmen, der hieß Josef Pawlitschek. Immer, wenn er mit einer Kraxe voller Perlenschnüre unterwegs war, während die Strahlen der Sonne die nordböhmischen Berge mit ihrem Licht überzogen, freute er sich seines Lebens und kam sich äußerst beneidenswert vor. Er liebte seine Arbeit ebenso wie seine Frau und die drei Kinder.

Doch die Zeiten wurden für ihn und alle anderen Glasperlenmacher sehr unruhig, als sich der preußische König mit der österreichischen Kaiserin zu streiten begann. Sie kämpften um Schlesien und vergaßen dabei völlig, wie schrecklich die Menschen der betroffenen Gebiete unter ihrem Krieg litten. Wer so wie Josef Pawlitschek darauf angewiesen war, seine kostbare Ware mit einer Kraxe an ihren Bestimmungsort zu tragen, der mußte ständig damit rechnen, Räubern in die Hände zu fallen, und wenn er seinen Besitz nicht freiwillig hergab, erschlugen sie ihn. Das hatte zur Folge, daß die Bürger jedem Fremden mißtrauten, auch wenn seine Absichten meilenweit entfernt davon waren, irgend jemandem Schaden zufügen zu wollen. Oft waren das nur harmlose Mineraliensammler, die im Auftrag venezianischer Glasmanufakturen nach Edelmetallen suchten. Das Volk nannte sie Welsche, Wale, Erzmännchen oder Venediger, und die meisten Leute gingen ihnen aus dem Weg. Daß sie über Zauberkräfte verfügen, erzählten sie sich, und nicht nur durch die Luft fliegen, sondern auch mit Spiegeln in die Erde blicken können, um dort Gold, Silber oder Kobalt zu entdecken.

In jener Zeit blühte in dem Land zwischen Riesengebirge und Lausitzer Bergen, zwischen Elbe und Neiße das Glasmacherhandwerk auf, denn alles, was man zur Glasherstellung brauchte, war überreichlich vorhanden. Quarzsand, Pottasche und Bleioxyd, dazu genügend Holz, um die Brennöfen zu heizen, und nicht zuletzt Menschen, denen das Gefühl für schöne Farben und Formen mit in die Wiege gelegt worden war. Genau wie die venezianischen hüteten auch die böhmischen Hüttenmeister das Geheimnis ihrer Rezepturen wie einen kostbaren Schatz. Die Väter gaben es nur an jene Söhne weiter, von denen sie wußten, daß sie es ebenso gut bewahren würden, wie sie es selbst ihr Leben lang getan hatten.

So erging es auch Josef Pawlitschek. Als sein Vater spürte, daß sich sein Leben dem Ende zuneigte, brachte er seinem Sohn bei, wie man farbige Gläser herstellt. Er zeigte ihm, daß Chromoxyd das Glas grün färbt und Kobalt blau, daß es gelb wurde, wenn er den Grundstoffen etwas Silber beigab und rubinrot mit winzigen Mengen von Gold. Dieses tiefrote Glas glich dem Rot des Granats, einem im Böhmerwald vorkommenden und sehr beliebten Halbedelstein, der für viele Arten von Schmuck verwendet wurde. Doch weil Granatsteine ziemlich teuer waren, kamen die Glasperlenmacher auf den Gedanken, ihre roten Perlen ebenso zu schleifen wie Granate, damit sich auch die weniger reichen Bürger einen kostbar aussehenden Schmuck leisten konnten.

Josef Pawlitschek hatte von seinem Vater außer der

Glashütte auch noch eine Mühle geerbt. Deshalb brauchte er seine Perlen nicht wie die anderen Perlenmacher zu einem Schleifer zu bringen, sondern er konnte sie selbst schleifen. Und weil es zufällig in seiner Nähe einen Stollen gab, in dem Kobalt gefördert wurde, und er sich deshalb den teuren Transport ersparen konnte, stellte er überwiegend blaue Perlen her.

Die notwendige Kraft, um seine Schleifsteine anzutreiben, lieferte Joseph der kleine Wasserlauf hinter der Mühle. Jedesmal, wenn er das Bachwasser in den Kanal leitete und sich das große Mühlrad in Bewegung setzte, rechnete er sich aus, wieviel er für die nächste Perlenlieferung verlangen könnte. Und wenn sich dann die Schleifsteine langsam zu drehen begannen, überlegte er, ob er nicht doch einmal den Versuch wagen sollte, Gold aus dem Bach zu waschen. Es bräuchte ja nur soviel sein, daß er rubinrotes Glas davon herstellen könnte, denn für rubinrotes Glas wurden die höchsten Preise bezahlt.

Daß er sein Vorhaben nicht ausführte, lag an den Widrigkeiten des Schicksals. Sie erlaubten ihm nicht, den Versuch zu wagen. Da war auf einmal eines seiner Kinder krank, oder die Preise, die man ihm für seine Perlen bezahlte, lagen weit unter dem, was er sonst für sie bekam. Mindestens ebenso wichtig wie das Gold waren stets auch neue, feinkörnige Schleifsteine, mit denen er die winzigen Facetten in die Perlen schliff. Wenn er einen Fehler beim Schleifen machte, sich bei den Facetten verzählte oder ihm, infolge von Ungeschicklichkeit, eine Perle zerbrach, bedeutete das einen nur schwer wiedergutzumachenden Verlust für ihn. Die fehlerhafte Perle kam dann in eine andere Schachtel, für deren Inhalt ihm der Händler entweder gar nichts oder nur einen Bruchteil von dem gab, das er für die übrigen bezahlte. Die zerbrochene Perle jedoch mußte weggeworfen werden.

Josef Pawlitscheks Frau und die Kinder halfen ihm bei der Arbeit. Hatte er die Herstellung einer Reihe von Perlen beendet, dann wurden sie aufgefädelt, in Bündel zusammengebunden und im Brunnen vor dem Haus gewaschen. Anschließend wurden die sauberen Schnüre in einer Kraxe verstaut. Einmal im Monat lud sie sich der Glasperlenmacher auf den Rücken und trug sie davon.

Eines Tages hatte er großes Glück, als er der Aufmerksamkeit einer Bande von Räubern entging, die in einer Höhle ihren Rausch ausschlief. Auch er bemerkte sie nicht, denn das Rauschen eines nahen Baches übertönte das Schnarchen der Männer. So erreichte er ohne weiteren Zwischenfall den nächsten Marktflecken, in dem er wie immer den Gasthof zum Hirschen ansteuerte. Er wußte genau, an welchen Tagen er dort einen Händler aus Sachsen antreffen würde, der ihm seine Perlen abnahm.

Gleich bei der Eingangstür begegnete ihm Karl Jelinek, ein anderer Glasperlenmacher. Josef grüßte ihn höflich, doch Karl rannte mit zornrotem Gesicht an ihm vorbei und murmelte: »Nur blaue will er heut, und dabei hab' ich diesmal nur rote und gelbe. Für blaue zahlt er die höchsten Preise, für die anderen schandbar schlechte!«

Als Joseph die Gaststube betrat, hockte der Perlenaufkäufer auf der Bank unter dem Kruzifix. Vor ihm auf dem Tisch stand ein großes Glas Bier und auf der Bank neben ihm eine Reisetruhe, die bereits bis zur Hälfte mit Perlenschnüren angefüllt war.

»Hoffentlich hat Er mir blaue Perlen mitgebracht!«

brummte der Händler, als Josef mit einem erleichterten Aufseufzen die Kraxe vom Rücken nahm und auf den Boden stellte. »Derzeit werden nur blaue verlangt, nur blaue, weiß der Kuckuck warum …«

So erhielt Joseph an jenem Tag einen guten Preis für seine blauen Perlen, einen höheren jedenfalls als die anderen für ihre roten und gelben, obwohl der Unterschied vermutlich kaum mehr als ein paar Kreuzer für eine Schnur gewesen sein kann. Von dem Geld kaufte er sich gleich einen neuen Schleifstein und außerdem eine flache Schüssel, mit der er nun endlich doch einmal versuchen wollte, Gold aus dem Bach zu waschen. Danach machte er sich wieder auf den Heimweg. Leider mußte er schon bald feststellen, daß der Bach für einen Goldwäscher völlig unergiebig war. Deshalb schlug sich Joseph die Herstellung von roten Perlen wieder aus dem Kopf und blieb bei seinen blauen. Und von denen lebte er auch nicht schlecht.

Als die Reisetruhe des Perlenhändlers bis zum Rand mit blauen Perlen gefüllt war, wurde sie hinten auf eine Kutsche gebunden. Dann machte sich der Sachse auf den Weg über Zittau nach Dresden. Von Dresden aus gab er die kostbare Fracht einem Bootsmann mit, der mit seinem Kahn elbabwärts nach Hamburg fuhr. Daß dieser Schiffer alle Gefahren glücklich überstand, nicht nur sein kleines Schiff ohne Zwischenfälle um jede Sandbank herum und durch alle Stromschnellen hindurch steuerte, sondern auch die zahlreichen Zollkontrollen unbehelligt hinter sich brachte und den herumstreunenden Räuberbanden entging, war beinahe ein Wunder. Nach einigen Wochen lieferte er die Kiste wohlbehalten in Hamburg ab.

Dort wurde der Inhalt gesichtet und die Perlen sortiert, in Leinenbeutel gepackt und pfundweise abgewogen. Es gab zwei Arten von geschliffenen Perlen, erstklassige und solche mit kleinen, kaum sichtbaren Fehlern, außerdem noch ungeschliffene runde oder einfache Perlenringe. Das einzige, das alle gemeinsam hatten, war die blaue Farbe.

»Was wird jetzt aus ihnen?« fragte der Gehilfe den Kontoristen, der diesen Vorgang überwachte.

»Die Erstklassigen wollen die Russen haben, um sie nach Russisch-Alaska zu schicken. Dort sollen sie bei den Indianern gegen Pelze eingetauscht werden.«

»Nach Alaska!« rief der Gehilfe erschrocken. »So weit! Da müssen sie ja um die halbe Welt!«

»Wenn man sie auf dem direkten Weg hinbringen könnte, hättest du recht«, sagte der Kontorist. »Aber durch die Sümpfe Sibiriens führt kein Weg, auf dem ein Wagen fahren kann. Deshalb gibt man sie einem Segelschiff mit, das sie rund um das Kap der Guten Hoffnung, Indien und Indochina bis zu dem chinesischen Hafen Kanton bringt. Dort werden sie umgeladen und nach Wladiwostok transportiert. In Wladiwostok werden sie dann von der russisch-amerikanischen Pelzkompanie übernommen, die mit den Indianern auf der anderen Seite der Beringsee Geschäfte macht.«

»Großer Gott«, stammelte der Gehilfe verwundert, weil diese Entfernung weit über seine Vorstellungskraft hinausging.

»Deshalb nennen die Händler diese Perlen auch ›Russisch-Blaue‹«, beendete der Kontorist das Gespräch und wendete sich der Tür zu.

»Aber die anderen«, rief ihm der Gehilfe noch nach, »die ungeschliffenen und die mit den kleinen Fehlern, was wird denn aus denen?«

»Die werden für den Sklavenhandel gebraucht.«

Josef Pawlitscheks Perlen wurden zunächst von einem Segler nach Liverpool mitgenommen. Dort kaufte sie ein Kapitän mit dem Namen Clark, der ein paar Tage später mit seinem Schiff in Richtung Süden auslaufen wollte. Außer den Perlen, die er aus Sicherheitsgründen in seiner Kajüte aufbewahrte, nahm er noch Feuerwaffen, Sonnenschirme, Messer, Stoffballen, Eisenbarren und einige Fässer Schnaps mit.

Während das Schiff mit wechselnden Winden, mit Stürmen und Flauten von Liverpool aus nach Süden segelte, bearbeitete Koko, ein junger Mann aus dem Stamm der Dyola seine Felder im Westen Afrikas, wie er es immer tat. Er hackte die junge Saat und bewässerte sie, indem er das Wasser mit einem Balg aus Ziegenleder aus dem Brunnenloch schöpfte, es in einen Graben schüttete und darauf achtete, daß es sich schön gleichmäßig auf dem Feld verteilte. Zufrieden sah er zu, wie es langsam im Boden versickerte und die zarten Wurzeln der Hirse mit Flüssigkeit versorgte. Koko war stark und groß. Er war der Stolz seines Vaters, des Ältesten seines Dorfes. In jenem Sommer war er besonders fleißig, da er vorhatte, eine eigene Hütte zu bauen und zu heiraten. Auch den Brautpreis, den er dem Vater seiner Braut bezahlen mußte, durfte er nicht vergessen. Seine Auserwählte war ein junges, schlankes Mädchen mit dem Namen Tara, um das sich ihrer vollen Lippen und nachtschwarzen Mandelaugen wegen schon viele andere junge Männer aus seinem Dorf bemüht hatten. Tara hatte Koko den anderen vorgezogen, nicht nur weil er groß und schön, sondern auch hilfsbereit, mutig und bei allen hoch angesehen war. Außerdem hatte er ihrem Vater zwei Ziegen mehr geboten als seine Mitbewerber. Tara freute sich schon auf die Hochzeitsfeierlichkeiten, weil dabei viel getanzt und gesungen wurde. Daß sich in letzter Zeit in ihrer Nachbarschaft zahlreiche Überfälle ereignet hatten, bei denen die Dörfer niedergebrannt und ihre Bewohner verschleppt worden waren, beunruhigte sie nur wenig. Wer sollte ihnen etwas zuleide tun, wenn sie den anderen auch nichts taten? Und außerdem gab es seit einiger Zeit auch eine Abmachung unter den Dorfältesten, daß man seine Nachbarn mit einem Trommelsignal verständigen würde, sobald sich ihnen ein Fremder näherte.

Doch an einem schönen und heißen Tag, der so wie alle anderen Tage begonnen hatte, geschah Entsetzliches. Tara war mit einem Tonkrug auf dem Kopf zu Koko hinausgewandert, um Wasser zu holen. Einmal war sie stehengeblieben und hatte den Hornraben zugesehen, die auf der Suche nach Samenkörnern durch die Sträucher stelzten. Dann war ihr auf einmal aufgefallen, daß die Vögel ohne ersichtlichen Grund hochflatterten und das Weite suchten. Zuerst vermutete Tara, daß sie eine Wildkatze oder eine Hyäne zur Flucht veranlaßt haben könnte, doch dann verwarf sie diesen Gedanken wieder und setzte ihren Weg fort. Als sie das Brunnenloch erreichte, erzählte sie Koko ihr Erlebnis.

»Vielleicht waren es Buschgeister, die sich in Hornraben verwandelt hatten«, neckte sie Koko. »Menschenräuber können es nicht gewesen sein, denn ich kann von nirgendwoher ein Tam-Tam hören.«

Es dauerte nicht lange, bis es an allen Ecken zu knallen begann. Männer brachen aus dem Gesträuch, Männer mit derselben dunklen Hautfarbe wie die Dyola-Leute. Sie hatten Pistolen in den Händen, mit denen sie Koko und Tara bedrohten. Starr vor Angst ließen die beiden alles mit sich geschehen, wehrten sich nicht, als man sie schlug und ihnen Handfesseln anlegte, und auch nicht, als man sie mit Schlagstöcken vor sich hertrieb wie Vieh. Hilflos sahen sie mit an, wie alle Alten und Kleinkinder ihres Dorfes umgebracht und die Strohhütten in Brand gesteckt wurden. Auch Kokos Vater, der Dorfälteste, war unter den Toten. Danach legten die Banditen denen, die sie am Leben gelassen hatten, eiserne Ringe um die Hälse und verbanden diese miteinander durch Ketten.

»Aber warum haben wir kein Tam-Tam gehört?« fragte Koko seinen Bruder, der vor ihm stand.

»Man hat unsere Nachbarn dafür bezahlt, daß sie unsere Abmachung vergessen. Möge die Sonne ihre Felder verdorren und ihre Brunnen versiegen lassen!«

»Woher weißt du das?«

»Ein kleiner Junge hat ihr Palaver belauscht. So schnell er konnte, rannte er heim, um uns zu warnen. Aber er kam zu spät.«

Koko, Tara und die anderen Dorfbewohner ahnten nicht, was die Männer mit ihnen vorhatten. Auch wenn ihnen jemand gesagt hätte, daß sie Sklavenjägern in die Hände gefallen waren, hätten sie nicht gewußt, was das Wort bedeutet.

Rücksichtslos wurden sie vorwärts getrieben. Wenn einer der Gefangenen vor Erschöpfung stolperte und hinfiel, stürzten sein Vorder- und sein Hintermann mit ihm zu Boden. Dann schlug ein Bewacher auf sie ein, um sie zum Aufstehen zu bewegen, und wenn sie sich schließlich aufgerafft hatten, prügelte er sie vorwärts, weil sonst die Karawane ins Stocken kam.

Tara, die als letzte in der Reihe der Frauen ging, sah Koko nur noch aus der Ferne. Sie konnte beobachten, daß er sich in den ersten Tagen gegen seine Peiniger aufzulehnen versuchte, und diese ihn immer wieder niederschlugen. Gern wäre sie ihm zu Hilfe geeilt, aber ihr Halsring, der mit dem Halsring der vor ihr gehenden Frau zusammengekettet war, hinderte sie daran. Während ihr die Tränen übers Gesicht rannen, stolperte sie weiter.

Nach einigen Tagen hatte sie keine Tränen mehr, die sie weinen konnte. Da brauchte ihr Körper jeden Tropfen Flüssigkeit zum Überleben. Bald wußte sie nicht mehr, wie oft die Sonne schon untergegangen war, seit sie das Dorf verlassen hatten. Der Mond, der in der Nacht vor dem Schicksalstag voll und rund über den Hütten gestanden hatte, magerte zur Sichel ab. Tara kam es vor, als lösche er sein Licht vor Trauer über den Verrat ihrer Nachbarn, die für ein paar Feuerwaffen, oder was es auch immer gewesen sein mag, das versprochene Trommelsignal unterlassen hatten.

In jener Nacht, in der sich der Mond völlig hinter den schwarzen Vorhang der Dunkelheit verkroch, erreichte die Karawane das Ufer eines großen Flusses. Die Sklavenjäger setzten ihre Opfer mit einem Floß auf eine Insel über, auf der ein paar Gebäude standen, und führten sie in ein großes, leeres Haus. Dort ketteten sie jeden Gefangenen einzeln an einen in der Mauer eingelassenen Ring und gaben ihm etwas zu essen und zu trinken. Ein paar Tage später schloß man sie abermals aneinander und verlud sie auf ein offenes Boot. Koko, der den Gedanken an Flucht nie aufgegeben hatte, begrub ihn endgültig, als er die vielen Krokodile entdeckte, die im Wasser auf Beute lauerten.

Sie fuhren mehrere Tage flußabwärts, vorbei an Mangrovensümpfen und dem bis an die Ufer reichenden Dschungel, in dem sie unzählige Affen kreischen hörten, vorbei auch an den Dörfern, aus denen die Sklavenjäger gekommen sein mußten. Schließlich erreichten sie eine Stadt am Meer, vor der sie unermeßlich große Kanus auf dem Wasser schwimmen sahen. Niemand von den Dyola-Leuten hatte auf seinen Streifzügen jemals die Küste erreicht, und daher hatte auch niemand jemals ein Segelschiff zu Gesicht bekommen. Nur vom Meer hatten sie schon einmal gehört, aber gesehen hatten sie es noch nie. Da sie nicht erkennen konnten, wo dieses Meer endete, hielten sie es für die Mutter des Himmels, die es über ihren Feldern regnen ließ, und folgerten daraus, daß beide ein großes Ganzes sein mußten. Verwundert starrten sie das viele Wasser an, das sie bis dahin immer nur Beutel für Beutel tief aus der Erde geholt hatten.

Die Sklavenjäger ließen das Boot auf den Strand laufen. Dann gaben sie den Gefangenen zu verstehen, daß sie aussteigen sollten. Sie wurden auf einen Markt getrieben, auf dem sie viele andere Gefangene trafen, die ebenso wie sie überfallen, gefesselt und in wochenlangen Märschen hierhergebracht worden waren. Koko stellte erstaunt fest, daß die Häuser hier keine Dächer aus Stroh hatten. Ihre Dächer waren flach und wie die Wände aus Lehm. Er staunte, daß sie nicht einstürzten, doch ein grober Schlag auf seinen Rücken trieb ihm das Staunen schnell wieder aus.

Allmählich dämmerte es den Gefangenen, daß es kein gewöhnlicher Markt war, der hier abgehalten wurde. Kein Markt, auf dem Fleisch oder Fische, Gemüse oder Gewürze verkauft werden sollten. Es war ein Markt, auf dem Menschen die Ware darstellten, von der sich die Händler hohen Gewinn versprachen. Ihre Kunden waren die Kapitäne jener Segelschiffe, die draußen vor Anker lagen. Unter ihnen befand sich auch Kapitän Clark aus Liverpool, in dessen Kajüte Josef Pawlitscheks Perlen die Reise von England hierher gut überstanden hatten.

Jeder Kapitän wurde von seinem ersten Offizier und

dem Schiffsarzt begleitet. Wenn er sich für einen der Sklaven interessierte, ließ er ihn zuerst von seinem Arzt untersuchen, denn ein kranker Sklave war für ihn kaum mehr wert als ein fauler Kürbis, nämlich nichts. Er würde die Strapazen der Reise über den Atlantischen Ozean kaum überstehen, und wenn er es doch tat und krank drüben ankam, dann würde man nur einen schlechten Preis für ihn erzielen können. Die Baumwolle jedoch, mit der er sein Schiff vor seiner Rückkehr nach England beladen wollte, mußte mit barer Münze bezahlt werden, und die konnte er nur durch den Verkauf gesunder Sklaven erhalten.

Kapitän Clark schickte seinen Arzt zu Koko und seinem Bruder. Daß Koko sich nicht in den Mund sehen lassen wollte, half ihm nichts. Zwei Helfer packten ihn von hinten und hielten ihn fest, während ein dritter ihm die Kinnlade herunterriß. Nach der Untersuchung lächelte der Arzt zufrieden. Koko hatte nicht nur gute Zähne, sondern er war auch sonst völlig gesund.

»Ich gebe dir einen Ballen Stoff und ein Messer für ihn«, sagte Kapitän Clark zu dem Anführer der Bande, die das Dyola-Dorf überfallen hatte.

»Das ist zu wenig, Herr«, antwortete der Mann. »Haben sie keine Perlen dabei?«

Der Kapitän zog eine Handvoll unterschiedlicher Perlen aus seiner Rocktasche. »Ein Ballen Stoff, ein Messer und ein Pfund gemischte Perlen«, sagte er.

»Gemischte!« rief der Verkäufer empört. »Ich gebe ›Ebenholz‹ nur gegen blaue Perlen her!« Statt einer Antwort schüttelte Kapitän Clark nur den Kopf und ging weiter. Er kaufte Kokos Bruder und noch einige andere Männer, und dabei war es ihm völlig gleich, ob er ein Ehepaar auseinanderriß oder eine Mutter von ihrem Kind trennte. Nach einer Weile kehrte er zu Koko und seinem Besitzer zurück. Er wußte genau, wie wertvoll und begehrt seine blauen Perlen waren, doch Koko war ein junger, kräftiger Mann, gerade gewachsen und gesund. Er würde ihn zu einem hohen Preis weiterverkaufen können.

»Ich hab's mir überlegt«, begann er das Gespräch mit dem Händler von neuem. »Drei Pfund blaue Perlen, dafür aber weder das Messer noch den Stoff!«

Der Handel ging eine Weile hin und her, und schließlich einigte sich Kapitän Clark mit ihm auf vier Pfundbeutel von Josef Pawlitscheks blauen Perlen. Daß es die Perlen mit den kleinen Fehlern waren, verschwieg der Kapitän, weil er wußte, daß nur die blaue Farbe der Perlen für den Sklavenhändler von Bedeutung war. Die Genauigkeit des Schliffs war ihm nicht so wichtig. Mit blauen Perlen ließen sich überall gute Geschäfte machen, weil die Menschen fest daran glaubten, sie brächten Glück. Von dem entsetzlichen Unglück, daß sie über viele Menschen gebracht hatten, ahnten sie nichts.

Kokos Braut Tara war inzwischen für ein Fäßchen Schnaps und zwei Ballen Stoff von einem anderen Kapitän gekauft worden. Er wollte sie mit nach Amerika nehmen, weil ihm zu Ohren gekommen war, daß dort viele Baumwollpflückerinnen gebraucht wurden. Wenn er Glück hatte, würde ihm ein reicher Mann auch einen höheren Preis für sie bezahlen, denn sie war hübsch.

Noch am gleichen Abend zündeten die Matrosen große Feuer am Strand an, in denen sie Eisen zum Glühen brachten. Jedes Schiff hatte sein eigenes Zeichen und jeder Sklave erhielt dazu eine eigene Nummer. Beides brannte man ihnen auf einen Schenkel, die Schulter oder den Oberarm. Ihre Schmerzensschreie hallten über das Wasser und zeigten den Steuerleuten an, daß die Warterei nun bald ein Ende haben würde, denn sie wußten, daß nach dem Verstauen der menschlichen Ware in den dafür vorgesehenen Decks die Anker gelichtet würden.

»Koko!« schrie Tara voller Verzweiflung, als sie entdeckte, daß ihr Liebster auf ein anderes Schiff getrieben wurde als sie. »Kokooo!« Aber Koko sah nicht zu ihr hin. Auf einen Schlag war ihm klar geworden, daß er zu einer Reise ohne Wiederkehr gezwungen wurde, eine Reise in eine Zukunft ohne Mond über der Savanne und ohne das nächtliche Gemaunze der Löwen. Er würde kein Haus mehr für Tara und sich benötigen, und sie würden auch keinen Hochzeitstanz miteinander tanzen. Nie mehr würde er den warmen Sand unter seinen Fußsohlen spüren und nie mehr den Stolz in sich aufsteigen fühlen, wenn seine Hirse gedieh. Ohne daß er es wollte, drang auf einmal ein Ton aus seinem Inneren. Beginnend wie ein Summen in der Tiefe eines Brunnens, stieg er in seinem Körper hoch, wurde lauter und lauter, brachte seine Brust zum erzittern und fand schließlich den Weg durch die Kehle nach draußen.

»Erde«, sang Koko, »Erde! Wir müssen dich verlassen. Das Wasser aus deiner Tiefe hat unseren Durst gelöscht. Du hast Bäume wachsen lassen, in deren Schatten wir ruhen konnten. Du hast uns und unsere Hütten auf dir geduldet, unser Vieh auf dir weiden lassen, uns beschützt und gesegnet. Dafür danken wir dir. Auch dir, Hirse, dir, Palme, und dir, Bananenstrauch, gilt unser Dank. Wir waren frei, doch jetzt hat man uns die Freiheit gestohlen. Wir müssen gehen und lassen nur unsere Sehnsucht zurück. Leb wohl, Brunnen! Leb wohl, Erde! Vergeßt uns nicht!« Und die anderen

Gefangenen fielen in sein Lied ein: »Lebt wohl, Hirse und Palme und Bananenstrauch! Leb wohl, Brunnen! Leb wohl, Erde!«

Die Traurigkeit und der Schmerz ihrer Worte hallten über das Meer und das Land, das sie liebten und in dem sie aufgewachsen waren.

Wie gut war es, daß sie nicht ahnten, was ihnen bevorstand: Zum Beispiel, daß die Schiffe Länder ansteuerten, in denen ein großer Bedarf an Arbeitskräften herrschte, weil viele von ihnen am Fieber starben, daß ihnen bis dort eine schreckliche Fahrt bevorstand, bei der sie nicht nur den ständigen Grausamkeiten der Matrosen ausgesetzt sein würden, sondern auch gegen Skorbut und Cholera ankämpfen mußten.

Glücklicherweise erfuhr Josef Pawlitschek nie, wozu seine blauen Perlen mißbraucht worden waren.

6

Während Frau Ndobo erzählte, hatte die Hitze des Tages allmählich nachgelassen. Auch die Stimmen der Muezzine, die von ihren Minaretten aus die Gläubigen an ihr Abendgebet erinnert hatten, waren längst verstummt. Das Rauschen des Verkehrs war stiller geworden. Einzelne Töne lösten sich aus der Fülle der übrigen: Der Ruf eines Geckos, der an der warmen Hauswand nach Fliegen jagte, das Geschrei eines Esels oder eine Polizeisirene.

Nur Jessica war mit dem Ende der Geschichte unzufrieden: »Und wie kamen die Perlen nach Hombori?«

»Aber Jessy!« sagte Karen kopfschüttelnd. »Frau Ndobo hat uns eine spannende Geschichte erzählt. Sie ist sicher müde.«

»Ach, lassen Sie nur«, wehrte Frau Ndobo ab. »Ich kann Jessica gut verstehen. Masha ist sicher ebenso neugierig.« Ihre Tochter nickte heftig.

»Drei Beutel Perlen teilte der Sklavenhändler mit seinen Banditen. Das war so ausgemacht. Den vierten behielt er selbst.«

»Und was war dann?« Es war Masha, die diese Frage gestellt hatte. Jessica sah sie verblüfft an. Auch Masha schien erschrocken darüber zu sein, daß ihr die Frage entschlüpft war.

»Ihr dürft nicht vergessen, daß zu jener Zeit in Afrika Glasperlen wie Geld benützt wurden. Man konnte Hirse mit ihnen kaufen und Ziegen, eine Feuerwaffe, Stoff für ein neues Gewand, einen Spiegel oder eine Frau. Nehmen wir an, daß die blauen Perlen, mit denen Kapitän Clark Koko bezahlt hatte, von Hand zu Hand weitergegeben wurden und sich allmählich über ganz Westafrika verteilten. Einige von ihnen werden irgendwann Gao erreicht haben, das damals noch die Hauptstadt des riesigen Songhai-Reiches war, und als gegen Ende des achtzehnten Jahrhunderts das Volk der Tuareg, die man auch als die Menschen mit dem Schleier bezeichnet, die Macht in Gao übernahmen, flüchteten viele Songhais aus Angst vor ihnen in die Berge von Hombori. Einer von ihnen nahm eine Kette mit, an der sich zwischen vielen anderen auch einige blaue Perlen befanden. Daß sie einmal dazu verwendet worden waren, einen Sklaven zu kaufen, wußte niemand mehr.« Frau Ndobo schwieg.

Das konnte sie nicht alles erfunden haben, überlegte Karen. So oder ähnlich muß es gewesen sein. Menschen wurden gefangengenommen, verschleppt und dann wie Vieh für Perlen und andere Dinge verkauft. Sie ertappte sich bei dem Gedanken, daß sie froh war, heute zu leben und nicht damals gelebt zu haben.

»Möchten Sie noch etwas trinken?« fragte Thomas die Gäste. Er hatte sich eine Jacke geholt, weil es draußen kühl geworden war.

»Vielen Dank«, erwiderte Herr Ndobo und stand auf. »Ich glaube, wir sollten jetzt gehen. Es ist schon spät.«

Beim Abschied erwähnte Karen, daß sie immer noch auf der Suche nach einer schönen Decke oder einem Teppich sei, um ihn mit heimzunehmen, denn in Mopti hatte ihr Jessica keine Zeit gelassen, mit einem Händler einig zu werden. Da bot ihr Frau Ndobo an, sie am nächsten Tag zu einem Händler zu begleiten, der, wie sie meinte, die schönsten Teppiche weit und breit verkaufen würde.

»Omar ist Mauretanier«, sagte sie. »Er kennt sich gut aus, kauft den Berbern im Atlasgebirge Teppiche ab und verkauft sie hier wieder. Nebenbei kauft er auch in ganz Westafrika Perlen auf, die er dann nach Amerika schickt, wo die Leute viel Geld für sie bezahlen.«

»Na, dann brauchen wir Jessy gar nicht erst zu fragen, ob sie mitgeht«, sagte Karen lächelnd und fügte, ohne die vorwurfsvollen Blicke ihrer Tochter zu beachten, hinzu: »Vielleicht interessiert sich auch Masha dafür?« Was Masha mit einem strahlenden Lächeln beantwortete.

»Sei ein bißchen netter zu ihr!« ermahnte Karen ihre Tochter später. »Sie ist noch scheu.«

»Solange sie niemand stört, Mama«, sagte Jessica unfreundlich, »kann sie gern mit.«

7

Am nächsten Morgen fegte ein heißer Wind durch die Straßen der Stadt. Er wirbelte Sand und weggeworfene Papierfetzen auf und machte den Menschen das Atmen schwer. Gleich nachdem Thomas das Haus verlassen hatte, um in sein Büro zu gehen, machte sich auch Karen mit ihrer Tochter auf den Weg. Sie hatten sich mit Frau Ndobo am Eingang zum großen Markt verabredet.

»Da sind sie.« Schon von weitem erkannte Karen die beiden, obwohl sich Frau Ndobo in ihrem bunten Kattunkleid kaum von den anderen Frauen unterschied. Auch Masha hatte an diesem Tag einen lose herabhängenden Baumwollkittel an.

»Er steht dir gut«, sagte Karen bewundernd zu ihr, nachdem sie die Frau des Museumsdirektors begrüßt hatte.

»Er ist bequemer als Jeans«, erwiderte Masha.

Karen entging nicht, daß die Begrüßung der beiden Mädchen ziemlich kühl ausfiel. Doch sie hoffte, daß sich das bald geben würde.

»Omar hat einen Stand dort«, erklärte Frau Ndobo Karen. »Bevor wir ihn in seinem Geschäft besuchen, müssen wir erst nachsehen, ob er sich nicht bei seinem Stand aufhält.« Wieder umgab Karen ein Markt mit seinem Lärm, seinen Gerüchen und seinen Farben. Mit all ihren Sinnen nahm sie ihn wahr und entdeckte dabei, wie sehr sie es genoß, durch die Gänge zu gehen und sich von allem überfluten zu lassen.

Omar befand sich nicht bei seinem Marktstand. Frau Ndobo wechselte ein paar Worte mit seinem Vertreter und sagte dann: »Er ist in seinem Geschäft. Eine neue Lieferung Teppiche ist gerade eingetroffen. Wir haben Glück.«

Sie führte ihre Gäste in die Altstadt, dorthin, wo die Gassen immer schmäler wurden und bald so schmal, daß kein Auto mehr durchfahren konnte. Der Verkehr beschränkte sich auf Fußgänger, Radfahrer, Esel und Kamele. Der Straßenbelag bestand aus gestampftem Lehm. Frauen mit schweren Körben, Krügen oder Säcken auf dem Kopf begegneten ihnen, auch magere Hunde und Kinder mit nackten Popos, die aus alten Blechdosen selbstgebasteltes Spielzeug hinter sich herzogen.

Auf einem freien Platz trafen sie wieder den Geschichtenerzähler, der Karen und Jessica schon einmal begegnet war. Er hatte sich auf einer Steinstufe niedergelassen und erzählte einer Gruppe von Kindern etwas, über das sie sehr lachten.

»Salam aleikum«, grüßte ihn Frau Ndobo im Vorbeigehen, doch der Alte war so in seine Geschichte vertieft, daß er ihren Gruß überhörte.

»Wer ist das?« fragte Jessica.

»Das ist Jussuf. Früher war er ein Wanderhirte, einer von denen, die ihre Herden im Buschland weiden lassen«, sagte Frau Ndobo. »Während einer langen Trockenzeit hat er alle seine Tiere verloren. Seitdem versucht er sein Leben von den paar Francs zu bestreiten, die ihm die Leute dafür bezahlen, daß er sie unterhält.«

»Und woher hat er seine Geschichten?« wollte Masha wissen.

»Wenn man ihn danach fragt, dann behauptet er immer, seine Ziegen und Rinder hätten sie ihm erzählt, und dann habe er oft die Webervögel belauscht, die ihre hängenden Nester in die Affenbrotbäume bauen. Auch das leise Rieseln der Sandkörner, die der Wüstenwind über die Dünen treibt, sei sehr lehrreich für ihn gewesen. Ich glaube aber, daß er die meisten von den anderen Wanderhirten hörte, mit denen er abends am Feuer hockte.«

Das erinnerte Karen an die Perlengeschichten. Diesem Jussuf genügte ein kleiner äußerer Anlaß, das Rieseln des Sandes, das sonderbare Nest eines Webervogels, vielleicht auch ein merkwürdig geformter Stein oder eine Wolke am Himmel, seine Phantasie anzuregen und eine Geschichte daraus zu machen, ebenso wie den Ndobos eine Perle genügt hatte, ihr Schicksal vor ihren Zuhörern mit Leben zu erfüllen.

Inzwischen waren sie am Ende einer langen Lehmmauer vor einer Tür angelangt. Frau Ndobo klopfte an, und kurz darauf öffnete ihnen ein junger Mann in einem gestreiften afrikanischen Gewand.

»Sie wünschen, Ma'am?« fragte er höflich. Nachdem ihm Frau Ndobo erklärt hatte, wer sie sei und daß sie eine alte Kundin von Omar, dem Teppichhändler, wäre, lächelte er und führte die Besucher durch einen Innenhof, der von einer einzigen kümmerlichen Palme beschattet wurde. Die Fensteröffnungen des Hauses, auf das sie zugingen, waren auffallend klein, und Frau Ndobo erklärte Karen, daß es so im Haus länger kühl bleibe und das gedämpfte Licht in seinem Inneren den Augen guttue.

Im Hausgang kam ihnen ein dicker, freundlich aussehender Mann in einem prächtig bestickten Gewand entgegen, der sich mehrmals vor Frau Ndobo verbeugte.

»Es ist mir eine Ehre«, sagte er und verbesserte sich gleich, »eine große Ehre, die hochgeschätzte Gattin unseres Museumsdirektors wieder einmal unter meinem Dach begrüßen zu dürfen.«

»Salam aleikum, Omar«, erwiderte Frau Ndobo.

»Wir kommen, weil wir gehört haben, daß gerade eine neue Lieferung Teppiche eingetroffen ist.« Das entsprach nicht ganz der Wahrheit, denn sie hatten ja erst auf dem Markt von der neuen Lieferung erfahren. »Könnten wir sie vielleicht sehen? Meine europäische Freundin interessiert sich sehr dafür. Ich hab' ihr erzählt, daß sie bei Ihnen die größte Auswahl und die allerbesten Teppiche von ganz Bamako findet.«

»Aber gewiß.« Der Händler strahlte vor Stolz über das Kompliment. »Bitte kommen Sie herein!«

Er führte sie in einen großen, ganz mit Teppichen ausgeschlagenen Raum und bat sie auf einigen Polstern Platz zu nehmen. Dann rief er dem jungen Mann, der ihnen die Tür geöffnet hatte, etwas zu.

»Sie gestatten mir doch, Sie zu einem Tee einzuladen?« sagte er zu Karen.

»Aber gern.« Sie wußte längst, daß in Afrika eine Tasse Tee die beste und vielleicht auch die einzige Voraussetzung für ein gutes Geschäft war. Das Eingangsgespräch drehte sich natürlich um Politik. Im Nachbarstaat Niger hatten die Tuareg revoltiert, und der Teppichhändler befürchtete, daß diese Unruhen auch auf Mali übergreifen könnten. Dann erzählte er von der Rallye Paris–Dakar, die jedes Jahr unter der Bevölkerung einige Todesopfer forderte, und als sie über die diesjährige Erdnußernte sprachen, von deren Exporterlös viele Länder Westafrikas abhängig waren, hatte jeder seine erste Tasse Tee ausgetrunken.

Auf einen Wink Omars hin brachte nun der junge Mann, gefolgt von zwei weiteren Helfern Teppich für Teppich herein und rollte einen nach dem anderen mit einem großen Schwung in der Mitte des Raums auf dem Boden aus. Das Gespräch wendete sich den Farben und Mustern zu, dem Herkunftsgebiet, der Knüpf-

oder Webtechnik und allem, was es sonst noch zu beachten gab. Karen entschied sich für einen schönen erdfarbenen Kelim.

»Was bedeutet Kelim?« fragte Jessica, die sich mit Masha ein Polster teilte. Sie hatte bis dahin nur still zugehört.

Da flüsterte ihr die kleine Afrikanerin, die bis dahin geschwiegen hatte, zu, daß nur gewebte Teppiche als Kelims bezeichnet wurden, im Gegensatz zu den geknüpften. Frau Ndobo fand Karens Wahl sehr gut. Sie übernahm das Handelsgespräch mit dem Teppichhändler und kam nach einigem Hin und Her zu einem Abschluß, mit dem beide Seiten zufrieden waren.

»Merci, Ma'am«, sagte Omar, als er das Geld in Empfang nahm. Er gab seinem Helfer die Anweisung, den Teppich gut zu verpacken.

Bis dahin hatte Jessica geduldig zugehört. Sie hatte sich gelangweilt, weil sie die Vorliebe Karens für Teppiche nicht verstand. Doch als sie bemerkte, daß Frau Ndobo Anstalten machte, sich zu verabschieden, zupfte sie ihre Mutter am Arm und deutete stumm auf ihre Perlenkette.

»Du hast recht«, beantwortete Karen die unausgesprochene Frage ihrer Tochter. »Beinahe hätte ich die Perlen vergessen. Vielleicht könnte sich M'sieur Omar einmal die Kette ansehen? Auch mich würde interessieren, was er dazu sagt.«

»Ach ja, die Perlen«, sagte Frau Ndobo schnell und stellte ihre Tasse wieder auf das kleine Tischchen neben ihrem Polster. »Beinahe hätte ich etwas Wichtiges vergessen.« Omar sah sie erstaunt an. »Meine Freunde haben in Hombori eine Glasperlenschnur gekauft, und ich habe ihnen gesagt, daß niemand soviel darüber weiß wie Sie!«

Karen zog ihrer Tochter die Kette über den Kopf und reichte sie dem Händler. Gespannt beobachtete sie seine Reaktion, als er sie ihr aus der Hand nahm und anschließend einer näheren Prüfung unterzog.

»Oh«, murmelte Omar nach einer Weile. »Die Perlen sind schön. Eine alte Chevron ist auch dabei.«

»Was heißt Chevron?« fragte Karen.

»Chevrons sind Sternperlen«, erklärte ihr Omar. Er schob zwei Perlen auseinander und deutete auf eine der beiden. Rund um das Bohrloch, durch das der Faden lief, war ein Stern zu sehen, der fünf übereinander geschichtete Farblagen erkennen ließ und auf der gegenüberliegenden Seite ebenfalls. Doch in der Mitte der Perle, wo sich die Spitzen der beiden Sterne trafen, waren Rauten entstanden, ähnlich dem Muster auf dem Gewand eines Harlekins.

»Wie eine Harlekinsperle«, stellte Jessica fest. »Ist sie alt?«

»Die ältesten, die wir kennen, stammen aus dem vierzehnten Jahrhundert. Sie wurden aus sieben übereinander geschichteten Farblagen hergestellt und später an den Kanten facettenartig geschliffen. Einige Glaswerkstätten produzieren sie heute wieder. Die hier besteht aus fünf verschiedenfarbigen Lagen. Sie könnte irgendwann im siebzehnten Jahrhundert hergestellt worden sein.«

»Ach bitte, vielleicht wissen Sie, wo sie herstammt und wie sie an diese Kette gekommen sein könnte?« fragte Karen. Statt einer Antwort gab Omar dem jungen Mann das Zeichen, seinen Gästen frischen Tee nachzuschenken.

»Wenn Sie noch etwas Zeit haben, kann ich Ihnen erzählen, was ich darüber weiß, denn auf der Suche nach alten Perlen, wie diese eine ist, besuche ich jedes

Jahr viele afrikanische Märkte. Mit Perlen lassen sich in Amerika gute Geschäfte machen.« Nachdem er sich davon überzeugt hatte, daß alle Tassen wieder gefüllt waren, lehnte er sich ein wenig zurück und begann:

Sterne für einen König

Als Mijnher Jaap van Kampen an einem trüben Septembertag des Jahres 1605 vom Meister seiner Glashütte die Botschaft erhielt, er möge sich, so rasch es ihm möglich sei, in seiner Werkstatt in der Waterlooplein einfinden, war ihm sofort klar, daß etwas Besonderes vorgefallen sein mußte. Die Waterlooplein war eine Straße im Judenviertel, die vom Zwanenburgwal abzweigte und nach einem rechtwinkligen Knick die Amstel erreichte, den Fluß, von dem die Stadt Amsterdam ihren Namen hatte.

Mijnher van Kampen hatte sein Vermögen mit Glas gemacht. Er hatte selbst als einfacher Hüttenmeister angefangen, und der Entschluß, sich selbständig zu machen, war ihm nicht leicht gefallen. Er sollte ihn nicht bereuen, denn nach zwanzig Jahren hatte er es zu etwas gebracht. Da hatte er es nicht mehr nötig, die Glasherstellung in seiner Werkstatt selbst zu überwachen, sondern ein Hüttenmeister arbeitete für ihn, der mehrere Gehilfen beaufsichtigte, während er sich als der Besitzer der kleinen Manufaktur nur noch seinen Geschäften widmete.

Als er etwas außer Atem seine Glashütte erreichte, stellte ihm der Meister einen fremden jungen Mann vor. Der Fremde war Südländer und Mijnher van Kampen begrüßte ihn voller Mißtrauen, da er ihn für einen Spanier hielt. Obwohl der habsburgische König Philipp, der mit harter Hand die Niederlande regiert hatte, bereits seit sieben Jahren tot war, hatten die Menschen dort die Angst vor den Spaniern immer noch nicht völlig überwunden. Der Besitzer der Glashütte an der Waterlooplein stellte schnell fest, daß sein Verdacht unbegründet war, denn der Fremde war Italiener.

»Giuseppe Contini aus Venedig«, stellte der Hüttenmeister ihn Mijnher van Kampen vor.

»Aus Venedig?«

»Genauer gesagt aus Murano«, verbesserte ihn der Fremde.

»Der Glas-Insel?« Natürlich wußte zu jener Zeit jeder in Europa, der etwas damit zu tun hatte, daß Murano das bedeutendste Zentrum der Glasherstellung war. Doch Mijnher van Kampen fragte nur, um sicher zu sein, denn es war allgemein bekannt, wie streng die Gesetze dort waren. Kein Glasmacher durfte ohne Erlaubnis des Rates der Zehn die Insel verlassen.

»Was führt Euch nach Amsterdam?« fragte er.

»Die Suche nach Arbeit«, erwiderte Giuseppe Contini.

»Arbeit suchen viele«, sagte Mijnher van Kampen. »Da müßt Ihr schon mehr sein als ein einfacher Glasbläser.«

Daraufhin gab ihm der Italiener mit einem Wink zu verstehen, daß er ihn gern allein sprechen wollte, und Mijnher van Kampen dachte sich rasch einen Vorwand aus, unter dem er den Hüttenmeister fortschicken konnte. Nachdem sich Giuseppe Contini versichert hatte, daß alle Türen fest verschlossen waren und niemand von außen in den Raum sehen konnte, zog er einen kleinen Lederbeutel unter seinem Hemd hervor.

»Ich möchte Ihnen etwas zeigen«, sagte er. »Vielleicht haben Sie dann Arbeit für mich?« Er schüttelte den Beutel über seiner, zu einer kleinen Schüssel geformten linken Hand aus und hielt sie dem Niederländer hin. Mijnher van Kampen erblickte drei oder vier gemusterte Perlen, die er noch nie vorher zu Gesicht bekommen hatte. Das Muster bestand aus zwei Sternen, deren Mittelpunkt das Bohrloch war. Diese Sterne umfingen den Perlenkörper, als hätten sie die Aufgabe, ihn zu beschützen. Nur eine der Perlen war facettiert und an den Kanten abgerundet, doch alle schienen aus mehreren Lagen weißen, roten und blauen Glases zusammengesetzt zu sein. Wie sie gemacht worden waren, war nicht zu erkennen. Mijnher van Kampen drehte eine von ihnen zwischen zwei Fingern hin und her und gab sich dabei nicht die geringste Mühe, sein Erstaunen und seine Bewunderung zu verbergen. Dann sah er den Italiener fragend an: »Woher habt Ihr sie?«

»Aus Murano. Ich hab' sie selbst gemacht.«

»Aber wie …?«

»Das ist eines der großen Geheimnisse, die nur den Glasmachern in Murano bekannt sind. Die steigende Nachfrage nach dieser Perlenart zeigt, daß sie von den meisten venezianischen Kaufleuten sehr geschätzt werden. Doch der Rat der Zehn macht seine Rechnung ohne uns Glasperlenmacher. Er sorgt zwar dafür, daß man uns gut bezahlt und wir im Alter ein Auskommen haben, doch die Tauben von San Marco sind freier als wir. Sie dürfen fliegen, wohin sie wollen. Wir dagegen dürfen die Insel niemals verlassen, und wer dieser Anordnung zuwiderhandelt und ein solches Geheimnis verrät, wird nicht nur mit dem Tod bestraft, wenn er erwischt wird, sondern seine Sippe wird auch in Haft genommen. Was das bedeutet, kann man nur ermessen, wenn man die venezianischen Gefängnisse kennt.«

»Offensichtlich habt Ihr Euch nicht erwischen lassen?«

»Wir waren zu zweit, mein Bruder und ich. Der Drang nach Freiheit wurde übermächtig in uns, und in einer dunklen Nacht sind wir mit einem kleinen Kahn zum Festland gerudert. Dort trennten wir uns, denn der eine wollte nach Westen und der andere nach Norden. Aber nur ich hatte Glück und entkam. Mein Bruder wurde eingefangen, nach Venedig zurückgebracht, wo er – wie ich erfuhr – zur Abschreckung für alle anderen unverzüglich hingerichtet wurde.«

»Und eure Familien?«

»Wir hatten keine. Sonst hätten wir das Wagnis nicht unternommen.«

»Und nun, wenn ich Euch recht verstehe, möchtet ihr gern das Geheimnis der Herstellung dieser Perlen mit der Bedingung verknüpfen, als Glasperlenmacher eingestellt zu werden?«

»Ihr habt es erraten.«

Mijnher van Kampen überlegte nicht lange, was er tun sollte. Er hatte sofort den Wert dieser Perlen erkannt und war davon überzeugt, daß sich mit ihnen auf der ganzen Welt gute Geschäfte machen ließen. Wenn man einer Legende Glauben schenken kann, dann haben die Holländer schon kurze Zeit später mit einem Beutel voll Chevronperlen den Indianern das Stück Land abgekauft, auf dem die Stadt New York errichtet wurde.

Also stellte Mijnher van Kampen den Italiener unverzüglich ein und befahl ihm, sofort mit der Produktion der Perlen mit dem Sternenmuster zu beginnen. Natürlich fertigte seine Werkstatt auch noch andere Glaswaren an, doch diese Perlen aus Murano hielten, was er sich von ihnen versprochen hatte. Schon bald erlaubten ihm seine Einnahmen, sich ein eigenes Stadthaus zu bauen, das in unmittelbarer Nähe des einige Jahre später errichteten berühmten Rathauses lag.

Er verkaufte seine Perlen überallhin. Die niederländisch-ostindische Handelskompanie tauschte sie auf den Gewürzinseln gegen Pfeffer und Nelken und die englische Pelzgesellschaft bei den Indianern gegen Felle. Die ersten Entdeckungsreisenden, die das Innere Afrikas zu erforschen versuchten, nahmen sie mit dorthin, und die Kapitäne, die ihr Glück in der Südsee machen wollten, verließen niemals ihre Heimathäfen ohne ein Fäßchen voll Sternperlen an Bord.

Eines Tages kaufte Abdullah, ein arabischer Händler in Tripolis am Mittelmeer, zwei Perlenfäßchen, die den Stempel von Mijnher van Kampens Werkstatt trugen. Er hatte vor, sie weit unten im Süden der Wüste Sahara, im Königreich von Kano, gegen Baumwolle zu tauschen. Diese Baumwolle war überall bekannt für ihre weichen, langen Fasern, und man konnte sie in Timbuktu, das damals die bedeutendste Stadt in ganz Westafrika war, zu einem hohen Preis wieder verkaufen. Der Händler schnallte die Perlenfäßchen mit Hilfe seines Dieners Ali auf das Traggestell seines Handkamels und schloß sich mit seinen anderen Kamelen, die hauptsächlich Futter und Nahrungsmittel trugen, einer großen Karawane an, die schon bald Tripolis verließ und ebenfalls nach Kano wollte. Zusammen mit Abdullahs Tieren bestand die Karawane aus etwa zweihundert Kamelen, von denen die meisten mit türkischen Musketen beladen waren sowie mit dem dazu gehörenden Pulver und Bleikugeln. Die Musketen wurden in Kano dringend gebraucht, weil der König von Bornu alljährlich einen hohen Tribut vom König von Kano verlangte, und man mit der Hilfe der Waffen versuchen wollte, sich von den lästigen Zahlungen zu befreien.

Außer Abdullah, seinem Diener Ali und zwei oder drei anderen Arabern begleiteten noch einige Haussa-Männer die Karawane. Sie waren Gefolgsleute des Königs von Kano und hatten dafür zu sorgen, daß die Musketen ohne Verzögerung ihren Bestimmungsort erreichten.

Alle kannten genau den Weg, den sie einschlagen mußten, kannten jedes Wasserloch und jeden Brunnen, wußten, in welchen das Wasser genießbar und in welchen es versalzen sein würde, wußten auch, wie tief sie den Balg hinablassen mußten, damit er sich füllte, und wie weit die Entfernung von einem zum anderen Brunnen sein würde. Sie nannten ihn den Bornu-Weg, weil er ins Königreich Bornu am Tschadsee führte. Sie aber mußten rechtzeitig vorher nach Westen abbiegen. Daß sie sich vor den räuberischen Tuareg in acht nehmen mußten, war ihnen ebenfalls bekannt. Trotz alledem hofften sie, daß sie ihr Ziel wohlbehalten mit allen Waren erreichen würden. Zum Schutz gegen den Sandwind zogen sie sich ihre Schleier über die Nasen und ritten los.

Zunächst ging alles gut. Sie durchquerten rasch den flachen, fruchtbaren Küstenstreifen und stiegen anschließend über eine Felsbarriere auf eine Hochebene. Durch dieses fast menschenleere steinerne Meer, das nur aus Felsbrocken und Sandflächen bestand, ritten sie viele Tage lang nach Süden. Und weil die Hitze sehr groß war, wanderten sie oft während der Nacht und legten erst in den heißen Mittagsstunden im Schatten eines Felsabbruchs eine längere Rast ein. Dabei nahmen sie den Kamelen die Lasten ab und warfen ihnen etwas Futter vor. Während sich die Tiere ausruhten, kochten sich die Reiter Tee und etwas zum Essen. Danach schliefen auch sie, und wenn sie vor lauter Hitze nicht schlafen konnten, unterhielten sie sich. Eines Tages erzählte ein Haussa-Reiter den anderen die Legende von der Entstehung des sagenhaften Haussa-Reiches und der Herkunft ihres Königs.

»Vor langer, langer Zeit herrschten neun Königinnen über die Stadt Daura zwischen Niger und Tschadsee«, begann er. »Zu Lebzeiten der neunten und letzten Königin, die Daurama hieß, verwüstete ein gräßliches Untier die Gegend. Es hatte mehrere Köpfe und Krallen an den Füßen wie ein Löwe, eine schuppige Haut wie ein Krokodil, und aus seinen Schultern wuchsen riesige Flügel, größer als die Flügel eines Adlers. Abu Yazid, ein aus dem Norden kommender tapferer Jäger, tötete den Drachen und heiratete Königin Daurama, die ihm schon bald darauf einen Sohn schenkte. Diese Königin liebte Perlen über alles, und sie gab allen ihren Nachkommen die Liebe zu ihnen mit. Ihr Sohn gründete später zusammen mit seinen sechs Söhnen die sieben Haussa-Staaten, darunter auch den Stadtstaat Kano. Als Daura unterging, übernahm dieser Stadtstaat die Oberherrschaft über die übrigen sechs. Von nun an wurde er der Sitz des Königs, und die Kunde von seinem Glanz und seiner Pracht verbreitete sich schnell in ganz Westafrika. Das erregte schon bald den Neid des Königs von Bornu. Er kaufte den Türken eine große Anzahl Musketen ab, mit deren Hilfe es ihm vor einigen Jahren gelang, den König von Kano zu unterwerfen und ihn zu zwingen, ihm alljährlich etwas von seinem Reichtum abzugeben. In diesem Jahr nun blieb der Regen aus, die Baumwollernte war schlecht, und das Volk der Haussa wird den Bornu-Leuten mindestens die Hälfte des jährlichen Tributs schuldig bleiben müssen. Da rieten die Minister dem König, für die Hälfte dieser Hälfte ebenfalls Musketen zu kaufen und mit ihnen die Krieger zu vertreiben, die der König von Bornu jedes Jahr zu ihnen schickte, um ihren Anteil abzuholen. Und weil unser König diesen Rat sehr gut fand, befahl er uns nach Norden zu reiten, um die Waffen einzukaufen. Möge Allah seine schützende Hand über unsere Rückkehr halten!«

Dort, wo das steinerne Meer in ein weites Sandmeer überging, kamen sie zu einem Brunnen mit gutem Wasser, mit dem sie ihre Kamele tränkten und ihre inzwischen leeren Wassersäcke wieder auffüllen konnten. Sie durchquerten mehrere Wadis, anschließend in einem tagelangen Ritt eine glühende Sandwüste und erreichten schließlich Mursuq, ein ummauertes Städtchen, in dem regelmäßig ein Markt abgehalten wurde. Dort legten sie einige Ruhetage in einer Karawanserei ein, damit die erschöpften Kamele neue Kraft sammeln konnten, denn der anstrengendere und gefährlichere Teil der Reise lag noch vor ihnen.

Während dieser Rast ließ Abdullah seine Perlenfäßchen nicht aus den Augen, und so lange er schlief, mußte sein Diener bei ihnen Wache halten. Abgesehen von den Kamelen waren sie sein wertvollster Besitz. Wenn er sie verlor, konnte er in Kano keine Baumwolle kaufen, und ohne die Baumwolle konnte er auch in Timbuktu keine Geschäfte machen.

Nach ihrem Aufbruch in Mursuq zog die Karawane am Rand der gleichnamigen Sandwüste entlang. Auf dem langen Weg nach Tumu, der nächsten größeren Oase, kamen sie nur an zwei Brunnen vorbei, wobei das Wasser in einem von ihnen leicht schwefelhaltig war. Von Tumu aus ging es dann weiter nach Süden in Richtung Bilma. Auf ihrer linken Seite erschienen bereits die Berge des Tibesti-Gebirges, und Abdullah, dessen Handkamel Anzeichen von Erschöpfung zeigte, freute sich schon auf die nächste längere Rast.

Doch plötzlich zog Allah seine schützende Hand von ihnen. Der Führer ihrer Karawane entdeckte als erster die winzigen Punkte am Horizont, die ihnen entgegen kamen. Er rief den anderen eine Warnung zu.

Abdullah, der mit dem erschöpften Handkamel als letzter ritt, erschrak bis in sein Inneres. Die Hoffnung, die er sich auf ein gutes Geschäft gemacht hatte, löste sich auf wie der Rauch über einem Topf kochenden Wassers. Seine Verzweiflung gab ihm einen Gedanken ein, den er, ohne lange zu zögern, in die Tat umsetzte, weil er fand, er sei einen Versuch wert. Rasch schnitt er mit seinem Dolch die Riemen durch, mit denen die Perlenfässer auf dem Traggestell des Handkamels festgebunden waren, sprang, während sie auf den weichen Sandboden kollerten, hinterher und begann sofort im Schutz der anderen Kamele mit den Händen ein Loch zu graben. Als es ihm tief genug erschien, rollte er die beiden Fäßchen hinein, häufte den Sand über ihnen auf und legte einen Stein auf den höchsten Punkt des Haufens, damit er ihn wiederfände. Bis die Gruppe der fremden Reiter die Karawane erreichte, war nur noch eine Erhebung zu sehen, die der heftige Wind rasch in eine Düne verwandelte.

Wie sich herausstellte, waren die Männer Tuareg, die davon lebten, Handelskarawanen auszurauben, um das Diebesgut in einem der südlichen Königreiche zu verkaufen. Sie trugen blaue Gewänder, die sie Gandouras nannten, hatten sich lange Schwerter um ihre Hüften gebunden und verbargen ihre Gesichter nicht nur zum Schutz gegen Sonne und Staub, sondern auch gegen das Wiedererkanntwerden hinter dunklen Schleiern. Ihre Freude war groß, als sie entdeckten, daß die meisten Kamele mit Waffen beladen waren, denn für Waffen zahlte der König von Bornu die höchsten Preise. Doch in ihrem Überschwang entging ihren scharfen Augen Abdullahs künstliche Düne, unter der er seine Perlenfäßchen versteckt hatte.

So beschränkten sich die Räuber auf die mit Musketen beladenen Kamele. Die übrigen ließen sie zurück, weil sie wußten, daß es nicht gut war, ein Rind zu töten, so lange man es noch melken konnte. Wenn sie den Händlern alle Kamele wegnahmen, müßten sie hier verdursten, ließen sie ihnen aber ihre Tiere, würden sie sich irgendwann mit einer neuen Karawane auf den Weg durch die Wüste machen, in der Hoffnung, dieses Mal ihr Ziel zu erreichen. Eine Hoffnung, die ihnen die Tuareg abermals vergällen würden.

Abdullah und sein Diener gruben die wertvollen Fäßchen erst aus, als die Räuber am Horizont verschwunden waren. Sie schnallten sie wieder auf das Traggestell des Handkamels und setzten ihren Weg nach Süden fort, nur begleitet von den Haussa-Reitern, da die anderen Händler beschlossen hatten, nach Tripolis zurückzukehren. Ohne weitere Zwischenfälle erreichten sie die Oase Bilma, durchquerten die wilde Ténéré-Wüste und das Air-Gebirge, hielten sich nicht lange in der Wüstenstadt Agadez auf und erreichten schließlich wohlbehalten Kano, die berühmte Königsstadt.

Abdullah stieg in einer Karawanserei ab, während die Reiter dem König Bericht erstatteten. Die Nachricht, daß die sehnlichst erwarteten Musketen in die Hände der Tuareg gefallen waren, vernahm der König von Kano mit großer Sorge. Inzwischen hatten ihm seine Späher nämlich gemeldet, daß sich der König von Bornu selbst auf den Weg gemacht hatte, um den fälligen Tribut abzuholen und in Kano nach dem Rechten zu sehen.

»Er wird sich den fehlenden Anteil mit Gewalt abholen«, sagte der König seufzend zu einem seiner Minister.

»Das wird er zweifellos tun«, bestätigte der Minister die Befürchtungen.

In diesem Augenblick meldete ein Diener den Händler Abdullah, der seine neuen Perlen anbieten wollte. Doch der König, der wie immer in einem prächtigen, mit goldenen Fäden durchwirkten Gewand unter einem Baldachin saß und sich von einem Sklaven mit einem Fächer aus Straußenfedern Kühlung zufächern ließ, brauchte Waffen und keine Perlen, obwohl er sonst, genau wie seine Ahnfrau, ein großer Bewunderer von ihnen war. Er winkte einem Diener, den Händler wegzuschicken, doch Abdullah hatte den letzten Teil des Gesprächs mitgehört. Als ihn ein Diener hinauszudrängen versuchte, stürzte er in den Thronsaal, warf sich vor dem König auf den Boden und rief: »Ich hätte da einen Vorschlag, wie Ihr die Leute von Bornu täuschen könntet!«

»Täuschen?« fragte der König von Kano erstaunt. »Wie das?«

Da erläuterte ihm der Händler einen Plan, bei dem auch er selbst nicht zu kurz kommen würde. Der König hörte ihm aufmerksam zu, und je länger er das tat, um so heiterer wurde er, denn Abdullahs Plan war schlau. Er war von jener Schlauheit, die nur arabische Händler besitzen. Und nachdem sich der König mit allen seinen Ministern beraten hatte und diese von Abdullahs Vorschlag ebenso begeistert waren wie er, schickte er den

Händler unverzüglich los, um die nötigen Vorbereitungen zu treffen.

Inzwischen wurde, auf königliche Anordnung hin, die Stadt für die Ankunft der Bornu-Leute geschmückt. Der König von Kano legte seine allerkostbarsten Gewänder an und setzte seine perlenbestickte Königskappe auf. Seinen Koch hatte er angewiesen, mehrere Rinder zu schlachten und alles für ein großes Festmahl vorzubereiten. Zum Schluß ließ er sich von Abdullah, der die Fäßchen aus seiner Unterkunft geholt hatte, so viele Sternperlenschnüre um den Hals legen, wie er in aufrechter Haltung und auf seinem Diwan sitzend zu tragen imstande war.

»Erklärt dem Herrscher von Bornu«, hatte der Araber ihm eingeschärft, »daß Eure Ernte gut war, sehr gut sogar, besser als in den vorangegangenen Jahren, und daß eine zweite mit Waffen beladene Karawane inzwischen eingetroffen sei, von der er nichts weiß. Erklärt ihm, die neuen Musketen träfen so zielgenau, daß Eure Krieger mit ihnen diese Sterne vom Himmel geschossen hätten. Erklärt ihm, daß Ihr, so lange Ihr sie tragt, unverletzlich seid. Niemand könnte Euch oder Eurem Volk etwas antun. Sollte es ein Feind aber trotzdem versuchen, dann würde der Feuerstoß aus seiner Muskete nach hinten losgehen und ihn selbst töten. Er wird nicht wagen es auszuprobieren.«

Und so geschah es. Als der König von Bornu durch Kano ritt, war er tief beeindruckt von der Pracht und der Herrlichkeit, die er dort vorfand. Die Meldungen seiner Späher, die Ernte sei schlecht gewesen und das Volk der Haussa könnte ihm nur die Hälfte des verlangten Tributs bezahlen, mußten falsch sein. Und als er den König von Kano in stolzer Haltung auf seinem Diwan sitzend erblickte und die Perlen an seinem Hals ebenso glänzten wie echte Sterne am nächtlichen Himmel, glaubte er alles, was man ihm über ihre Herkunft berichtete. Auch daß sie alle jene beschützten, die ihrem Herrscher die Treue hielten, indem ihre Musketen nach hinten losgingen, wenn einer der feindlichen Krieger sie auf einen Gefolgsmann des Königs von Kano anlegte.

Nur eines erkannte er nicht, und zwar, daß die Haltung des Königs von Kano nur so würdevoll war, weil ihm das Gewicht der Perlen an seinem Hals nicht erlaubte, sich zu bewegen. Der König von Bornu war tief beeindruckt. Er verabschiedete sich nach der Einnahme des Festmahls mit einer tiefen Verbeugung und kehrte unverrichteter Dinge wieder in sein Königreich zurück. An seiner Stelle erhielt Abdullah jenes, nach dem Kauf der Musketen übriggebliebene Viertel des Tributs, den die Kano-Leute für den Bornu-Herrscher gesammelt hatten, und das war mehr als seine Kamele schleppen konnten. Er kaufte noch ein paar Esel dazu und stellte eine eigene Karawane zusammen, mit der er dann nach Timbuktu zog, um dort gute Geschäfte zu machen.

Giuseppe Continis Sternperlen ließ er in Kano zurück, wo sie der König seinem Thronschatz einverleibte und hoch in Ehren hielt. Er ordnete an, daß er mit ihnen begraben werden wolle, wenn er gestorben sei.

Viele, viele hundert Jahre ruhten die Perlen in der Erde, bis sie ein Bauer wiederfand, der im Schweiße seines Angesichts sein Baumwollfeld hackte. Und weil der Bauer nicht wußte, wie sie dorthin gekommen waren, glaubte er, es seien Sterne, die vor langer Zeit als Sternschnuppen vom Himmel gefallen und in seinem Acker gelandet seien.

Als sich die Kunde von den herabgefallenen Sternen herumsprach, pilgerten viele Leute zu seiner Hütte und baten ihn um so einen Stern, weil sie sicher waren, daß er alles Böse von ihnen abhalten könnte und ihr weiteres Leben viel glücklicher sein würde als ihr bisheriges. Die Männer schenkten sie ihren Frauen zur Hochzeit, und die Mütter hängten sie gleich nach der Geburt ihren Babys um, damit sie der Stern behüte.

Wann eine von diesen Perlen bei den Songhai-Leuten landete, kann ich nicht sagen. Vielleicht war es vor einer Woche, vielleicht vor einem Jahr oder vor hundert Jahren. Genau weiß das niemand.

8

Als der Teppichhändler schwieg, entstand eine lange Pause. Karen wurde bewußt, daß sie, während Omar erzählte, die Welt um sich herum völlig vergessen hatte. Vor ihrem inneren Auge hatte sie den König von Kano vor sich gesehen, der in einem prachtvoll bestickten Gewand auf seinem Thronsessel hockte und sich mit den schweren Glasperlenketten an seinem Hals kaum bewegen konnte. Sie hatte sich den Händler Abdullah vorgestellt, wie er mit seinen Kamelen durch die Wüste zog, und sich dabei eingebildet, selbst die prickelnden Sandkörner auf ihrer Haut zu spüren, die der Wind ihm entgegenpeitschte.

Jessica hat mich angesteckt mit ihrer Begeisterung für die Perlen und mit ihrer Neugier, etwas über sie zu erfahren, dachte sie und versuchte den Gedanken daran als Kinderei abzutun. Daß ihr das nicht so recht gelingen wollte, machte sie ärgerlich.

»Danke«, sagte sie zu dem Teppichhändler, »sie erzählen sehr gut.«

»Kennen Sie noch mehr Perlengeschichten?« fragte Jessica. Omar, der ihre Kette immer noch zwischen den Händen hin und her drehte, betrachtete sie ein zweites Mal genauer. »Ich kenne noch einige Perlen, weiß aber nicht, wie sie hierhergekommen sein könnten. Es gab so viele Handelswege nach Westafrika, und Umwege gab es natürlich auch.«

»Umwege?« Jessica sah ihn verständnislos an.

»Na, Schiffsunglücke zum Beispiel oder Überfälle von Piraten, die ein Schiff ausplünderten, dessen Fracht eigentlich für Hinterindien oder Amerika bestimmt gewesen war. Dann gab es auch unzählige Wege, auf denen Amber hierhergebracht wurde.«

»Amber? Sie meinen Bernstein?« Karen liebte die honiggelben Steine.

»Ja. Wußten sie nicht, daß sich mehrere Bernsteinperlen an der Kette befinden?«

Sie schüttelte den Kopf.

»Am besten wär's, Sie fragen den alten Jussuf danach, wenn sie ihm irgendwo begegnen«, riet Omar ihr. »Ich hab' ihm einmal zugehört, wie er den Leuten eine etwas märchenhafte Geschichte darüber erzählt hat.«

Sie verabschiedeten sich von ihm. Der Teppichhändler versprach ihnen, den gekauften Teppich durch einen Boten zu schicken, und begleitete sie bis an die kleine Tür in der Mauer. Immer noch waren ihre Gedanken bei der Geschichte der Perlen mit dem Sternenmuster, doch auf einmal spürte Karen, daß Jessica ihre Hand ergriff.

»Was ist?« fragte sie.

»Ich weiß nicht«, flüsterte Jessica ihr zu, weil sie

nicht wollte, daß es Frau Ndobo oder Masha hörten. »Ich spüre, daß uns jemand beobachtet.«

Karen drehte sich rasch um. Bis auf den Teppichhändler, der immer noch vor der kleinen Tür stand und sich mit einem schlaksigen Jungen unterhielt, war die Straße leer. Der Junge trug ein kariertes Hemd und ausgefranste Jeans. Er schien sich nach etwas zu erkundigen, denn er hob den Arm und deutete ihnen nach.

»Ach, das bildest du dir bloß ein!« versuchte sie ihre Tochter zu beruhigen und war selbst nicht sicher, ob sich der fremde Junge nicht doch nach ihnen erkundigt haben könnte.

»Ist was?« fragte Frau Ndobo, die bemerkt hatte, daß die beiden stehengeblieben waren.

»Nichts.« Karen kam sich ein wenig lächerlich vor. Ihr Mißtrauen war sicher unbegründet. Trotzdem wurde auch sie bis an die Tür ihres Hauses das Gefühl nicht mehr los, daß ihnen jemand folgte.

Dem alten Jussuf begegneten sie nicht mehr, doch Frau Ndobo schlug Karen vor, am nächsten Tag zum Tee zu ihr zu kommen und die beiden Mädchen allein auf die Suche nach ihm zu schicken.

»Danke«, sagte Karen, der ihre warmherzige, freundliche Art sehr gefiel. »Ich komme gern, aber können wir es nicht so einrichten, daß ich danach mit Jessy und Masha gehe?«

»Aber natürlich. Ich kann sie leider nicht begleiten, weil mein Mann früher heimkommen will als sonst, doch Masha kennt sich in der Stadt sehr gut aus.«

Zu ihrer großen Befriedigung stellte Karen fest, daß Jessica, die noch vor kurzer Zeit Mashas Gegenwart als lästig empfunden hatte, nichts mehr dagegen zu haben schien, daß sie das Mädchen begleitete.

9

Am frühen Nachmittag des nächsten Tages machten sich Karen und Jessica auf den Weg zu den Ndobos. Es war ein kleiner Bungalow in einer ruhigen Straße. Sie hatten keine Schwierigkeit, ihn zu finden. Der winzige Vorgarten wurde durch einen alten Mangobaum beschattet.

Masha schien die Gäste bereits durch das Fenster erspäht zu haben, denn sie riß die Tür auf, bevor Karen läuten konnte.

»Hallo!« rief sie fröhlich und zu Karen gewandt: »Kommen Sie bitte herein! Meine Mutter erwartet sie schon.« Auch sie schien ihre Scheu überwunden zu haben.

Während sich Karen mit der Frau des Direktors über alltägliche Dinge unterhielt, wie über den Vorzug afrikanischer Mädchenkleider gegenüber Jeans, rutschte Jessica unruhig auf ihrem Stuhl herum. Karen, die ihre Ungeduld spürte, kürzte den Besuch ab, so bald es ihr passend erschien.

Beim Abschied gab ihnen Frau Ndobo noch ein paar gute Ratschläge mit, an welchen Stellen der Stadt sich Jussuf gewöhnlich aufhielt.

Masha übernahm die Führung. Sie kannte viele Leute, und viele Leute kannten sie, denn sie ging in Bamako zur Schule.

Karen fragte sie, ob sie schon wüßte, was sie später einmal werden wollte. Da erzählte sie, daß sich ihre Eltern wünschten, sie würde nach der Beendigung der Schulzeit in Paris studieren.

»Welches Fach?«

»Am liebsten afrikanische Geschichte«, erklärte Masha. »Die Geschichte der verschiedenen Stämme und deren Kultur, die von den meisten Weißen immer noch als eine Kultur von Wilden bezeichnet wird.«

Sie suchten den alten Jussuf an allen Plätzen, die ihnen Frau Ndobo empfohlen hatte, und fanden ihn schließlich auf den Stufen vor der Moschee. Sein einfaches, vom Straßenstaub grau gefärbtes Gewand war das Kleid der Hirten. Wie alle Männer, die es gewöhnt waren, in einer glühenden, schattenlosen Landschaft zu leben, trug auch er einen Schleier zum Schutz gegen die Sonne. Seine Haut war dunkel, doch die Form seiner Nase und seiner Lippen zeugte davon, daß er zum Volk der Berber gehörte.

»Assalam aleikum«, begrüßte ihn Masha, und der alte Jussuf erwiderte freundlich: »Aleikum assalam!« Dann sprach er einige Worte, die Karen nicht verstand, und Masha antwortete ihm in der gleichen Sprache.

»Was sagt er?« fragte Jessica.

»Er hat gefragt, wer ihr seid«, erklärte ihr Masha. »Ich hab' ihm gesagt, daß ihr ihn nicht verstehen könnt, wenn er arabisch spricht. Daß er Französisch kann, hat mir meine Mutter gesagt.«

»Frag' ihn doch, ob er uns etwas über Bernstein erzählen kann!«

»Der Teppichhändler hat uns geschickt ...«, sagte Masha zu Jussuf.

»Omar, der Maure?« unterbrach sie der Alte erstaunt in etwas stockendem Französisch.

»Genau der. Er sagte, er hätte einmal gehört, wie Sie den Leuten ein Märchen erzählten, das von Amber handelte.«

»Du meinst Bernstein? Echten oder falschen?«

»Gibt es auch falschen Bernstein?« Jessica zog sich die Kette über den Kopf. »Wir meinen diese Perlen hier.«

»Falscher Bernstein ist aus Plastik wie die Eimer und

Schüsseln, die auf dem Markt verkauft werden. Billiges Zeug, das die Europäer uns gebracht haben. Dann gibt es noch Copal, das in Afrika gefunden wird. Die Perlen hier sind alt und lange getragen. Sie kommen aus dem Norden Europas.«

»Erzählen Sie uns die Geschichte, bitte!« bat ihn Karen. Gerade als der alte Jussuf tief Atem holte, um zu beginnen, kamen ein paar Kinder herbeigerannt.

»Abu Jussuf, warte auf uns! Wir wollen auch hören, was du erzählst!« schrien sie über den Platz.

Der Alte wartete geduldig, bis sie aufgehört hatten, sich zu schubsen, zu drängeln und um die besten Plätze zu streiten. Dann fing er an:

Die märchenhafte Geschichte vom Bernstein

Vor langer Zeit – bei Allah, es müssen viele Millionen Jahre seitdem vergangen sein – lebten riesige Tiere auf unserer Erde. Es waren weder Krokodile noch Strauße, keine Löwen und auch keine Elefanten, sondern eine Mischung aus allen, nur viel, viel größer. So groß, daß sie mit ihren riesigen Mäulern, Zähnen und Zungen die Kuppelspitzen einer Moschee hätten erreichen können, wenn es so etwas damals schon gegeben hätte. Am allerliebsten jedoch fraßen sie Blätter. Doch wie ihr sicher wißt, müssen alle Bäume, denen man die Blätter wegnimmt, sterben. Deshalb gab es damals bald keinen Wald mehr, nur noch Steppen und Sümpfe. Allah, dem Allmächtigen, gefiel das nicht, denn er liebte Bäume und vor allem ihren Schatten, in dem er sich immer gern ausruhte und träumte. Er überlegte lange, mit was er die Riesentiere verscheuchen könnte, und schließlich kam ihm in einer klaren Mondnacht ein guter Gedanke. Er pflückte einfach einen Stern vom Himmel und schleuderte ihn auf die Erde. Der Stern war ziemlich groß und ziemlich schwer, schwerer als alles, was wir kennen. Er stürzte herab und tötete dabei die riesigen Lebewesen. Das hatte Allah nicht gewollt, aber es war schon zu spät, um noch etwas daran zu ändern. Immerhin wurden die Bäume wieder größer. Sie wuchsen und wuchsen und waren bald so hoch, wie es früher die großen Tiere gewesen waren. Ihre Stämme wurden zehnmal so dick wie die Stämme unserer Affenbrotbäume. Darüber freute Allah sich sehr. In jener Zeit soll es in den Ländern des Nordens viel wärmer gewesen sein, als es heute dort ist.

»Wärmer als bei uns?« fragte ein kleiner Junge.

»Nicht ganz, aber beinahe«, antwortete der alte Jussuf lächelnd und fuhr fort: »Aber im Winter war es sehr kalt, manchmal fiel Schnee, und manchmal stürmte der Wind und zwang die Bäume, sich zu biegen. Dadurch entstanden Risse und Spalten, aus denen goldgelbes Harz strömte und auf den Erdboden tropfte. Nicht lange danach begrub eine Sturmflut einen Teil des Nordlands unter sich. Die Bäume versanken im Meer. Ihr Holz fiel auseinander, doch den Harztropfen konnte das Wasser nichts antun. Sie warteten darauf, gefunden zu werden.

Ungefähr tausend mal tausend Jahre später entdeckten spielende Kinder geheimnisvolle gelbe Kiesel am Strand. Sie waren leichter als Steine, und oft auch durchsichtig. In einigen von ihnen befanden sich winzige Käfer oder Mücken, die von den Harztränen eingeschlossen worden waren. Die Kinder nahmen ihren Fund mit nach Hause und zeigten ihn ihren Eltern. Da rannten auch die Eltern ans Ufer, suchten, scharrten im Sand, wateten ins Meer hinaus und gaben keine Ruhe, bevor sie nicht auch gelbe Tropfen gefunden hatten. Sie hielten sie für von den Göttern geschickte Zaubersteine, denn sie besaßen drei Eigenschaften, die kein anderer Stein besaß, den sie kannten. Die erste Eigenschaft war, daß man sie anzünden konnte, die zweite, daß aus den Flammen weißer Rauch aufstieg, der einen wahrhaft betäubenden Duft ausströmte. Diesem Duft maßen sie heilende Kräfte zu. Sie benützten ihn bei der Anrufung der Geister, die sie jedesmal um Schutz baten, bevor sie auf die Jagd zogen. Die dritte Eigenschaft jedoch war die rätselhafteste: Nachdem man einen Stein eine Weile gerieben hatte, war er in der Lage, kleine Wollfäden in Bewegung zu setzen und an sich zu ziehen. Wenn das kein Beweis seiner magischen Kraft war, was dann? Sie nannten die Steine Brennsteine, was später zu ›Bernstein‹ wurde, und machten Amulette aus ihnen, von denen sie glaubten, daß diese sie nicht nur im Kampf, sondern auch gegen Krankheit und den bösen Blick beschützen würden. Diese Amulette waren zuerst Halsketten, später auch Ringe, Armreife und Fibeln. Sie machten sie für sich selbst und dann auch, um sie auf ihren Handelszügen in den Süden gegen andere Dinge einzutauschen, die sie zum Leben brauchten. Und weil den Menschen im Landesinneren die gelben Steine sehr gefielen, entdeckten die Nordleute schnell, daß man gute Geschäfte mit ihnen machen konnte. Das geschah vor mindestens so vielen tausend Jahren, wie ich Finger an meiner Hand habe.«

»Oh, so lang ist das schon her!« seufzte Jessica überwältigt.

»Vielleicht ist der Handel mit diesen Steinen sogar noch viel älter«, sagte der Geschichtenerzähler, »denn schon bald waren sie auf der ganzen Welt begehrt. Bernsteinstraßen führten von Norden nach Süden und von Westen nach Osten, sogar bis China und Tibet. Dort hielten die Leute die gelben Steine für Glücksbringer und schätzten sie höher ein als Gold. Ein Grieche hat mir einmal erzählt, daß seine Urahnen annahmen, Bernsteine seien in Wahrheit im Meer erstarrte Sonnenstrahlen, die von den Wellen an die Küste gespült worden seien.«

»Und wie kamen diese hierher nach Afrika?« wollte

Masha wissen und deutete auf die Perlen an Jessicas Kette.

Etwa in der Mitte der Zeit zwischen heute und dem Tag, an dem die Christen begannen, die Jahre zu zählen, nahm ein Mann aus dem Norden eine kleine, mit Bernsteinen gefüllte Kiste mit auf eine lange Reise. Es war Rohbernstein, große Tropfen, Bruchstücke von Rinnsalen, denen man noch ansah, daß sie einmal an einem Baumstamm heruntergeronnen sein mußten. Dazwischen befanden sich auch kleine, von der Brandung rund geschliffene Teile. Der Mann hatte sie an der Ostseeküste gekauft und sich dann einer Gruppe von Ordensrittern angeschlossen, die sich auf einen Kreuzzug begaben, um die Stadt Jerusalem von den Arabern zu befreien. Sie hielten sie nämlich für Ungläubige und verwechselten sie mit dem Teufel.

Die Ordensleute hatten in Venedig einen Segler gefunden, der sie bis Zypern mitnahm, und von dort brachte sie ein anderes Schiff ins Heilige Land. Da aber ein Ritter ohne Pferd kein echter Ritter ist, mußten sie sich erst Pferde kaufen. Deshalb tauschte der Mann mit der Bernsteintruhe diese gegen ein Schlachtroß ein.

Der neue Besitzer der Truhe war ein Armenier. Er brachte sie auf den Markt nach Aleppo und fand schon bald einen Goldschmied aus Bagdad, der Gefallen an den kostbaren Steinen fand. Er bot dem Armenier einen guten Preis für sie, und nach einigen Hin und Her wurden die beiden handelseinig. Von Aleppo aus reiste der Goldschmied mit der Truhe bis ans Ufer des großen Euphratstromes, dann auf einem Boot mehrere Tage flußabwärts. Den letzten Teil der Reise legte er auf einem Ochsenkarren zurück.

»Gepriesen sei Allah!« seufzte er erleichtert, als endlich die prächtige Stadt des Kalifen mit ihren hohen Minaretten und den golden schimmernden Kuppeln am Horizont auftauchte, denn es gab viele Wegelagerer damals, die nur darauf warteten, Handelskarawanen zu überfallen.

Sobald sich die beiden Torflügel hinter dem Ochsenkarren geschlossen hatten, schickte der dankbare Goldschmied unverzüglich einen Diener mit einem Krug voller Weihrauch zu seiner Lieblingsmoschee.

Ich weiß nicht genau, wer damals in Bagdad herrschte, ob es die Familie der Omajjaden oder der Sassaniden, der Fatimiden, Almoraviden, Abbasiden oder gar der mächtige Saladin selbst war, denn das alles hatte keinen Einfluß auf das weitere Schicksal der wertvollen Steine. Der Goldschmied jedenfalls machte sich gleich an die Arbeit. Er schliff sie zurecht und faßte sie in Silber. Aus einem Teil der Steine stellte er ein prachtvolles Geschmeide her, einen Ring, einen Armreif, ein Ohrgehänge und eine Gürtelschließe. Aus denen, die übrigblieben, machte er Perlen und fädelte sie auf Schnüre, um sie anderswie zu verarbeiten oder weiterzukaufen.

Gerade, als er die Arbeit an dem Schmuck beendet hatte, betrat seine Lieblingstochter Aziza die Werkstatt. Als sie das kostbare Halsband, die Gürtelschließe, die Ohrgehänge, den Ring und den Armreif erblickte, jauchzte sie auf vor Entzücken.

»Laß es mich einmal anlegen!« bat sie ihren Vater. »Nur ein einziges Mal!« Das Mädchen betrachtete sich in einem Spiegel und erkannte, wie gut ihr der Schmuck stand. Da bat und bettelte sie so lange, bis ihr der Goldschmied erlaubte, ihn beim nächsten Freitaggebet in der Moschee zu tragen. Doch wie ihr wißt, ist es allgemein üblich, daß strenggläubige Araberinnen nie unverschleiert auf die Straße gehen dürfen. Als Aziza jedoch am Freitag morgen den kostbaren Schmuck angelegt hatte, warf sie sich ihren dünnsten Schleier über. Sie hob die feine Hand mit dem Ring in die Höhe und schob den Ärmel ihres Gewandes ein wenig zurück, damit alle Gläubigen die schönen Steine bewundern konnten.

Wie es das Schicksal wollte, besuchte zur gleichen Zeit auch der Sohn des Kalifen die Moschee. »Wer ist dieses anmutige junge Mädchen?« fragte er seinen Diener, als er Aziza erblickte. »Wie heißt sie und wo ist sie zu Hause?« Und der Diener antwortete ihm: »Das ist Aziza, die Tochter des Goldschmieds.«

»Ich möchte sie kennenlernen«, verlangte der Prinz.

»Das geht nicht«, erwiderte der Diener. »Ihr wißt, daß ihr in drei Tagen eine Prinzessin aus dem fernen Jemen heiraten müßt. Der Kalif, euer Vater, hat ihrem Vater sein Ehrenwort gegeben, weil es dem Staat nützt.«

»Aber ich kenne diese Prinzessin doch gar nicht!« rief der Prinz entrüstet.

»Ihr werdet sie auf der Hochzeit schon kennenlernen«, tröstete ihn der Diener. »Sie soll so schön sein wie die Morgenröte.«

»Meine Vorliebe gilt aber mehr der Abendröte«, widersprach ihm der Sohn des Kalifen, der nicht gern früh aufstand. »Und Aziza ist noch schöner als sie.«

»Nun gut, Herr, wenn Ihr es unbedingt wollt, dann werde ich dafür sorgen, daß das Mädchen zu den Feierlichkeiten eingeladen wird. Ich habe dem Wesir kürzlich einen Gefallen getan und, wie Ihr wißt, wäscht eine Hand immer die andere und das nicht nur in Bagdad«, lenkte der Diener ein, weil er seinem Herren gern gefällig sein wollte. Der Prinz war gleich damit einverstanden, und so geschah es, daß der Goldschmied schon bald die Botschaft erhielt, sich drei Tage später mit seiner Tochter Aziza bei den Hochzeitsfeierlichkeiten im Kalifenpalast einzufinden.

Dieses Mal brauchte Aziza ihren Vater gar nicht erst zu bitten, das Geschmeide tragen zu dürfen. Er legte es ihr selbst um den Hals, bevor sie die Sänfte bestieg, die sie zum Palast bringen würde. Er selbst ritt auf einem prächtig geschmückten Maultier neben ihr her.

Die Hochzeit des Sohns des Kalifen mit der jemenitischen Prinzessin war das prächtigste Fest, daß seit vielen Jahren in Bagdad gefeiert wurde. Krummschwerttänzer traten auf und Lautenspielerinnen, Bauchtänzerinnen und Märchenerzähler. Auch ein Zauberer zeigte seine Kunststücke und eine Gruppe von Seiltänzern gewagte Übungen auf einem von Minarett zu Minarett gespannten Seil. Die Tochter des Goldschmieds, die seit der Begegnung in der Moschee in den Prinzen verliebt war, folgte den Anweisungen ihrer Amme, die ihr geraten hatte, seine Liebesglut so lange anzufachen und zu schüren, wie man das Feuer schüren muß, wenn man Fladen backen will. Also schob sie den Schleier ein wenig zur Seite und gab den Blick auf ihren weißen, von der Bernsteinkette geschmückten Mädchenhals frei. Dabei warf sie dem Prinzen glühende Blicke zu, die ihm zeigen sollten, daß sie ihn liebte, stolperte vor ihm auf einer Treppe, so daß er sie festhalten mußte, um sie vor einem Sturz zu bewahren, und glättete anschließend mit einer anmutigen Gebärde wieder die Falten an ihrem Gewand. Doch sie hätte sich ihre Bemühungen ersparen können, denn der Sohn des Kalifen hatte nur Augen für sie und für niemand anderen, nicht einmal für seine Braut.

Der jemenitischen Prinzessin fiel das merkwürdige

Verhalten der beiden auf und ebenfalls der Schmuck am Hals des Mädchens. Neid stieg in ihr hoch und Eifersucht, Zorn und Habgier. Sie schickte eine Dienerin zu ihrer Nebenbuhlerin, die auskundschaften sollte, wer sie war und woher sie das kostbare Geschmeide hätte. In kürzester Zeit fand die Dienerin alles heraus und berichtete ihrer Herrin davon. Da ließ die Prinzessin den Goldschmied zu sich kommen.

»Verkauf mir den Schmuck, den deine Tochter trägt!« sagte sie und bot ihm einen hohen Preis dafür. Der Goldschmied, der seine Familie mit seiner Arbeit ernährte, zögerte nicht lange und schlug ein. Doch als er Aziza zu Hause das Geschmeide abnehmen wollte, weinte sie und schrie und raufte sich die schönen schwarzen Haare, denn sie hatte sich in der kommenden Nacht mit dem Prinzen verabredet und wollte den Schmuck unbedingt tragen. Nicht zuletzt war sie auch davon überzeugt, daß die Bernsteine ihr Glück brächten.

Es half alles nichts. Dieses Mal ließ sich der Goldschmied nicht erweichen. Er brachte den Schmuck selbst seiner neuen Besitzerin und nahm das Geld in Empfang. Inzwischen ging Aziza betrübt und ohne das kostbare Geschmeide zu der Verabredung, wo sie zu ihrem größten Entzücken entdeckte, daß der Prinz sie auch ohne die Bernsteine liebte. Er hob sie zu sich auf seinen Hengst und entführte sie einfach. Auf diese Weise erhielt die Prinzessin aus dem fernen Jemen zwar ein kostbares Geschmeide, doch sie verlor ihren Gatten, was ihren Vater dazu veranlaßte, einen Krieg gegen den Kalifen von Bagdad zu beginnen. Der Goldschmied bekam zwar einen guten Preis für das Geschmeide, verlor dafür aber seine Tochter, worüber er sehr unglücklich war. Nur der Prinz und Aziza gewannen einander und wurden glücklich. Daß sie auf das Reich verzichten mußten, störte sie nicht.

»Und was geschah mit den Perlen?« fragte Jessica, als der Geschichtenerzähler schwieg.

»Welchen Perlen?«

»Mit denen, die übriggeblieben waren.«

»Ach so, du meinst diejenigen, die der Goldschmied auf eine Schnur gefädelt hatte?« Jessica nickte.

»Er gab die nur noch halbvolle Truhe einem Mann mit, der vorhatte, nach Indien zu fahren, und erteilte ihm den Auftrag, sie dort gegen andere Edelsteine einzutauschen, gegen Rubine oder Achate und was es sonst noch alles gab.

Dieser Mann fuhr zuerst mit einem flachen Boot auf dem Tigris von Bagdad nach Süden. An der Stelle, wo sich die beiden Flüsse Euphrat und Tigris vereinen, wurde der Strom breit und immer breiter, und seine Ufer versanken in einem riesigen Sumpfgebiet. Gerade als außer dem Schiffer niemand mehr feststellen konnte, ob sich das Boot noch auf einem Fluß oder schon auf dem offenen Meer befand, ob das Wasser noch süß oder schon salzig war, tauchten in der Ferne die Minarette der Hafenstadt Basra auf, die am Ufer des Golfes von Persien liegt. Im Hafen von Basra machte sich der Bote des Goldschmieds gleich auf die Suche nach einer Dau, die ihn nach Indien bringen könnte. Ihr wißt, was eine Dau ist?«

»Ein Segelschiff«, antwortete Masha.

»Ein Segler mit nur einem Mast und einem einzigen Segel, das man Lateinersegel nennt. Sie werden heute noch gebaut«, erklärte Jussuf. »Eine Dau gehört zu den tüchtigsten Schiffen aller Zeiten.« Dann fuhr er fort:

Der Mann mit der Bernsteintruhe fand schnell einen

Schiffer, der bereit war, ihn mitzunehmen, und einige Tage später stachen sie schon in See. Bei schönem Wetter und ohne Zwischenfälle durchquerten sie den persischen Golf und passierten die Straße von Hormuz, an dessen südlichem Ausgang der Indische Ozean beginnt. Und dort beschloß Allah, Herr über Leben und Tod und Herr über Land und Meer, ihnen ein Unglück zu schicken.

Niemand ahnte, was ihm bevorstand, als das Verderben in Gestalt eines fremden Seglers am Horizont auftauchte und schneller als eine Sturmwolke auf die Dau zu kam. Zu spät schwante dem Kapitän und seiner Besatzung Unheil. Zu spät ergriffen sie ihre Krummschwerter und Messer, um sich und die Fracht zu verteidigen. Ein Teil der Männer starb in seinem Blut, und der Rest stürzte über Bord und ertrank. So fiel die Dau samt ihrer Fracht in die Hände von Piraten.

Da bei dem Kampf das Segel und das Ruder beschädigt wurden, schleppten die Seeräuber das erbeutete Schiff zuerst zur Insel Lamu, um es dort auszubessern. In jenen Zeiten gehörte diese Insel zu den berüchtigsten Seeräuberstützpunkten vor der ostafrikanischen Küste. Die weißen Häuser und die mit Ornamenten verzierten Portale zeugten vom Reichtum arabischer Händler, die vom Handel mit Diebesgut lebten. Auch die hohen Palmen im Herzen der Insel und die weitverzweigten Mangrovensümpfe lieferten den Handwerkern genügend Holz für den Bau neuer Daus. Diese Piratensegler versetzten die Kapitäne der Handelsschiffe, die von Sansibar über den Indischen Ozean nach Osten oder von dort wieder zurück segelten, lange Zeit in Angst und Schrecken.

Gleich nach der Ankunft der erbeuteten Dau aus Basra, eilten die Hehler herbei, um die Beute zu sichten und zu erkunden, ob sich damit ein Geschäft machen ließe. Schon nach kurzer Zeit entdeckte ein alter Silberschmied die blutbespritzte Truhe mit den Bernsteinperlen und kaufte sie dem Kapitän ab. Er zählte und reinigte die Bernsteine und legte sie dann wieder zurück in die Truhe, die er mit blauen und roten Glasperlen auffüllte. Diese einfarbigen kleinen Perlen nannten die Leute Handelswind-Perlen. Heute würde man sie wahrscheinlich Monsunwind-Perlen nennen. Sie stammen aus dem sagenhaften Land Wakwak, von dem sie viele arabische Händler, die damals Jahr für Jahr mit dem Nordwest-Monsun dorthin segelten und ein halbes Jahr später mit dem Südost-Monsun zurückkehrten, mitbrachten.

Es kann einen Monat, vielleicht auch ein Jahr später gewesen sein, daß jener Silberschmied von der Insel Lamu die nun wieder volle Truhe auf einem Markt auf dem afrikanischen Festland anbot. Die bunten Handelswindperlen wurden von einigen Häuptlingen der Massai gekauft, die sie ihren Frauen schenkten. Doch die viel teureren Bernsteinschnüre mußte er auftrennen und Perle für Perle einzeln verkaufen. Von da an verteilten sie sich allmählich in allen Richtungen, nach Süden bis nach Simbabwe, nach Norden bis nach Äthiopien und gegen Sonnenuntergang nach Westen. Viele gingen verloren, viele wurden mit ihren Besitzern begraben oder von Medizinmännern den Göttern geopfert. Für mehrere wurden Sklaven gekauft, vielleicht auch Gold oder buntbedruckter Stoff und in Hungerzeiten manchmal ein Säckchen voll Hirse oder ein Bündel Bananen. Rinderhirten trugen sie um den Hals, wenn sie in Dürrezeiten ihre Herden an den Victoria-See trieben, und tauschten einige von ihnen bei den dort lebenden Fischern gegen Fische ein. Die

Fischer nahmen sie in ihren Booten mit über den riesigen See und mußten sich anschließend wieder mit ihnen freikaufen, als sie auf der anderen Seite von den Watussi-Leuten mit Speeren bedroht wurden. Mehr als ein Dutzend Perlen erreichte schließlich das Ruwenzori-Gebirge und auf der anderen Seite den Rand eines Urwalds, in dem riesige Affen hausten, zwergenhaft kleine Menschen, die wir heute Pygmäen nennen, und, wie viele Menschen glaubten, auch böse Geister. Von Markt zu Markt, von Stamm zu Stamm wurden die Bernsteine nach Norden weitergereicht. Bald war es nur mehr ein halbes Dutzend, bald nur noch so viele, wie ich Finger an meiner Hand habe.

Irgendwann – nur Allah weiß, wie viele Jahre oder Jahrhunderte vergangen waren, seit der Silberschmied die Bernsteinperlen auf dem Markt im Osten angeboten hatte – trug ein Mann drei von ihnen an seiner Halskette, als er auf der Flucht vor einem Verfolger an das Ufer des Vaters aller Flüsse, des Niger, kam.

Mit der Zeit hatte das grelle Licht die goldgelben Perlen dunkel gefärbt. Staub und Schweiß hatten sie abgewetzt und kleiner werden lassen.

In der berechtigten Hoffnung, seinem Verfolger schnell zu entwischen, bat der Mann einen Fischer, ihn stromaufwärts mitzunehmen, und der Fischer willigte unter der Bedingung ein, daß er ihm beim Staken helfe. Stromabwärts trieben die flachen Boote fast von allein, doch stromaufwärts kostete die Reise Kraft, da war es hilfreich, wenn ihm jemand beim Staken beistand. Der Fremde mit der Halskette fuhr mit bis Gao, der Hauptstadt der Songhai-Könige, wo er sich niederließ und eine Witwe heiratete, deren Felder bestellte und viele Kinder bekam. Als seine älteste Tochter das Haus verließ, gab er ihr die drei Perlen mit, weil er fest davon überzeugt war, daß sie ihr ebenso Glück bringen würden wie ihm. Die Tochter gab sie einem ihrer Kinder, als es heiratete, und dieses Kind wieder einem Kind und so immer weiter, bis eines von ihnen sie schließlich auf diese Kette fädelte.

10

Ächzend erhob sich der Geschichtenerzähler von den Stufen der Moschee. Der Wind hatte sich gelegt, und die Sonne war hinter den Dächern der Häuser verschwunden.

»Nun geht wieder heim«, sagte er zu den Kindern, die mit ihm aufgesprungen waren. »Allah möge seine Hand über Euch halten und euch auf eurem Heimweg beschützen!«

Plötzlich rief Jessica erschrocken: »Mama!«

Karen zuckte zusammen.

Im selben Augenblick hörte sie Masha schimpfen: »He, du! Was machst du da?«

»Was gibt's? Warum schreit ihr so?«

»Jemand hat mich angefaßt!« jammerte Jessica. »Ich hab' seine Hand in meinem Nacken gespürt.«

»Es war ein Junge in einem karierten Hemd«, bestätigte Masha. »Ich habe ihn genau gesehen.«

»Der wollte die Kette!«

»Ach was, das bildest du dir bloß ein!« versuchte Karen ihre Tochter zu beruhigen.

»Ganz bestimmt. Der wollte die Kette. Der war auf die Perlen aus!«

Karen schob den Gedanken weit von sich, doch sie konnte nicht verhindern, daß ein leises Gefühl von Unruhe in ihr hochstieg, von Unruhe und von Entsetzen.

Da sie zuerst noch Masha heimbrachten, nahm sie die Gelegenheit wahr, mit Frau Ndobo über ihre Besorgnis zu reden.

»Halten sie es für möglich, daß sich ein Dieb für die Kette interessiert?« fragte sie. »Sie ist doch nicht besonders wertvoll. Wenn sie aus Gold wäre oder aus Silber, könnte ich es ja verstehen, aber so …«

»Vielleicht ist sie für jemanden auf eine andere Art wertvoll, eine Art, die man nicht mit Geld bezahlen kann? Vielleicht ist sie ein Erinnerungsstück?« gab ihr Frau Ndobo zu bedenken.

»Ja, Mama, das könnte sein«, mischte sich Jessica ins Gespräch. »So eines, wie es für dich das Seidentuch ist, daß dir Papa mal aus Paris mitgebracht hat.« Ihre Stimme klang erleichtert.

»Das ist keine Entschuldigung für den Versuch, es sich mit Gewalt zurückzuholen«, sagte Karen.

»Es könnte aber auch sein, daß eine Perle nur so aussieht, als sei sie aus Glas«, rief Masha aufgeregt. »Und in Wirklichkeit ist sie vielleicht ein Smaragd oder ein Rubin?«

»Ach, Masha, sei still! Du hast offenbar zu viele Krimis gelesen!« Frau Ndobo lachte. Karen und Jessica verabschiedeten sich von ihr und bedankten sich noch einmal für den Tee.

»Wir müssen bald wieder etwas zusammen unternehmen«, schlug ihr die Frau des Museumsdirektors vor. »Vielleicht erklärt sich mein Mann einmal bereit, Sie und Jessica durch das Museum zu führen. Dann würde ich Sie gern begleiten. Man lernt immer noch etwas dazu. Auch wenn man schon alles zu kennen scheint.«

Am Abend berichtete Karen ihrem Mann von dem versuchten Diebstahl.

»Es scheint nicht ganz ungefährlich zu sein, wenn wir allein in die Stadt gehen«, endete sie besorgt ihren Bericht.

»Ach was!« Thomas winkte ab. »Das ist alles nur halb so schlimm. Vielleicht hatte der Junge noch nie ein Mädchen mit blonden Haaren gesehen und wollte sie nur einmal anfassen? Mach dir deswegen keine Sorgen! Das kommt nicht wieder vor.«

»Aber Masha und Jessy nehmen an, daß er es auf Jessys Kette abgesehen hatte. Wäre es dann vielleicht nicht besser, sie ließe die Perlen zu Hause?«

»Nein!« rief ihre Tochter entrüstet. »Was hab ich von einer Kette, wenn ich sie nicht tragen darf?« Bevor ihr jemand darauf antworten konnte, klingelte das Telefon.

»Ja, bitte?« sagte Thomas, der den Hörer abgenommen hatte. Es war Frau Ndobo, die ihm erklärte, ihr Mann habe von höchster Stelle den Auftrag erhalten, einen nigerianischen Ethnologen, der sich im Auftrag seiner Regierung gerade in Bamako aufhielt, ins Dogon-Land zu begleiten. Dieser interessiere sich ganz besonders für den Stamm der Dogon, die am Fuß eines Felsabbruches in der Nähe von Mopti lebten. Nur alle sechzig Jahre finden dort Maskentänze statt, bei denen ein Tänzer die berühmte ›Mutter der Maske‹ vorführt. Das ist in diesem Jahr wieder der Fall. Deshalb äußerte der Nigerianer den Wunsch, dieses Fest zu besuchen.

»Mein Mann hatte den Einfall, daß ihre Frau und Jessica vielleicht Lust hätten mitzufahren«, fuhr Frau

Ndobo fort. »Er will sowieso den Kleinbus des Museums für die Fahrt benützen. In ihm wäre genügend Platz für uns alle, denn Masha und ich fahren ebenfalls mit.«

Als Thomas den Hörer wieder auf die Gabel legte, sahen ihn Karen und Jessica voller Erwartung an.

»Also«, begann er langsam, was die Ungeduld seiner Zuhörerinnen noch steigerte. Dann berichtete er, was ihm Frau Ndobo gerade gesagt hatte. »Ich empfehle euch, die Einladung anzunehmen«, sagte er zum Schluß. »Die Dogon gehören zu den interessantesten Stämmen Westafrikas.«

»Und du?« fragte Karen. »Warum fährst du nicht mit?«

»Ich muß arbeiten«, entgegnete er knapp.

»Aber Mama, wir fahren doch mit!« jubelte Jessica.

Karen war hin und her gerissen. Es würde das erste Mal sein, seit sie in Afrika waren, daß sie ohne ihren Mann wegfahren würde, und deshalb fiel ihr die Entscheidung schwer.

»Ihr seid nur eine Nacht weg«, sagte Thomas.

»Mama, bitte, sag ja!«

Sie wollte Jessica nicht die Freude verderben und erklärte sich einverstanden. »Und du bist sicher, daß es nicht gefährlich ist?« fragte sie ihren Mann, weil ihr der Vorfall mit dem Jungen wieder einfiel.

»Aber nein!« Thomas lachte sie aus. »Im Gegenteil. Wenn es der fremde Junge tatsächlich auf Jessys Schmuck abgesehen hat, dann ist es nur gut, wenn ihr ein oder zwei Tage aus Bamako verschwindet. Vielleicht glaubt er dann, ihr seid wieder heimgeflogen, und gibt die Verfolgung auf?«

Gegen dieses Argument, wußte sie nichts mehr einzuwenden. Deshalb rief sie Frau Ndobo an, bedankte sich und sagte zu. Danach machten sie aus, wann sie und Jessica sich am nächsten Morgen bereithalten sollten.

11

»Ich freue mich, daß Sie sich dazu entschlossen haben mitzukommen«, begrüßte Herr Ndobo Karen am nächsten Morgen freundlich, als sie und Jessica es sich neben Masha und seiner Frau auf dem Rücksitz des kleinen Busses bequem machten. »Ich kann ihnen versichern, daß der Tanz der Masken ein unvergeßliches Erlebnis für sie werden wird.« Dann stellte er ihr den Nigerianer vor: »Das ist Herr Makunde, Herr Makunde, das sind die Frau und die Tochter meines Freundes Thomas Bender.«

Wenn der Ethnologe lachte, kam eine Reihe blitzender weißer Zähne zum Vorschein. Er lachte gern, wie Karen schon bald bemerkte. Sein leichter, khakifarbener Tropenanzug war ihm viel zu weit.

»Was tut ein Ethnologe?« wisperte Jessica leise ihrer Mutter ins Ohr. Der Nigerianer hatte die Frage gehört.

»Er studiert Sitten und Gebräuche fremder Völker«, erklärte er. »So weit es da heute noch etwas zu erforschen gibt.«

»Und was hat ihre Regierung damit zu tun?« fragte Karen.

»Man hat mir den Auftrag gegeben, dafür zu sorgen, daß sich die vielen Stämme bei uns nicht gegenseitig die Köpfe einschlagen«, seufzte der Nigerianer. »Eine sehr undankbare Aufgabe.«

»Herr Makunde hat sich vor allem mit der Geschichte des Stammes der Yoruba befaßt«, sagte Herr Ndobo.

»Yoruba?« sagte Jessica. »Wohnen die auch hier?«

»Nein, nein. Sie leben weit unten im Süden. Dort, wo der Niger in den Golf von Guinea mündet, haben sie auf seinem rechten Ufer die heilige Stadt Ife gebaut. Wenn es keine Post und kein Telefon gäbe und du ihnen eine Nachricht schicken wolltest, dann müßtest du sie nur in eine leere Flasche stecken, die Flasche verkorken und anschließend in den Niger werfen. Nach einiger Zeit käme sie dann sicher bei den Yoruba an.«

»Vorausgesetzt, daß sie sich nicht vorher im Netz eines Fischers verfängt, auf einer Sandbank strandet oder von einem Flußpferd verschluckt wird«, fügte Frau Ndobo fröhlich hinzu, während ihr Mann gerade vergeblich versuchte, einigen Schlaglöchern auszuweichen. Inzwischen hatten sie die Brücke über den Niger längst hinter sich gelassen.

»Das ist doch dieselbe Straße, auf der wir von Hombori gekommen sind?« stellte Karen verwundert fest.

»Allerdings«, bestätigte der Museumsdirektor. »Es ist auch die wichtigste Route von Westen nach Osten. Alle von ihr abzweigenden Straßen sind sandige oder sumpfige Pisten.«

Karen erinnerte sich wieder an die Gegend. Rechts und links wechselten sich Baumwoll- oder Erdnußfelder mit einer Savanne ab, in der höchstens ein paar kümmerliche Tamariskensträucher oder ein Affenbrotbaum zu sehen waren. Wieder fielen ihr die vielen Webervogelnester auf, die wie kunstvoll geflochtene

Körbchen an den Ästen der Bäume hingen. Ziegenhirten trieben ihre Herden zu neuen Weideplätzen.

Sie fuhren durch kleine Dörfer. Manchmal waren die Dächer der Häuser mit Elefantengras gedeckt und manchmal mit Wellblech. Frauen schöpften Wasser aus einem Brunnen, und Kinder spielten auf der Straße Fußball. In einem Dorf wurde ein Markt abgehalten.

Herr Ndobo unterhielt sich mit seinem Gast über die Dogon und das Ritual, das sie zu sehen bekommen würden. Ihr Gemurmel schläferte die beiden Mädchen ein, doch wenn ihnen laut hupend ein Lastauto entgegenkam, schreckten sie wieder hoch. Es wurde heiß, und Karen war froh, daß Frau Ndobo Jessica dazu überredet hatte, eines von Mashas leichten Kattunkleidern anzuziehen. In engen Hosen würde die Hitze nur schwer erträglich sein.

»Ihre Tochter trägt eine sehr schöne alte Glasperlenkette«, sprach sie Herr Makunde auf einmal an. »Haben Sie sie hier in Mali gekauft?«

Karen war entgangen, daß die beiden Männer ihr Gespräch beendet hatten. Während sie ihm erzählte, wie sie zu der Kette gekommen waren, gab sie Jessica ein Zeichen, die Perlen dem Nigerianer zu reichen.

»Oh«, sagte der Ethnologe nach einer Weile anerkennend, »das sind seltene und zum Teil auch sehr alte Perlen. Einige von ihnen wurden wie Geld benützt, andere sollten Glück bringen, und wieder andere gehörten zu den Dingen, die ein Zauberpriester zum Zaubern braucht, wie zum Beispiel diese hier, von der einige Leute behaupten, es sei eine Akori-Perle.« Er deutete auf eine merkwürdig geformte hellblaue Perle, die nicht recht zu den anderen paßte.

»Akori-Perle?« fragte Jessica, die hinter dem Wort

ein Geheimnis vermutete. War das vielleicht die Zauberperle, von der die alte Frau auf dem Markt in Mopti gesprochen hatte?

»Ach, das ist nur ein Name«, erwiderte Herr Makunde. »In Wahrheit streiten sich die Wissenschaftler über diesen Begriff, weil sie nicht wissen, wie die Perlen aussehen, die schon seit altersher als Aggri- oder Akori-Perlen bezeichnet werden. Schließlich einigten sie sich darauf, daß damit vermutlich alle Perlen gemeint sind, die irgendwann einmal vergraben und dann wiedergefunden wurden. Aber niemand kann es beweisen. Zu diesen Ausgrabungsperlen gehören auch die hellblauen gefalteten Glasperlen, deren Vorbilder angeblich blaue Korallen sein sollen, die vor langer Zeit von todesmutigen Tauchern im Golf von Guinea aus dem Meer geholt worden waren. Zu Beginn des siebzehnten Jahrhunderts schrieb ein Missionar einen Brief nach Hause, in dem er von ihnen erzählte. Der Golf von Guinea soll der einzige Platz auf der ganzen Welt gewesen sein, an dem sie gefunden wurden. Später, als die Korallenbänke völlig ausgeplündert waren, habe man versucht, die blauen Korallen, so gut es möglich war, in Glas nachzuahmen.«

»Dann ist das eine echte afrikanische Glasperle?« rief Masha überrascht.

»Nicht nur das«, erwiderte Herr Makunde. »Sie muß früher einmal die Zauberperle eines Yoruba-Priesters gewesen sein.«

»Erzählen Sie uns etwas über sie, bitte!« bettelte Jessica.

Herr Makunde zögerte.

»Bitte!« Karen schloß sich dem Wunsch ihrer Tochter an. Auch sie freute sich darauf, eine neue Geschichte zu hören.

»Wir sind noch lange unterwegs«, ermunterte ihn Herr Ndobo, »noch viele Stunden. Meine Frau und ich interessieren sich auch dafür. Erzählen sie nur, das verkürzt die Zeit!«

Da ließ sich Herr Makunde nicht länger bitten und begann:

Die Perlen des Zauberers

Vor mehr als eintausendsechshundert Jahren bemerkten die Götter im alten Ägypten, daß sie allmählich in Vergessenheit gerieten. Es waren der Gott Osiris, seine Gattin Isis und ihr falkenköpfiger Sohn Horus, der hundeköpfige Anubis, die Katzengöttin Bastet, Sechmeth, die Löwin, auch Thot, der Gott der Weisheit, der gern in Gestalt eines Ibis auftrat, und all die anderen Götter, die den Beschluß faßten, die Menschen zum alten Glauben zurückzuführen, in dem sie ihnen eine große Dürre schickten. Bald war der mächtige Nil nur noch ein schlammiges Rinnsal. Bald versiegten alle Brunnen, und die Zisternen trockneten aus. In der Hitze verdorrten die Pflanzen auf den Feldern, und die Vögel fielen tot vom Himmel. Die Leute aßen Erde, so hungrig waren sie. In jenemAugenblick der Schwäche bedrohte ein König aus dem fernen Äthiopien die Königstadt Meroe am oberen Nil. Raubend und plündernd zog das feindliche Heer flußabwärts nach Norden. Meroe wurde damals von einer Königin regiert. Sie war die Letzte der Pharaonen. Als sie zusehen mußte, wie ihre Stadt in Trümmer fiel, beschwor sie ihre Untertanen, mit ihr fortzugehen und der Sonne zu folgen. Ein Seher hatte ihr nämlich geweissagt, daß sie weit hinter den Bergen im Westen, hinter der Wüste und hinter den großen Sümpfen einen neuen Nil finden würden. An seinen Ufern gäbe es genügend fruchtbares Land, um all das anzubauen, das sie zum Leben brauchten. Sie folgten der Sonne so, wie sie früher Amun Re, ihrem Sonnengott, gefolgt waren, doch sie erfuhren nie, wo sie sich versteckte, während es Nacht auf der Erde war, und es gelang ihnen nie, sie einzuholen, bevor sie unterging.

Jahre und Jahre und Jahre dauerte diese Flucht. Sie überquerten die Berge der Nuba, die Wüste Darfur und die Fiebersümpfe südlich des Tschadsees. Unterwegs starben viele Menschen vor Hunger, vor Durst, durch das Fieber und vor Erschöpfung. Doch schließlich erreichten die Überlebenden einen Strom, der ihnen noch größer und noch mächtiger vorkam, als es der Nil in ihrer Erinnerung war. Sie schlugen Bäume, banden sie zu Flößen zusammen und ließen sich so lange mit ihnen von der Strömung nach Süden treiben, bis ihnen Obudua, die Erdgöttin, ein Zeichen gab, am westlichen Ufer zu landen und abermals der Sonne zu folgen. Schon nach kurzer Zeit würden sie einen heiligen Platz erreichen, an dem sie sich niederlassen könnten. Die Untertanen der Königin von Meroe fanden den Platz und gründeten dort die Stadt Ife, das Zentrum ihres neuen Reiches. Die Mauern ihrer Häuser waren aus Lehm, und ihren Tempeln gaben sie die Form von Termitenbauten. Die große Ausdruckskraft ihrer Statuen und Reliefs zeugten von einer künstlerischen Begabung, die ihnen ihre ägyptischen Ahnen vererbt haben mußten. Schon bald überstrahlte ihre Kultur alle anderen Kulturen im Westen Afrikas. Sie pflanzten Hirse an, Bananen und Reis, fingen Fische im Meer und handelten mit Palmöl. Dieses Volk waren die Yoruba.

Eines Tages fuhr ein junger Fischer mit seinem Boot hinaus aufs Meer, als ein heftiger Wind sein Segel zerriß und ihn weit nach Osten trieb. Hilflos mußte der

Fischer erleben, wie ihm die hohen Wellen den Blick auf die heimatliche Küste versperrten und sich sein kleines Boot immer weiter im endlosen Meer verlor. Dann, als sich Wind und Meer nach einigen Stunden wieder beruhigten, wußte der Mann nicht mehr, wo er sich befand, da es inzwischen Nacht geworden war und die Sterne sich hinter einer Wolkendecke verbargen. Am nächsten Morgen war er sehr hungrig. Er nahm einen großen Angelhaken und wollte ihn an ein Tau binden, doch durch eine ungeschickte Bewegung seiner klammen Finger fiel der Haken ins Wasser und verschwand in der Tiefe. Ohne lange zu überlegen, sprang der Fischer hinterher, denn so ein Haken aus Metall war für ihn sehr wertvoll. Er hatte dem Schmied viele Kaurimuscheln dafür bezahlt, und für die Muscheln hatte er viele Krüge voll Palmöl auf den Markt bringen müssen. Um die Früchte zu ernten, aus denen das Öl gepreßt wurde, war er auf viele hohe Palmen geklettert und hatte anschließend viele Tage in der Ölmühle verbracht. Wenn der Haken verlorenginge, wäre alles umsonst gewesen.

Wie erstaunt war er jedoch, als er schon kurz nach dem Eintauchen seinen Fischhaken an einem Korallenstock hängen sah, und als im selben Augenblick ein Sonnenstrahl durch die Meeresoberfläche auf das Riff fiel, glaubte er an ein Wunder. Die Korallen waren hellblau, ebenso blau wie der hellblaue Streifen zwischen Sonnenuntergang und Nacht. Niemals hatte vorher jemand etwas von hellblauen Korallen gehört. Immer nur waren sie rot oder weiß oder lila, doch niemals hellblau. Kurz entschlossen nahm der Fischer seinen Haken vom Riff und schlug, so lange sein Atem reichte, einen Korallenzweig ab, um ihn mit nach Hause zu nehmen. Danach tauchte er wieder auf. Daß der Wind inzwischen die

Wolken vertrieben hatte, wunderte ihn nicht, und auch nicht, als er kaum ein paar Steinwürfe von seinem Boot entfernt die heimatliche Küste erkannte.

Noch am selben Abend erzählte er seiner Familie und seinen Freunden von dem Abenteuer und zeigte ihnen den Fund. Schon am nächsten Tag wußte es das ganze Dorf, am übernächsten das Nachbardorf und jedesmal ähnelte seine Geschichte mehr einem Märchen als einem Tatsachenbericht. Auf einmal war es Olokun, der Gott des Meeres, selbst gewesen, der ihm den Haken aus der Hand gerissen und ihn auf diese Weise ins Wasser gelockt hatte, und wenn ihm Obatalla, der Himmelsgott, nicht einen Lichtstrahl geschickt hätte, wäre er wahrscheinlich von dem gefräßigen Olokun verschlungen worden. Schon bald glaubten die Leute, die blauen Korallen hätten Zauberkräfte, mit denen sie dem Wind befehlen konnten, die Wolken davonzublasen, damit ein Yoruba-Fischer wohlbehalten mit seinem Boot wieder in den Hafen zurückfände. Und wenn ein Ding magische Kräfte besaß, dann kamen gleich die Kranken und Siechen und wollten geheilt werden. Doch das war eigentlich die Sache der Zauberpriester, denen der junge Fischer die Kunden wegnahm, von deren Bezahlung sie lebten. Deshalb beschlagnahmten sie seinen Fund und befahlen ihm, mehr davon herbeizuschaffen, mehr und immer mehr. Die Korallen, die er ihnen brachte, zerkleinerten und durchbohrten sie und fädelten sie anschließend auf Binsenschnüre, die sie sich um den Hals hängten. Und als die Leute die neuen Halsketten sahen, erzählten ihnen die Medizinmänner, Obatalla, der Himmelsgott, habe sie ihnen geschenkt, und deshalb seien sie blau wie der Himmel.

Es dauerte nicht lange, bis die Kunde von den blauen Korallen den Palast des Königs in Ife erreichte. Dieser König war nicht nur der weltlicher Herrscher, sondern zugleich auch das geistliche Oberhaupt seines Volkes und somit der Herr über alle anderen Medizinmänner. Als ihm sein höchster Würdenträger eine der Ketten zeigte, ordnete er unverzüglich an, daß dieser Schmuck nur ihm zustände und höchstens noch denjenigen, denen er ihn zum Zeichen ihres Amtes verlieh. Und weil die Zahl sechzehn allen Yorubas heilig war, durften jeweils nur sechzehn Korallen an einer Kette sein – nicht fünfzehn, nicht siebzehn, gerade nur sechzehn. Sechzehn Gottheiten bestimmten das Schicksal der Menschen, sechzehn Palmkerne wurden für das Orakel gebraucht, und sechzehn Flammen mußten in einer Opferlampe brennen.

Von da an begab sich der König einmal im Jahr auf einen Ritt durch sein Stammesgebiet und verteilte Ketten an seine Würdenträger für ihre Verdienste und als ein äußeres Zeichen ihrer Stellung bei Hof. Nur wer eine solche Halskette trug, wurde in seinen Palast vorgelassen. Fast immer mußten die blauen Korallen nach dem Tod des Trägers dem König zurückgegeben werden. Nur ganz wenige erhielten die Erlaubnis, sie ihren Kindern weiterzuvererben. Wer aber seine Kette verlor, mußte damit rechnen, für dieses Vergehen mit dem Tod bestraft zu werden.

Leider trat das, was zu befürchten war, eher ein als erwartet, denn als die Taucher alle Riffe vor der Küste ausgeplündert hatten, versiegte damit der Nachschub an blauen Korallen, die inzwischen vom Volk auch als ein äußeres Zeichen der Macht ihres Herrschers verehrt wurden. Fast zur gleichen Zeit sagte das Palmkernorakel den langsamen Niedergang des Reiches der Yoruba voraus. Um diesen Schicksalsspruch dem Volk besser verheimlichen zu können, beschloß der König, die wertvollen blauen Korallenperlen nachahmen zu lassen. Daß aus Pottasche, Quarzsand und kleinen Mengen von Edelmetallen bunte Glasperlen werden können, war schon den alten Ägyptern bekannt. Diese Kenntnisse hatten die Flüchtlinge aus Meroe mit an den Nigerstrom gebracht, und ihre Nachkommen hatten sie immer weitergegeben. Nur, wie man die Form und die Farbe täuschend echt nachahmen könnte, wußte niemand. Der König rief alle Zauberpriester zu sich und beriet sich mit ihnen. Nach einem langen Palaver beschlossen sie, während des nächsten Vollmonds ein großes Fest abzuhalten. Die Zeremonie sollte im Heiligen Wald des Palastes veranstaltet werden, zu dem niemand außer ihnen Zutritt hätte. Sie wollten in ihren prachtvollsten Masken dem Himmelsgott Obatalla einen Hammel und einige Perlhühner opfern, anschließend im Takt der heiligen Trommeln tanzen und noch einmal das Orakel befragen. Und außerdem erhielt jeder Zauberer den Auftrag, darüber nachzudenken, wie man Glas in Korallen verwandeln könnte.

Nun gab es da einen jungen Schmied, dem, wie den meisten afrikanischen Schmieden, magische Fähigkeiten zugesprochen wurden. Deshalb hatte auch er eine Aufforderung erhalten, bei diesem Fest zu erscheinen, und weil es sein erstes Fest im Heiligen Wald des Palastes werden sollte, überlegte er lange, wie er den Wunsch des Königs erfüllen könnte, die blauen Korallen in Glas nachzuahmen. Ihm fiel nichts ein. In seiner Verzweiflung versprach er Ogun, dem Gott der Schmiede, ein Huhn, wenn er ihm beistehen würde. In der Nacht vor dem nächsten Vollmond erschien ihm Ogun im Traum und sagte: »Siebe die Asche von jenem Feuer, mit dem du den Guß für deine letzte Arbeit zum Schmelzen gebracht hast. Nimm das, was in deinem

Sieb zurückbleibt, reibe es zu einem feinen Pulver und mische es unter das flüssige Glas, das du in hellblaue Korallen verwandeln möchtest!«

Am nächsten Morgen tat der Schmied, was ihm der Gott im Traum geraten hatte, und weil seine letzte Arbeit ein Bronzeguß war und für die Herstellung von Bronze auch Kupfer verwendet wurde, blieben in seinem Sieb ein paar Kupferschlackestückchen zurück, die ins Feuer getropft waren. Er rieb sie so lange, bis sie zu Pulver geworden waren, das er in einem Beutel aufbewahrte. Mit diesem Beutel und seiner Widdermaske begab er sich auf den Weg zum Heiligen Hain des Königs, um mit allen anderen Magiern die große Zeremonie abzuhalten. Er opferte mit ihnen den geweihten Hammel und tanzte fast bis zur Erschöpfung zu den Klängen der heiligen Trommeln. Und als sich jeder von ihnen zum Schluß einen kleinen Anteil von der Glasmasse holte, die der König selbst zubereitet hatte, da mischte der junge Schmied das pulverisierte Kupfer in seinen Anteil und versprach dabei dem Gott der Schmiede ein zweites Huhn, wenn sich nach dem Erkalten herausstellen sollte, daß sich das Glas hellblau gefärbt hatte. Er hätte gern auch noch dem Himmelsgott Obatalla ein Huhn geopfert, doch er hatte nur zwei, und die beiden waren alles, was er besaß. Er wartete, bis die Glasmasse etwas abgekühlt war, schüttete sie dann auf ein Brett und strich sie glatt, bis sie so dünn wie Fladenteig war. Diese Schicht zerteilte er mit einem Messer in kleine Rechtecke. Er legte diese Rechtecke auf einen dünnen Metallstab und klappte sie dann zusammen. So wurden seine Perlen länglich und etwas faltig, und wenn er den Metallstab später herauszog, blieb ein Loch zurück, durch das man den Faden ziehen konnte. Der volle Mond hing schon tief in den

Ästen der Takamaka-Bäume, als er seine Arbeit beendet hatte und sich schlafen legte.

Am anderen Morgen weckte ihn lautes Geschrei. Da standen alle Zauberer um ihn herum und hielten korallenähnliche Glasperlen in den Händen, deren hellblaue Farbe derjenigen des Himmels glich.

»Du bist der Beste!« riefen sie. »Der allerbeste Zauberer im ganzen Yoruba-Reich!« Und als man dem König die Perlen des jungen Schmieds brachte, da ernannte er ihn zum königlichen Glasperlenmacher und verlieh ihm die erste Glaskorallenkette. Auch der Spruch des Orakels war günstig ausgefallen, denn der Ruhm des Yoruba-Reiches erstrahlte wieder in neuem Glanz.

Doch der junge Schmied hatte nicht vergessen, daß er dem Gott der Schmiede zwei Hühner versprochen hatte. Unverzüglich löste er sein Versprechen ein und lebte danach ein langes glückliches Leben am Hof des Königs von Ife. Als er starb, bestattete man ihn zusammen mit seiner Perlenkette, damit sein Geist im Reich der Toten nicht auf seinen Schmuck verzichten mußte.

Ein paar Jahre später überfielen Feinde aus dem östlichen Grasland das Reich der Yoruba. Da sammelten die Leute alle hellblauen Perlen in großen glasierten Tonkrügen und vergruben sie ebenfalls, damit sie nicht in die Hände der Feinde fielen.

Karen und die beiden Mädchen hatten so aufmerksam zugehört, daß ihnen völlig entgangen war, wie lange sie schon unterwegs waren. Obwohl die Sonne ihren höchsten Punkt bereits überschritten hatte, war es immer noch sehr heiß. Bis Mopti konnte es nicht mehr allzu weit sein. Karen fand das Ende der Geschichte etwas unbefriedigend, und Frau Ndobo schien der gleichen Ansicht zu sein.

»Wie hat man die nachgeahmten Korallen wiederentdeckt?« fragte sie den Nigerianer.

Im Jahr 1910 kam eine europäische Expedition nach Ife. Sie stand unter der Leitung eines berühmten deutschen Afrikaforschers namens Leo Frobenius. Dieser Frobenius reiste schon viele Jahre lang kreuz und quer durch Afrika und sammelte Märchen, Lieder und Kunstgegenstände. Als er nach Ife kam, begann er mit Ausgrabungen. Eines Tages stießen seine Arbeiter auf mehrere mit Glasperlen gefüllte Tonkrüge. Und als sie die Krüge aus der Erde holten, zerbrach einer von ihnen und sein Inhalt kollerte über den Boden. Da erinnerte sich einer der Helfer daran, daß sein Großvater ihm einmal erzählt hatte, vor langer Zeit hätten die Zauberer seines Volkes hellblaue Korallenketten getragen, mit deren Hilfe sie Kranke heilen konnten, und weil er ein krankes Kind hatte, schob er sich rasch ein paar von den Perlen in den Mund. Für ihn war das kein Diebstahl, denn er war der Meinung, daß diese Perlen eigentlich dem Volk der Yoruba gehörten und nicht den Weißen, die sie mit nach Europa nehmen wollten. Er trug seinen Schatz zu einem Medizinmann, einem Nachfahren der alten Zauberpriester, und bat ihn, sein Kind zu heilen. Noch am selben Abend besuchte der Medizinmann das kranke Kind. Er warf ein paar Kräuter ins Feuer, so daß die Hütte schon bald voller Rauch war. Dann murmelte er einige Worte und tanzte um das Lager der Kranken herum. Er schlachtete ein Huhn, ließ das Blut auf die Erde tröpfeln, und auf einmal begann das Kind zu husten und zu verlangen, hinausgetragen zu werden. Nach ein paar Tagen war es wieder völlig gesund.

So kamen die Perlen wieder in den Besitz eines

Magiers, und als dieser eines Tages dringend die Hilfe eines Mannes brauchte, der drei Tageswanderungen weiter östlich am Ufer des Niger lebte, verlangte der Mann von ihm als Gegenleistung die blauen Glaskorallen, die er auch erhielt. Jener Mann kaufte einem Fischer aus dem Norden ein Boot ab und bezahlte das Boot mit den Perlen. So gab sie einer dem anderen weiter, bis sie irgendwann, viele Jahre später, Gao erreichten. Dort schenkte sie ein Mann einer weisen, alten Frau aus Hombori, die seiner Gattin bei der Geburt ihres ersten Kindes geholfen hatte. Die Alte zerschnitt die Kette, an der inzwischen noch andere Perlen aufgefädelt worden waren. Von da an hängte sie jedem Baby, bei dessen Geburt sie der Mutter geholfen hatte, eine Perle um den Hals. »Ich wünsche dir Glück und Gesundheit und viele gute Ernten!« sagte sie dazu, und die stolzen Eltern standen daneben und freuten sich. Vermutlich kam auf diese Weise eine der blauen Glaskorallen an Jessicas Kette, doch das müßt ihr mir einfach glauben, beweisen kann ich es nicht.

12

Längst hatte der kleine Bus Mopti hinter sich gelassen, und Herr Ndobo war auf die Straße eingebogen, die über Bandiagara nach Sanga ins Dogongebiet führt. Zwischen den Häusern eines Dorfes standen die ersten Hirsespeicher. Auf den Feldern wuchsen Reis, Hirse und zwischen der Hirse Bohnen und Dada, ein

Gewürz, das die Leute hier für Soßen verwenden. Die Sträucher am Straßenrand hatten lange Schoten.

»Es wird spät«, sagte Frau Ndobo, die früher schon einmal hier war. »Wir brauchen noch eine Stunde von Sanga aus.«

»Ich weiß«, antwortete ihr Mann, »aber wir sind gleich da.«

Auf einmal begann der Motor zu stottern, und Herr Ndobo hielt an, weil er den Grund dafür kannte: Die feinen Sandkörner hatten den Luftfilter verstopft. Er mußte ausgebaut und gereinigt werden. Karen begrüßte die unfreiwillige Pause, denn sie gab ihr Gelegenheit, ebenfalls auszusteigen und ein wenig auf und ab zu gehen. Die beiden Mädchen schlossen sich ihr an, während Frau Ndobo es vorzog, im Auto zu warten, und der Nigerianer Herrn Ndobo bei der Reinigung des Filters zur Hand ging.

Aus einem Seitenweg bog eine Frau auf die Straße und kam Karen und den Mädchen entgegen. Sie trieb drei Ziegen vor sich her. Als sie sich ihnen näherte, sah Karen, daß die Haut der Frau auffallend dunkel war. Auf dem Kopf trug sie einen mit Bohnenkraut gefüllten Korb und auf dem Rücken ihr kleines Baby. Jessica warf ihr einen Blick zu und drehte sich dann nach ihrer Mutter um.

»Hast du die Perle gesehen, Mama?« fragte sie Karen leise.

»Nein. Was für eine Perle?« erwiderte Karen.

»Das Baby trug eine Perle am Hals, sicher gegen den bösen Blick.«

»Eine von den hellblauen Glaskorallen?«

»Nein, eine runde. Aber blau war sie. Hast du sie auch gesehen, Masha?«

Doch Masha war gerade damit beschäftigt gewesen,

eine am Straßenrand wachsende Mimose zu ärgern. Viel aufregender als Babys auf dem Rücken ihrer Mütter fand sie einen farbenprächtigen Vogel, der auf einem der Sträucher hockte. »Schau mal! Jessy«, rief sie. »Ein Bienenfresser. Von denen gibt's viele hier.«

»Fertig. Alles einsteigen!« verkündete Herr Ndobo laut und fügte zu Karen gewandt hinzu: »Tut mir leid, daß sie warten mußten, aber so was passiert häufig auf unseren staubigen Straßen. Haben Sie die Dogon-Frau gesehen?« Er wartete ihre Antwort gar nicht erst ab, half ihr beim Einsteigen und machte die Tür hinter ihr zu. Dann ließ er den Motor an, legte den Gang ein und fuhr los. »Eigentlich besteht die Straße nur aus Löchern«, stellte Masha fest, weil sie sich auf ihrem Sitz wie ein auf- und abhüpfender Ball vorkam.

»Fast wie ein Schweizer Käse!« rief Jessica kichernd.

Sie ist müde, dachte Karen. Immer wenn ihre Tochter müde wurde, wurde sie albern. Hinter ihnen wirbelte das Auto riesige Staubwolken auf. Wenn ihnen ein anderes Fahrzeug begegnete, schlossen sie wieder eilig die Fenster, um zu verhindern, daß der Sand ins Innere drang. Als sie ihr Ziel erreichten, fühlten sie sich völlig gerädert. Sofort umringten sie viele Kinder.

»Beeilt euch ein bißchen«, sagte Herr Ndobo. »Wir haben noch eine Stunde Fußmarsch vor uns. Laßt mich das Gepäck verteilen! Die Kinder verdienen sich gern ein paar Francs.« Er gab jedem Kind ein Gepäckstück, dann gingen sie los. Herr Ndobo kannte den Weg. Er führte sie durch einen Hain mit uralten Bäumen, und Karen hörte gespannt zu, wie er dem Nigerianer erzählte, daß die Dorfbewohner fest davon überzeugt sind, jeder Baum sei ein Ahne von ihnen. Später kletterten sie über hohe runde Basaltblöcke abwärts und benutzten immer wieder die schmalen Ziegenpfade. Auf einmal öffnete sich die Landschaft, und vor ihnen lag eine weite fruchtbare Ebene, die gegen Süden zu in Savanne überging. Am Fuß des Felsens befanden sich mehrere eigentümliche Dörfer mit hohen, nach oben zu schmäler werdenden Lehmhäusern und zwischen ihnen die runden, strohgedeckten Hirsespeicher. Über allem flimmerte die heiße Luft wie ein dicker unsichtbarer Fladen, der einem den Atem nahm.

Sie wollten die Nacht in einem Camp verbringen, das von der Regierung für Gäste wie sie angelegt worden war. Als sie dort ankamen, ging gerade die Sonne unter. Die Kinder, die ihr Gepäck getragen hatten, waren schon lange vor ihnen angekommen.

»Trödelt nicht herum«, ermahnte Frau Ndobo die beiden Mädchen, doch Karen war klar, daß diese Mahnung auch ihr galt. »Legt euer Gepäck ins Zelt und kommt! Sie fangen schon an.«

Aus dem Dorf am Hang dröhnte der Klang von Trommeln, begleitet von vielstimmigem Hundegeheul. Die Abenddämmerung kroch die Felswand hoch und erreichte schon bald die zu Höhlen erweiterten Risse, in denen die Dogon ihre Toten bestatteten. Draußen in der Ebene jaulte ein Schakal.

»Das ist Yurugu, der erste Sohn Gottes, der in Gestalt eines Schakals in den Büschen lebt, sagen die Dogon-Leute. Um seine Unternehmungen zu sichern, soll der Mensch zuerst Yurugu durch einen Seher befragen und dann auf einem der Altäre ein Opfer bringen. So ein Opfer kann ein Huhn sein, aber auch ein Topf Hirsebrei«, erklärte Herr Ndobo seinem Gast, als sie auf das Dorf zugingen. »Die große Maske, die von den Dogon ›Mutter der Masken‹ oder auch ›mehrstöckiges Haus‹ genannt wird, muß alle sechzig Jahre neu geschnitzt und geweiht werden. Sie hat die Aufgabe, die frei gewordene Lebenskraft eines Verstorbenen aufzunehmen und so seiner Seele den Zugang ins Reich der Vorfahren zu sichern. Es gibt dann noch eine Reihe von kleinen Masken, die die Mutter der Maske nur begleiten …«

»Was ist das für ein Geräusch?« unterbrach ihn seine Tochter. Ein Schwirren, Klappern und Pfeifen hatte sich unter das Getrommel gemischt, untermalt vom Stimmengewirr einer großen Menschenmenge. Vor dem Dorf brannten Feuer, an denen die Männer mannshohe Fackeln entzündeten.

Auf Karen machte alles einen völlig unwirklichen Eindruck. Sie wußte nicht, ob sie träumte oder wach war, ob sie nur ein Bild betrachtete oder selbst eine Figur in diesem Bild darstellte. Das Flackern der brennenden Fackeln und die schwankenden Schatten auf den Wänden der Häuser, die ständig ihre Umrisse veränderten, größer und kleiner wurden, sich drohend aufblähten, um gleich darauf in sich zusammenzusinken, kamen ihr wie Geister und Dämonen vor. Ihr Herz klopfte heftig, und sie mußte sich dazu zwingen, sich nichts anmerken zu lassen. Eine Angst vor einer ihr unbekannten Welt, die sie zu verschlingen drohte, überrollte sie und verebbte erst wieder, als sie mehrmals hintereinander tief ein- und ausatmete. Wortlos folgte sie den beiden Ndobos, die mit dem Nigerianer vorausgingen. Masha und Jessica gingen dicht hinter ihr. Sie unterhielten sich lebhaft miteinander, und Karen war froh, daß ihnen das, was sie selbst geängstigt hatte, offenbar nichts ausmachte.

Am Rand des großen Platzes vor der Toguna, dem Versammlungshaus der Männer, versperrte ihnen die Menschenmenge den Weg. Herr Ndobo hob die

Mädchen auf eine niedere Mauer, damit sie alles besser überblicken konnten.

Gerufen vom Klang des Schwirrholzes drängten sich die Masken durch eine enge Gasse bergabwärts bis in die Mitte des Platzes. Sie trugen rote Faserröcke. Herr Ndobo erklärte seinem Gast ihre Bedeutung: »Das ist die Maske der Angst, dort das böse Tier aus dem Busch und dahinter das getötete Jagdtier. Die auf einer fünf Meter hohen Leiter angebrachte Schlangenmaske ist die Mutter der Maske, die wichtigste von allen.«

Die Schlangenmaske schwankte hin und her, stieg auf das Dach eines Hauses, drehte sich um sich selbst und berührte mit ihrer Spitze den Boden. Ein auf einem Felsen stehender Mann in einem prächtigen Umhang sang ein Lied, in das die alten Frauen mit einstimmten. In der Mitte des Platzes tanzten junge Mädchen im Kreis. Sie wichen zurück, als mehrere Männer herbeistürmten und, in einer Hand die Kampfaxt, in der anderen die Fackel, aufeinander losgingen. Sie mimten Zweikämpfe, die wilder und wilder wurden und erst mit dem Verlöschen der Fackeln endeten.

Karen wünschte sich sehr, daß Thomas das alles sehen könnte. Sie gab sich große Mühe, diese ihr so fremde Welt zu verstehen und ahnte allmählich, wie hilflos die Menschen hier den Gewalten der Natur gegenüberstanden. Wenn sie zu Hause Hunger hatte, dann ging sie in ein Geschäft und kaufte sich etwas zum Essen. Die Dogon und viele andere afrikanische Stämme mußten warten, ob die Erdmutter die Saat, die sie ihr in den Schoß gesteckt hatten, aufgehen ließ und der Regengott ihnen Regen schenkte. Sie brachten den Göttern Opfer, damit ihre Ziegen viele gesunde Zicklein auf die Welt brächten, daß die unbarmherzig auf ihre Felder strahlende Sonne die Hirse rechtzeitig reif werden lasse und der Mais lange, gesunde Kolben bekäme. War es da ein Wunder, daß sie an Yurugu im Busch und andere Geister der Natur glaubten, die ihnen als Strafe für schuldhaftes Verhalten Schädlinge schickten, die über ihre Felder herfielen und die Ernte zerstörten? Auch wenn sie dem Rat der Experten folgten und diese Schädlinge mit Insektenvertilgungsmitteln bekämpften, war der Preis, den sie für diese Mittel bezahlen mußten, eine ebenso hohe Strafe für sie. Es kam auf dasselbe heraus.

Als Frau Ndobo sie ansprach, schreckte sie hoch. »Ich glaube, wir müssen gehen. Sonst wird es für die Mädchen zu spät. Das Wichtigste haben wir gesehen.«

Doch der Nigerianer wollte noch länger bleiben. Deshalb ließ Herr Ndobo die Frauen allein mit den Mädchen zum Camp zurückgehen.

In dieser Nacht lag Karen noch lange wach und lauschte den Trommeln, dem Schwirren der Klappern und den Rufen der Menschen. Sie sah, wie das Mondlicht durch den Eingang ihres Zeltes auf den Boden fiel. In den Hirsefeldern hinter dem Camp raschelte der Nachtwind, und von hoch oben aus der Felswand ertönte der Schrei eines Vogels. Doch nach einiger Zeit steckte sie das gleichmäßige Atmen Jessicas, die das Zelt mit ihr teilte, an, und sie schlief ein.

13

Früh am anderen Morgen kletterte die kleine Gruppe die Felswand hinauf, um nach Sanga zurückzukehren. Dazu benützten sie die Baumstämme, in die die Dogon-Leute Stufen geschlagen hatten. Karen bewunderte die Frauen, die ihnen entgegenkamen. Mit schweren Körben auf dem Kopf stiegen sie, ohne sich festhalten zu müssen, leichtfüssig die Stufen hinunter, während sie selbst sich ängstlich an den runden Stämmen festklammerte und jede Kerbe sorgfältig prüfte, bevor sie es wagte, ihren Fuß daraufzusetzen. Dabei vermied sie es, nach unten zu sehen. Die Hilfe der Dogon-Kinder lehnte sie ab, weil sie zu stolz war, um sich helfen zu lassen. Frau Ndobo dagegen, die ein wenig schnaufend und mit kleinen Schweißperlen auf der Stirn am Ende der kleinen Gruppe ging, nahm ihre Hilfe dankbar an. Nur für Masha und Jessica waren die Baumtreppen kaum mehr als ein Spiel, bei dem sie sich gegenseitig ihre Gewandheit beweisen konnten.

Der kleine Bus stand noch da, wo sie ihn zurückgelassen hatten. Herr Ndobo nahm den Kindern das Gepäck ab und bezahlte sie. Während er es mit Hilfe des Nigerianers und unter den neugierigen Blicken einiger Dorfbewohner im Auto verstaute, kletterten Frau Ndobo, Karen und die beiden Mädchen wieder auf die hinteren Bänke. Ein kleiner Junge steckte Jessica noch schnell einen Zettel mit seiner Adresse zu, dann fuhren sie los. Sie winkten und winkten, bis die Zurückgebliebenen hinter der von ihrem Auto hochgewirbelten Staubwolke verschwunden waren. Wieder rüttelte und schüttelte der Wagen durch die Schlaglöcher. Trotzdem döste Karen ein wenig ein, während sich Herr Ndobo mit seinem Gast über das Fest, an dem sie teilgenommen hatten, unterhielten. Karen kam es vor, als kämen diese Gespräche wie aus weiter Ferne. »Nur wenige Stämme pflegen heutzutage noch die alten Traditionen«, sagte Herr Makunde. »Das ist sehr schade.«

»Aber der Lauf der Zeit«, erwiderte Herr Ndobo. »Wie wollen sie den jungen Afrikanern ausreden, daß ein Motorrad oder ein Kofferradio, elektrisches Licht oder Fußball keine so tollen Sachen sind, wie sie glauben? Diese Entwicklung ist nicht mehr aufzuhalten.«

»Das ist wahr«, antwortete der Nigerianer bedauernd. »Aber wir hinken ihr weit hinterher. Die von ihren Vorfahren überlieferten Handwerkskünste, die Musik und die Fähigkeit, die alten Feste zu feiern, gehen dabei verloren. Sie verkaufen ihre Götterbilder, treten vor Touristen auf und lassen sich für das Geld, das sie dafür bekommen, billiges Zeug andrehen. Ein gutes Beispiel ist der Mann, der ihren Freunden die alte Perlenkette verkauft hat.«

»Das kann man nicht wissen. Vielleicht war er in Not und brauchte das Geld, um seine Schulden damit zu bezahlen?« hörte sich Karen sagen.

»Es ist müßig, darüber zu reden, weil wir es nie erfahren werden.«

Sie näherten sich bereits wieder der Kreuzung vor Mopti, wo sie die große Straße erreichten, deren Betondecke wenigstens streckenweise noch in Ordnung war. Hinter der Abzweigung stand ein Mann und gab ihnen mit der Hand ein Zeichen.

»Der will mit«, sagte Masha. »Es ist ein Weißer.«

Herr Ndobo hielt den Wagen an. »Wohin wollen Sie?«

»Nach Bamako. An unserem Auto ist die Achse gebrochen, und ich brauche ein Ersatzteil.« Der Mann war hager. Sein Hemd und die Shorts waren staubverkrustet. Der breite Rand eines Schlapphuts beschattete seine Augen.

»Steigen sie ein!« sagte Herr Ndobo. »Wenn wir ein wenig zusammenrücken, geht das schon.« Der Fremde zwängte sich auf den Vordersitz neben den Nigerianer.

»Das Auto ist für uns sehr wichtig«, erklärte er und wischte sich mit seinem Taschentuch den Schweiß von der Stirn.

»Wer ist ›uns‹?« fragte Herr Ndobo.

»Die Mission. Ich bin Franziskanerpater.«

»Oh, und was machen Sie?«

»Wir unterrichten Kinder.« Der Pater drehte sich zu Karen um. »Und wie kommen Sie hierher?« Er war offenbar erstaunt, eine weiße Frau und ein weißes Mädchen hier anzutreffen.

»Meine Tochter und ich sind auf Besuch hier«, erklärte ihm Karen. »Mein Mann ist Ingenieur. Er gräbt hier Brunnen.«

Als vor ihnen am Straßenrand ein kleines Restaurant auftauchte, lud Herr Makunde seine Mitfahrer zu einem Mittagessen ein. »Machen Sie mir die Freude!« bat er. »Es war ein so schöner Ausflug.« Herr Ndobo fuhr den Bus auf einen Parkplatz, und sie stiegen aus.

»Ah, das tut gut, da wird man ja ganz steif!« rief Masha fröhlich, während sich ihre Mutter in den spiegelnden Scheiben des Autos betrachtete und ihr Kopftuch richtete. Sie suchten sich einen Tisch unter dem schattigen Palmdach und bestellten sich etwas zu essen.

»Du hast eine schöne alte Glasperlenkette«, sagte der Pater, der Jessica gegenüber saß.

»Sie sind nicht alle aus Glas«, erklärte das Mädchen.

»Mit Muscheln und Schnecken hat man früher eingekauft.« Der Pater beugte sich über den Tisch und ließ die einzelnen Perlen durch die Finger gleiten, ohne daß Jessica die Kette vom Hals nahm.

»Ich weiß …«

»Du hast recht, da ist sogar eine hölzerne Perle dabei. Sie sieht aus, als gehörte sie einmal zu einem Rosenkranz.«

»Zu einem Rosenkranz?« Auf diesen Gedanken wäre Karen nie gekommen.

»Vielleicht gehörte sie zum Rosenkranz von Charles de Foucauld?«

»Charles de Foucauld?« wiederholte Masha langsam und betonte den Namen dabei, als zerginge er ihr auf der Zunge. »Wer war denn das?«

»War das nicht dieser Einsiedler?« fragte Frau Ndobo.

»Genau der«, antwortete der Mann. »Er lebte in einer Klause mitten in der Sahara.«

»Erzählen Sie, bitte!« rief Jessica, die eine neue Geschichte witterte. »Es dauert sicher noch, bis das Essen kommt.«

»Jessica!« sagte ihre Mutter mahnend.

»Ach, lassen Sie sie«, erwiderte der fremde Pater lächelnd. »Ich freue mich immer über wißbegierige kleine Mädchen.« Dann blickte er zu Herrn Ndobo hinüber, und als dieser ihm zunickte, fing er an zu erzählen:

Die Rosenkranzperle

Fast alles, was über Charles de Foucauld an die Öffentlichkeit gedrungen ist, wurde durch die Briefe bekannt, die er an seine Freunde in Frankreich geschrieben hat. Aus ihnen erfuhren wir, was er dachte und was er erhoffte oder auch an was er zweifelte.

In der Zeit nach der großen Revolution galten für alle Bürger in Frankreich zwar die gleichen Gesetze, doch sie wurden je nach Stand und Geschlecht verschieden ausgelegt. Die Worte ›Freiheit, Gleichheit und Brüderlichkeit‹ begannen hohl zu klingen, hohl und verlogen. Während die vornehmen Damen Reifröcke trugen, die ihre Begleiter in gebührendem Abstand hielten, und Hüte, die ihnen nur erlaubten, nach vorne zu sehen, aber nicht nach den Seiten, gaben sich ihre ebenso vornehmen Ehegatten unbekümmert dem Glücksspiel und dem Besuch von Freudenhäusern hin. Meinungsverschiedenheiten trugen sie in Pistolenduellen aus. Damals war es auch üblich, daß die Damen der besseren Gesellschaft Gäste in ihre Salons einluden, die mit gelangweilter Miene an einem Glas Champagner nippten, während sie einer oft schrillen Gesangsdarbietung lauschten oder in hochnäsigem Ton über den neuen Roman eines jungen Dichters diskutierten.

Von alledem ahnte der kleine Charles nichts. Der Beginn seines Lebens ist im Kirchenbuch des Straßburger Münsters nachzulesen. In ihm befindet sich der

Eintrag, daß dem Forstinspektor de Foucauld und seiner Frau am 15. September 1858 ein Sohn geboren wurde, der bei der Taufe den Namen Charles erhielt. Er und seine drei Jahre jüngere Schwester wuchsen wohlbehütet heran.

Im Alter von sechs Jahren verlor er kurz hintereinander beide Eltern. Doch der Großvater nahm ihn und seine kleine Schwester bei sich auf.

Charles war ein verträumter, intelligenter Junge, dem die Schule keine besondere Mühe machte. Schon damals sonderte er sich gern ab und blieb am liebsten allein.

Die Ferien verbrachte er meistens bei seiner Tante Ines. So wie den Park, der ihr Schloß umgab, hatte er sich immer das Paradies vorgestellt. Der Onkel erzählte ihm jeden Abend aufregende Geschichten. Sie handelten von Geistern, die schwarze Menschen fraßen, und von Kämpfen, bei denen Regenschirme als Waffen benützt wurden. Am allermeisten jedoch freute sich der Junge auf seine Cousinen. Vor allem Marie, die jüngere der beiden, hatte immer Zeit für ihn. Dann setzten sie sich auf die Bank unter den großen alten Birnbaum im Garten, und wenn sie über alles gesprochen hatten, was ihn beschäftigte, blieben sie noch eine Weile still und hörten dem Summen der Bienen zu.

Charles war noch nicht ganz zwölf Jahre alt, als Frankreich Deutschland den Krieg erklärte. Der Großvater verließ Hals über Kopf mit den beiden Kindern Straßburg und zog in die Schweiz, um das Kriegsende dort abzuwarten. Doch als der Krieg nach einem halben Jahr beendet war, wollte er nicht mehr nach Straßburg zurück, das deutsch geworden war, sondern ließ sich in Nancy nieder.

In dieser unruhigen Zeit las der Junge viel. Freunde

hatte er keine. Die Hochzeit seiner Cousine Marie war für ihn ein ebenso schwerer Schicksalsschlag wie der Tod seiner Mutter. Als ihn der Großvater einmal fragte, was er werden wolle, sagte er nicht ohne Trotz in der Stimme: »Am liebsten Offizier.« Doch er mußte noch ein Jahr ein Jesuiteninternat besuchen, in dem es ihm nicht gefiel.

Er war frech und faul und lehnte sich gegen die Lehrer auf. Und wenn er sich in den Nächten schlaflos in seinem Bett herumwarf, erinnerte er sich immer an die Bank unter dem Birnbaum, auf der er mit seiner Cousine so oft gesessen und dem Gesumme der Bienen zugehört hatte.Schließlich trieb er es so wild, daß man ihn von der Schule verwies. Trotzdem bestand er die Aufnahmeprüfung für die Militärschule und unterschrieb den Vertrag, in dem es hieß, daß er Frankreich ›in Treu und Ehre redlich‹ dienen würde. Damals war er achtzehn Jahre alt.

Auf dieser Militärschule herrschten strenge Gesetze. Die meisten Schüler hofften auf eine reiche Heirat oder einen einflußreichen Posten in den französischen Kolonien. Doch der junge Offiziersanwärter de Foucauld brachte dafür nicht das geringste Verständnis auf. Viel wichtiger waren für ihn gutes Essen, guter Wein und Bücher. Nachdem er die Nachricht erhalten hatte, daß sein Großvater gestorben sei, verwandelte er die Trauer über diesen Verlust in offene Auflehnung gegen seine Lehrer. Er wollte sich nicht mehr unterordnen, war nachlässig, trank zu viel und ließ seine Haare nicht mehr schneiden, was damals für einen angehenden Offizier ein unverzeihliches Vergehen war. Man tadelte ihn zuerst und bestrafte ihn dann. Doch das machte ihm alles nichts aus. Als er an seinem zwanzigsten Geburtstag die Verfügungsgewalt über sein Vermögen erhielt, war das für ihn ein willkommener Anlaß, die Schule zu wechseln.

Die neue Schule war Saumur, eine der berühmtesten Ausbildungsstätten für Offiziere. Charles teilte das Zimmer mit einem zukünftigen Marquis, der ihn zu einem ausschweifenden Leben verführte. Die beiden setzten hohe Summen bei Glücksspielen, hielten Gelage ab und gaben ihr Geld mit beiden Händen aus. Dafür erhielten sie strengen Arrest, was ihnen nichts ausmachte. Deshalb war es kein Wunder, daß Charles sein Abschlußexamen als Letzter seines Jahrgangs bestand.

Der Pater unterbrach seine Erzählung, als der Wirt das Essen brachte. Es gab Reis und Hammelgulasch. Karen war nicht sehr hungrig. Das Schicksal des lebenslustigen Charles beschäftigte sie. Was war geschehen, daß er zum Einsiedler wurde? Warum hatte er sich in die Wüste zurückgezogen? Sie konnte es kaum erwarten, die Geschichte zu Ende zu hören.

Endlich waren auch Masha und Jessica mit dem Essen fertig. Herr Makunde gab dem Wirt einen Wink, daß er die Rechnung bringen solle.

»Können wir weiterfahren?« fragte er Herrn Ndobo. »Sonst wird's zu spät. Ich muß heute noch nach Hause fliegen.«

»Oh ...«, seufzte Jessica enttäuscht. »Könnten wir nicht erst die Geschichte zu Ende hören?«

Frau Ndobo pflichtete ihr bei: »Das würde auch mich interessieren. Ich weiß zwar, wer Charles de Foucauld war, doch über seine Beweggründe, sich in eine Einsiedelei zurückzuziehen, habe ich noch nie nachgedacht.«

»Das geht sicher auch während der Fahrt«, sagte ihr Mann und stand auf.

Sie stiegen ein, doch während ihrer Rast hatte sich die Luft im Inneren des Autos erhitzt. Sie war nur schwer zu ertragen. Karen entdeckte dunkle Schweißflecken auf den Hemden der vor ihr sitzenden Männer. Doch sie konnten die Fenster immer nur kurz öffnen, weil ihnen der Staub sonst das Atmen schwermachte.

»Wollen Sie jetzt hören, wie die Geschichte weiterging?« fragte der Franziskaner, nachdem die Hitze etwas nachgelassen hatte.

»Natürlich!« rief Jessica laut.

»Und wo waren wir stehengeblieben?«

»Beim Abschlußexamen«, sagte Masha. »Charles war jetzt Offizier.«

»Also gut«, fuhr der Pater fort. »Nach seiner Abschlußprüfung in Saumur erhielt Charles de Foucauld den Befehl, sich bei einem Husarenregiment zu melden, das gerade nach Algerien verlegt wurde. Zur gleichen Zeit hatte er sich in ein junges Mädchen namens Mimi verliebt, von dem ihm die Trennung schwerfiel. Deshalb nahm er sie heimlich mit. Das war nicht erlaubt, und als es herauskam, stellte man ihn vor die Wahl, entweder seine Freundin zu verlassen oder das Regiment. Er entschied sich für Mimi und reiste mit ihr nach Frankreich zurück. Doch als er die Nachricht erhielt, daß das Regiment bei einem Kampf gegen einen Berberstamm schwere Verluste erlitten hatte, machte er seine Entscheidung wieder rückgängig ...«

»Arme Mimi«, unterbrach Masha den Pater. »Was wurde aus ihr?«

»Das wissen wir nicht. Sie wird ein bißchen geweint und sich dann vielleicht anderweitig getröstet haben. Also, wo war ich stehengeblieben?«

»… machte er seine Entscheidung rückgängig«, wiederholte Jessica den letzten Satz.

Er nahm das nächste Schiff nach Algerien. Da er bei seinem ersten Aufenthalt kaum aus der Garnison herausgekommen war, sah er nach seiner Rückkehr zum ersten Mal die Wüste. Diese Begegnung machte ihm einen so unauslöschlichen Eindruck, daß sie sein Leben veränderte. Die unermeßliche Weite und Stille der Landschaft weckte in ihm den Wunsch, sie besser kennenzulernen. Und als sich eines Tages die Wüstenbewohner heftig zur Wehr setzten, weil ihnen die Franzosen eine ihrer heiligsten Pilgerstätten zerstört hatten, begann er ihre Entschlossenheit und ihren Mut sehr zu bewundern.

Er nahm endgültig Abschied vom Militär, lernte arabisch und wanderte als marokkanischer Jude verkleidet durch Marokko. Unterwegs machte er genaue Aufzeichnungen über die Kultur der Bewohner, ihre Kleidung, ihre Bräuche und die Landschaften, durch die er kam. Dabei lernte er Pilger kennen, die gerade aus der heiligen Stadt Mekka zurückgekehrt waren, und bewunderte ihren Glauben, der ihnen die Kraft und den Mut gegeben hatte, eine so gefährliche Reise zu überstehen. Mit der Zeit reifte in ihm der Entschluß, in ein Kloster einzutreten und Mönch zu werden. Ein Freund riet ihm, sich diesen Schritt gut zu überlegen und erst einmal das Klosterleben näher kennenzulernen, bevor er sich endgültig binde.

Daraufhin reiste er ins Heilige Land und lebte einige Zeit in einem kleinen Trappistenkloster. Dort erkannte er schon bald, daß das Leben in einer Mönchsgemeinschaft nicht das richtige für ihn sein würde. Er hatte das Bedürfnis, allein zu sein, um in Ruhe über alles nachzudenken, was ihn beschäftigte, ohne ständig die strengen Regeln eines Klosters beachten zu müssen.

Als ihm das bewußt wurde, kehrte er nach Frankreich zurück und ließ sich dort zum Priester weihen. Zu dieser Weihe schenkte ihm seine Cousine Marie einen Rosenkranz. »Ich habe ihn aus dem Stamm des Birnbaums anfertigen lassen, unter dem wir so gern gesessen sind, als du noch ein kleiner Junge warst«, erklärte sie ihm. »Im letzten Herbst hat ihn ein Sturm entwurzelt.«

Wie alle Rosenkränze bestand auch dieser aus fünfmal zehn einfachen glatten Perlen, die jeweils durch eine größere Perle voneinander getrennt waren. Das schlichte Kreuz, das die Kette zusammenhielt, waren zwei übereinander gelegte, mit silbernen Nägeln zusammengehaltene Birnenholzleisten. Charles fand keine Worte, um sich für dieses Geschenk zu bedanken. Doch Marie erwartete keinen Dank von ihm. Sie wußte auch so, was es für ihn bedeutete.

Ein Vierteljahr später machte er sich abermals auf den Weg nach Algerien, das Land, in dem der von ihm so verehrte Heilige Augustinus geboren und gestorben war. Die zuständigen Stellen erteilten ihm den Auftrag, in der Oase Beni Abbés eine Mission zu errichten. Endlich glaubte er, das gefunden zu haben, nachdem er so lange gesucht hatte: einen unendlich weiten Horizont und Stille. Er bedauerte alle Menschen, die diese Stille nie kennenlernen würden. Deshalb kaufte er ein Stück Land, um darauf ein einfaches Kloster zu bauen und einen eigenen Orden zu gründen. Doch es fand sich niemand, der sein karges Leben mit ihm teilen wollte. Das machte ihn traurig.

Von da an begann er, allein zu versuchen, die Wüstenbewohner zu seinem Glauben zu bekehren.

Diese Bekehrung wollte er nicht nur durch Worte oder gar mit Gewalt, sondern nur durch sein beispielhaft vorbildliches Leben erreichen. Er verarztete Kranke, spielte mit den Kindern und kümmerte sich um die vielen Sklaven, die es damals noch gab. Auch wenn sie genug zum Essen hatten, fehlte es ihnen doch an Zuwendung. Ihr Schicksal beschäftigte ihn sehr, und er sah ein, daß man sie nicht damit trösten konnte, Gott würde ihnen schon irgendwann beistehen. Er verstand nicht, wie ein Mensch andere Menschen kaufen oder verkaufen konnte wie eine Ziege oder einen Sack Hirse. Deshalb begnügte er sich nicht damit, die Sklaven nur zu bekehren, sondern kaufte auch viele von ihnen mit seinem eigenen Geld frei.

Als ihn ein Freund einlud, mit ihm nach Süden zu reiten, nahm er das Angebot sofort an. Ihre Karawane brach Mitte Januar auf. Charles ging zu Fuß. Sein Gepäck trug ein Esel. Die anderen ritten auf ihren Kamelen. Sie zogen von Beni Abbés durch die große Sandwüste und über das Plateau de Tademait nach In Salah und von da aus weiter von Brunnen zu Brunnen bis Tamanrasset. Viereinhalb Monate dauerte die Reise ins Hoggar-Gebirge, viereinhalb Monate durch Staub und Hitze, in denen sie oft ohne Wasser auskommen mußten und völlig erschöpft waren. Doch jedesmal, wenn sich seine Begleiter niederknieten, um sich vor ihrem Gott zu verneigen und dabei ihr ›Allahu akbar! L'allah ill'allah!‹ zu beten, holte er seinen Rosenkranz heraus und murmelte vor sich hin: »Ave Maria, gratia plena, Dominus tecum«, und ließ Perle für Perle durch seine Finger gleiten. Irgendwann drängte sich ihm der Gedanke auf, daß es doch eigentlich derselbe Gott sein müsse, an den sie glaubten, und daß es nach dem Bau des Turmes von Babel, der diesen einzigen Gott veranlaßt hatte, die Sprachen der Menschen zu verwirren, eben diese Sprachenverwirrung gewesen war, die die Gläubigen voneinander getrennt hatte. Warum hast du das getan, Gott? fragte er. Waren sie dir zu hochmütig geworden? Hast du gewußt, daß du damit Streit aussäst? Hast du vorausgesehen, daß deine Saat einmal aufgeht und aus Streit oft ein Krieg werden kann? Doch diese Gedanken änderten nichts am unerschütterlichen Glauben Charles de Foucaulds. »Dein Wille geschehe, wie im Himmel, also auch auf Erden!«

Von Tamanrasset aus durchstreifte er allein die Umgebung und entdeckte dabei einen Ort von besonderer Schönheit in den Bergen des Assekrem. Dort baute er sich eine kleine Einsiedelei, in der er wie ein Mönch leben konnte.

Die Tuareg, die dem fremden, weißen Mann zuerst mit Mißtrauen begegnet waren, spürten schon bald, wie hoch er sie achtete. Er war weit davon entfernt, die Ansicht der meisten Europäer seiner Zeit zu teilen, daß nur die Kultur der weißen Menschen gut und nachahmenswert sei, die der schwarzen aber eigentlich nicht als eine solche angesehen werden könnte, da es sich ja nur um Wilde handelte. Seiner Meinung nach war die afrikanische Kultur der europäischen absolut gleichwertig, und er fand, daß wir uns viel zu wenig mit ihr beschäftigten.

In ihren Zeltlagern lernte er Dichter und Liedsänger kennen, die Märchen und abenteuerliche Erlebnisse in Balladenform wiedergaben. Unter ihnen befand sich auch eine Tuaregfrau mit dem Namen Dassine. Ihr Wissen um die alten Lieder und Märchen war unerschöpflicher als der tiefste Brunnen. Sie begleitete sich dabei selbst auf einem Instrument, das nur eine einzige Saite besaß. Sobald ihr Stamm in seine Nähe kam, besuchte er sie. Dann hockte er allabendlich vor dem schwarzen Zelt aus Ziegenhaar, lauschte Dassines Liedern und versuchte ihre Worte im Gedächtnis zu behalten, während ihr jüngstes Kind mit seinen Rosenkranzperlen spielte. Einer der vielen Verse aus der Sammlung Charles de Foucaulds, handelte von ihr:

Du ziehst auf Raubzug, du sehnst dich nach den
Zurückbleibenden.
Dir fehlt die Geige, ich weiß, was dich betrübt:
Dassine ist schön, süß klingt ihr Instrument.
Man sucht sie, man umringt sie.

Immer wieder zog sich der Einsiedler in seine Hütte am Assekrem zurück. Wenn die untergehende Sonne die dunklen Felsen in rotes Licht tauchte und ein Regenguß die Schluchten und Täler mit einem grünen Schimmer überzog oder die Berge hinter den Bergen im Dunst der Hitze verschwammen, erschien ihm dieser Platz als der schönste auf der ganzen Welt.

Dann blieb fast anderthalb Jahre der Regen aus, und die Menschen begannen zu hungern. Charles mußte miterleben wie Dassines Baby starb. Er wäre ohne Zögern dazu bereit gewesen, sein Leben dafür zu geben, wenn er den Tod des Kindes damit hätte verhindern können. Es hatte so gern mit seinen Rosenkranzperlen gespielt. Er gab der Sonne die Schuld. Sie ließ es zu, daß das Kind wie eine vertrocknete Olive aussah. Sie war es, die das Leben aus dem kleinen Körper sog, bis sein Herz zu schwach war, um weiterzuschlagen.

Obwohl er selbst krank wurde, verteilte er seine Vorräte an die hungernden Wüstenbewohner. Immer wieder beschwor er in den Briefen die Freunde, für mehr Achtung vor den Menschen in den Kolonien zu werben und ihnen zu helfen. Dabei hielt er ihnen auch vor Augen, was die Regierung anrichtete, nur um sich zu bereichern. Die Erkenntnis, daß er aus der fernen Heimat keine Hilfe erwarten konnte, stürzte ihn in so tiefe Verzweiflung, daß er manchmal glaubte, das Alleinsein nicht länger ertragen zu können.

1914, im Alter von sechsundfünfzig Jahren, reiste Charles noch einmal nach Paris. Er hielt es aber nicht lange dort aus, denn die Menschen in Europa hatten inzwischen andere Sorgen. Kurz nach seiner Rückkehr wurde in Sarajewo der österreichische Thronfolger ermordet, und das bedeutete den Beginn des ersten Weltkriegs, dessen Auswirkungen schon bald auch im Herzen der Wüste zu spüren waren.

Zwei Jahre später schrieb er seiner Cousine Marie, daß die Situation der Franzosen in der Sahara immer bedrohlicher werde. Eine Gruppe von Männern hatte beschlossen, gegen die Christen einen Krieg zu führen, den sie einen ›Heiligen Krieg‹ nannten. Sie eroberten und zerstörten ein französisches Fort nach dem anderen.

Am ersten Dezember 1916 schrieb Charles de Foucauld noch einmal drei Briefe. In ihnen schilderte er seinen Freunden, wie notwendig sie Nahrungsmittel brauchten, da er abermals eine große Hungersnot auf die Tuareg zukommen sah.

Er schrieb noch, als schon die Sonne unterging, und hob erst den Kopf, als er Schüsse hörte. Eine Gruppe von vierzig Rebellen näherte sich der Einsiedelei. Charles spürte sofort die Gefahr, doch was er in diesem Augenblick gedacht oder getan hat, wissen wir nicht. Vielleicht griff er nach seinem Rosenkranz, umklammerte das kleine Kreuz und betete. Er hatte schon oft aus seinen Gebeten Kraft gesammelt und hoffte vielleicht, daß es ihm auch diesmal gelingen möge. Möglicherweise öffnete er deshalb auch vertrauensvoll seine Tür, als ihm ein junger Mann, den er gut kannte, zurief: »Bruder Charles, die Post ist gekommen!« Doch daß ihn zwei Männer packten, vor seine Hütte zerrten und fesselten, damit hatte er sicher nicht gerechnet. Ein fünfzehnjähriger Junge erhielt den Auftrag, den Gefangenen zu bewachen, während die anderen seine Habseligkeiten durchsuchten. Doch ihre Beute war gering.

»Wo sind die Waffen?« herrschte ihn der Anführer an und: »Wo sind die Vorräte?« Doch der Einsiedler beantwortete keine einzige Frage. Was hätte er ihnen auch sagen sollen? »Hier findet Ihr keine Waffen« oder: »Meine Vorräte habe ich längst an die Hungernden verteilt«. Vielleicht hätte er versuchen sollen, ihnen zu erklären, daß der Gott, in dessen Namen sie einen Krieg führten, zugleich auch der Gott derjenigen sei, die sie bekämpften? Doch das hätten sie sicher nicht verstanden. Seine Finger umklammerten immer noch Maries Rosenkranz, während sich seine Lippen lautlos bewegten: »... und vergib uns unsere Schuld, wie auch wir vergeben unseren Schuldigern!«

Unglücklicherweise näherten sich zum selben Zeitpunkt zwei französische Soldaten der Einsiedelei, um Charles zu besuchen. Als der junge Rebell, der ihn bewachen sollte, sie entdeckte, bekam er es mit der Angst zu tun. Er war stolz darauf gewesen, daß ihm der Anführer eine wichtige Aufgabe übertrug. Die blaue Gandoura, das Gewand der Männer, und den Schleier trug er schon länger, doch zum erstenmal das Gewehr und den Patronengurt. Er lechzte nach der Anerkennung seiner Kameraden und fürchtete sich davor, etwas falsch zu machen, wenn er nichts unternahm.

Nur das Gewehr in seiner Hand flößte ihm Kraft und Zuversicht ein.

»Für Allah und seinen Propheten Mohammed!« rief er, richtete den Lauf auf den Kopf des Gefangenen und drückte ab. Charles de Foucauld muß sofort tot gewesen sein. Anschließend erschoß der Junge auch noch die beiden Soldaten.

Erst am nächsten Morgen zogen die Plünderer mit ihrer kargen Beute ab. Die Briefe und Aufzeichnungen des Einsiedlers ließen sie zurück. Sie wußten nicht, was sie mit ihnen anfangen sollten, denn sie konnten nicht lesen.

Noch am selben Tag begrub ein Freund den Toten zusammen mit einigen Dorfbewohnern. Er löste den Rosenkranz aus den erstarrten Fingern und beschloß, ihn Dassine zu bringen, weil er wußte, wie hoch sie Bruder Charles geschätzt hatte. Dann verscharrten sie seinen Körper im Sand und errichteten ein kleines Holzkreuz über dem Grab. Die Wüste war seine Heimat geworden und ihre Hirten seine Freunde.

Die Kunde vom Tod des Einsiedlers verbreitete sich schnell in der Gegend. Viele Tuareg eilten zu der Hütte am Assekrem. Sie knieten sich hin und baten Allah um seinen Segen für ihn. Sie fühlten, daß er ihrer Bitte entsprechen würde, auch wenn der fremde Priester seinen Gott mit einem anderen Namen bezeichnet hatte als sie den ihren. Dabei verneigten sie sich nach Osten und berührten mit der Stirn den Boden. Es war das einzige und das letzte, das sie für den Toten tun konnten, denn es war ein Gebet, das aus ihren Herzen kam.

Der Freund fand Dassine schneller, als er erwartet hatte. Er wunderte sich, daß sie keine einzige Träne vergoß, als er ihr den Rosenkranz überreichte. Sie blickte an ihm vorbei über die Dünen, weil es ihr so vorkam, als bewege sich dort eine kleine, dunkle Figur, die immer kleiner wurde und kleiner, bis sie im Dunst der Abenddämmerung verschwand. Ihre Trauer war zugleich der stumme Dank an einen weißen Mann, der sich den größten Teil seines Lebens bemüht hatte, die Wüstenbewohner zu achten, zu verstehen und ihnen zu helfen.

14

Nach den letzten Worten des Paters wagte keiner der Autoinsassen eine Frage zu stellen. Erst als Herr Ndobo an einer Dorftankstelle hielt, weil ihm allmählich das Benzin ausging, stellte Masha leise fest: »Wenn das eine wahre Geschichte gewesen ist, dann ist sie sehr traurig.«

»Nicht alle Geschichten können lustig sein«, versuchte Frau Ndobo ihre Tochter zu trösten.

»Ist dieser Einsiedler wirklich ermordet worden?« Jessica beobachtete gedankenverloren, wie der Tankwart einen Kanister an die Tanköffnung hielt. Mord war für sie das Schlimmste, was es auf der Welt gab.

»Ja, das ist er«, bestätigte der Pater und wischte sich mit einem Tuch den Schweiß von der Stirn. »Aber in seinen Briefen bleibt er für uns lebendig und natürlich auch durch die Veröffentlichung seiner Sammlung von Liedern und Balladen der Tuareg.«

»Was hat Dassine mit dem Rosenkranz gemacht?«

»Sie wird ihn vermutlich hoch in Ehren gehalten haben. Vielleicht hat sie ihn auf dem Totenbett einer Tochter geschenkt oder ihn irgendwann aufgetrennt, um ihn zusammen mit anderen Perlen gegen ein Säckchen Hirse einzutauschen oder gegen eine Ziege, weil sie wieder einmal nichts mehr zu essen hatten. Vielleicht hat der neue Besitzer dann Perle für Perle weitergegeben, bis eine von ihnen eines Tages auf Jessicas Perlenschnur gefädelt wurde.«

Karen war in tiefes Nachdenken versunken. Sie war der Erzählung des Paters mit großer Anteilnahme gefolgt und hatte sich dabei an die alte Bettlerin auf dem Markt in Mopti erinnert: »Perlen erzählen Geschichten von Menschen, von ihrem Leben und ihrem Tod.« So oder ähnlich hatten ihre Worte geklungen, und mit dieser Geschichte hatten sie sich als wahr erwiesen. Über sich selbst erstaunt, hatte sie festgestellt, wie groß ihr Verständnis für die Handlungsweise des Charles de Foucauld war. Daß ihm die Zwänge des Lebens in einem Kloster nicht zusagten, daß er die Oasenbewohner viel mehr durch Güte und Hilfsbereitschaft als durch schöne Worte zu bekehren versuchte und, als diese Versuche wenig erfolgreich waren, sich in eine Einsiedelei zurückzog, konnte sie gut verstehen. Wahrscheinlich hatte er sich seinem Gott in dieser Landschaft näher gefühlt als im lauten Trubel einer Stadt. Den Rest der Fahrt brachte sie schweigend hinter sich, denn sie konnte und wollte mit niemandem darüber reden, wie betroffen sie dieser Bericht gemacht hatte.

Herr Ndobo fuhr den Franziskaner zu einer Autowerkstatt.

Anschließend brachte er Herrn Makunde zum Flughafen. Und als sie endlich vor dem Haus ankamen, das die Benders bewohnten, ging bereits die Sonne unter, und die ersten Muezzine erhoben ihre Stimmen. Der betäubende Duft der Jacaranda-Bäume lag über der

Straße. Doch der idyllische Eindruck trog: Vor der Tür des kleinen Bungalow parkte ein Polizeiwagen, und auf der gegenüberliegenden Seite waren einige Leute stehengeblieben und tuschelten miteinander.

»Was ist denn hier los?« fragte Herr Ndobo einen der Polizisten, die auf dem Gehweg herumlungerten.

»Nichts Besonderes«, sagte der Polizist. »Nur ein Einbruch.« Einbrüche schienen nichts Besonderes für ihn zu sein.

»Ein Einbruch!« rief Karen entsetzt. »Hier, bei uns?« Einen kurzen Augenblick lang glaubte sie, ihr Herz höre auf zu schlagen.

»Regen Sie sich nicht auf! Es wird schon nicht so schlimm sein!« Frau Ndobo legte den Arm um ihre Schultern. »Lassen Sie uns erst nachsehen, was passiert ist!« Ihre bedächtigen Worte beruhigten Karen etwas, und sie folgten Herrn Ndobo und den beiden Mädchen, die bereits ins Haus gestürmt waren.

Im Wohnzimmer sah es schlimm aus. Umgestürzte Stühle lagen herum und dazwischen Kleider, Bücher und zerbrochenes Geschirr. Schränke, Regale und Kommoden schienen durchwühlt zu sein. Mitten in dem Durcheinander stand Thomas und starrte verständnislos alles an. Er mußte selbst gerade erst zurückgekommen sein. Ein Polizeioffizier stellte ihm Fragen, von denen er die meisten nur mit einem Schulterzucken beantwortete.

»Jemand muß etwas Bestimmtes gesucht haben. Ob er's gefunden hat oder nicht, kann ich nicht sagen. Die Geldscheine, die ich in der Schublade meines Schreibtischs aufbewahrte, sind noch da und der Schmuck meiner Frau auch«, erklärte er.

»Und wo befanden sich Ihre Frau und Sie heute nachmittag?« fragte der Polizist.

»Ich war im Büro, und meine Frau kommt gerade – wie sie sehen – mit Freunden von einem zweitägigen Ausflug zurück.«

»Und als sie heute morgen das Haus verließen, fiel ihnen niemand auf der Straße auf, der ihnen verdächtig vorkam?«

»Niemand.«

»Der oder die Einbrecher haben die gläserne Terrassentür zerschlagen. Haben Sie eine Ahnung, was sie gesucht haben könnten?«

»Nein, aber mir fiel auf, daß sie das Zimmer meiner Tochter besonders gründlich durchwühlt haben müssen.«

Als diese Worte in Karens Bewußtsein drangen, wurde sie auf einmal hellwach. Auch Jessica reagierte sofort: »Die Perlenkette, Papa!« rief sie, bevor ihre Mutter etwas sagen konnte. »Könnte es sein, daß jemand die Kette stehlen wollte?«

»Was für eine Kette?« fragte der Untersuchungsbeamte.

»Ach, nur eine einfache Glasperlenschnur«, erklärte ihm Thomas. »Wir haben sie in Hombori gekauft.« Jessica zog sich die Kette über den Kopf und reichte sie ihrem Vater.

»Ach so!« Der verächtliche Ton in der Stimme des Beamten war nicht zu überhören. »So etwas tragen bei uns viele Frauen. Früher hat man sie als Bezahlung benützt, aber heute sind sie nichts mehr wert.« Die Enttäuschung war ihm deutlich anzumerken. »Ich kann mir nicht vorstellen, daß jemand deshalb einen Einbruch begeht.«

Wenn du wüßtest, was wir inzwischen über die Kette erfahren haben, dachte Karen, würdest du nicht so daherreden. Doch sie behielt es für sich.

»Also gut«, sagte der Polizist. »Wir haben im Staub auf ihrer Terrasse einen Fußabdruck gefunden, der vom Fuß eines halbwüchsigen Jungen stammen könnte. Wenn wir mehr herausfinden, benachrichtigen wir sie. Lassen Sie die Türe inzwischen reparieren. Ich glaube nicht, daß sie einen weiteren Einbruch befürchten müssen. Meistens sind das nur kleine Gauner. Sie kommen selten zweimal an denselben Ort.« Danach verabschiedete er sich.

Die Ndobos boten Jessica und ihrer Mutter an, die Nacht bei ihnen zu verbringen, und Thomas redete ihnen zu, die Einladung anzunehmen. Er selbst wollte allein hierbleiben und dafür sorgen, daß die Terrassentüre so schnell wie möglich wieder in Ordnung gebracht werden würde. Doch Karen und Jessica wollten lieber bei ihm bleiben.

Später verlangte Thomas dann einen Bericht über das, was sie auf der Fahrt ins Dogon-Land erlebt hatten. Karen, der der Schreck über den Einbruch immer noch in den Gliedern saß, überließ ihrer Tochter die Berichterstattung. Doch Jessica brachte alles durcheinander, erzählte zuerst, daß ihnen der Nigerianer während der Fahrt eine neue Perlengeschichte erzählt hatte und später auch noch ein fremder Mitfahrer, der in Wirklichkeit ein Pater gewesen sei. Sie verwechselte die Maskenmutter der Dogon-Leute mit den Geheimbünden des Stammes der Yoruba und schließlich auch noch die Rosenkranzperle des Einsiedlers mit den blauen Glaskorallen des Schmieds. Thomas gab sich große Mühe, ihrer Erzählung zu folgen, doch mehr als einmal warf er seiner Frau einen ratlosen Blick zu. Karen unterbrach ihre Tochter nur ungern, nur manchmal griff sie ordnend ein, stellte einiges klar, vor allem die Zeitabläufe, und brachte Jessica dazu, Personen und Handlung wieder in Einklang miteinander zu bringen.

»Das scheint ja ein aufregender Ausflug gewesen zu sein«, stellte Thomas fest, nachdem Jessica ihren Bericht glücklich beendet hatte. »Viel aufregender als das, was hier passiert ist.«

»Das war er«, seufzte seine Tochter aufatmend, denn durch die Erinnerung an ihre Erlebnisse hatte der Einbruch etwas von seinem Schrecken verloren.

»Dann wird es Zeit, ins Bett zu gehen«, sagte Karen. »Wir sind alle müde.«

Mitten in der Nacht wachte sie einmal auf, weil sie glaubte, ein fremdes Geräusch gehört zu haben. Doch außer dem Summen der Moskitos und dem allnächtlichen Geheul der Hunde gab es nichts, was ihren Verdacht erhärtet hätte. Dann bemerkte sie, daß Thomas ebenfalls wach war.

»Schläfst du nicht?« fragte sie in die Dunkelheit.

»Ich denke gerade über Jessy nach«, sagte er. »Einerseits wird sie allmählich erwachsen, doch dann ist sie wieder so kindlich wie eine Zehnjährige.«

»Wie kommst du darauf?«

»Durch diese Perlenkette, zum Beispiel«, sagte Thomas. »Sie ist der Ansicht, daß sich in jeder Perle ein Geheimnis verbirgt, und von da bis zu dem Glauben, sie könnten verzaubert sein, ist es nur ein kleiner Schritt. Außerdem nervt sie die Leute mit ihren kindlichen Fragen und dem Gebettel, ihr Geschichten von ihnen zu erzählen.«

»Ja und? Was findest du so schlimm daran?«

»Sie vergißt völlig, daß es sich nur um ganz gewöhnliche Perlen aus Glas oder einem anderen billigen Material handelt, die in vielen Ländern zum Bezahlen von Waren benützt wurden. Ich finde das sehr prosaisch, aber ihr fällt es offenbar schwer, Realität und Phantasie auseinanderzuhalten. Nichts ist geheimnisvoll an ihnen, und Zauberkräfte haben sie ebenso wenig wie gewöhnlicher Modeschmuck.«

Da wäre ich mir nicht so sicher, dachte Karen, doch sie hütete sich, es laut auszusprechen, weil sie Angst davor hatte, von ihm ausgelacht zu werden. Statt dessen sagte sie: »Jessy ist eben in einem Alter, in dem sie kein Kind mehr ist, aber auch noch nicht ganz erwachsen. Wir sollten uns über ihr Verhalten nicht wundern, sondern es zu verstehen versuchen.« Thomas schien ihre Worte nicht mehr gehört zu haben. Seine langen ruhigen Atemzüge verrieten, daß er inzwischen eingeschlafen war. Bald darauf schlief sie ebenfalls ein. Durch ihre Träume geisterten wilde Gestalten: Menschen mit Masken und Fackeln, Schatten, die sie bedrohten, brillentragende Männer, die dem Songhai-Mann ähnlich sahen, der ihnen die Kette verkauft hatte, und einäugige alte Bettlerinnen. Gerade, als sie ihre Angst und ihren Schrecken herausschreien wollte, kam ein Mann in einer braunen Kutte durch die Wüste gestapft und scheuchte sie alle davon.

15

»Heute müssen wir zuerst einmal aufräumen«, sagte Karen am nächsten Morgen zu ihrer Tochter. Wenn Jessica etwas haßte, dann war es Aufräumen. Es wurde nur noch durch Staubwischen übertroffen. Und dabei beschränkte sich ihr Aufgabengebiet ausschließlich auf ihr eigenes Zimmer. Die anderen Räume hatten Karen und Thomas übernommen. Erst als Masha zu Besuch kam und sich anbot, ihrer Freundin dabei zu helfen, wurde alles leichter.

Während sie die Stühle aufstellten, die Schränke wieder einräumten, den Boden fegten und ein paar Bücher ins Regal einordneten, die Jessica in die Ferien mitgenommen hatte, merkte sie, wieviel leichter ihr alles von der Hand ging, weil Masha dabei war. Auch Karen, die die beiden durch die offene Zimmertür beobachten konnte, stellte erfreut fest, wie gut sich Jessica mit der Tochter des Museumsdirektors verstand. Die gemeinsamen Erlebnisse hatten beiden geholfen ihre Scheu zu überwinden. Ohne es zu wollen, hörte sie ihrer Unterhaltung zu.

»Hältst du es für möglich, daß der Dieb hinter meiner Perlenkette her war?« fragte Jessica.

»Das könnte schon sein«, antwortete Masha, während sie einen Blumentopf aufs Fensterbrett zurückstellte. »Sind es nicht gerade erst drei Tage her, daß jemand versucht hat, dir die Kette vom Hals zu reißen?«

»Papa ist der Meinung, daß ich mir das nur eingebildet hätte.«

»Das glaube ich nicht. Schließlich hab' ich gesehen, wie der Junge davonrannte.«

»Aber warum hat man sie uns erst verkauft und will sie dann wieder zurück?«

»Vielleicht waren es gestohlene Perlen, und der Mann, der sie euch verkaufte, hat sich inzwischen überlegt, daß er woanders einen höheren Preis für sie bekommen könnte.«

Das war eine Möglichkeit, an die Karen noch gar nicht gedacht hatte. Es könnte ja auch sein, daß der Bestohlene selbst hinter ihnen her war, um sie sich zurückzuholen. Sie ärgerte sich, daß Thomas und sie diese Möglichkeit noch nicht in Betracht gezogen hatten.

Vom Aufräumen und vom Nachdenken gleichermaßen erschöpft, ging Jessica in die Küche und holte sich etwas zu trinken. »Soll ich dir eine Cola mitbringen?« rief sie Masha zu.

»Ja, bitte!« rief Masha zurück und fuhr fort, als Jessica mit den beiden Flaschen aus der Küche kam: »Ich war ja nicht dabei, als ihr sie gekauft habt, und deshalb hab ich den Mann nicht gesehen, aber ich würde mir zutrauen, einen Dieb zu erkennen.« An ihrem Strohhalm saugend, ließ sie sich auf ihren Fersen nieder. Jessica versuchte, sich wieder an den Mann zu erinnern, an seine gebückte, magere Gestalt, um die das graue Gewand schlotterte, an die eiternden Wunden auf seinen Handrücken und die Brille. Nein, so sah kein Dieb aus. So sahen Menschen aus, die Hunger hatten und denen das Geld fehlte, um sich etwas zum Essen zu kaufen. So sahen Menschen aus, die arm waren und verzweifelt und vielleicht auch krank.

»Nein. Der Mann war kein Dieb«, sagte sie laut und fügte hinzu, als sie ihre Mutter in der Türöffnung stehen sah: »Da bin ich sicher. Was meinst du, Mama?«

»Das glaube ich auch nicht«, erwiderte Karen und sah sich um. »Seid ihr hier fertig mit Aufräumen?« Dann nickte sie zufrieden. »Gut. Gerade hat die Polizei angerufen. Sie hat noch nichts herausgefunden, aber sie haben mir fest versprochen, ein Auge auf unser Haus zu haben.«

»Trotzdem finde ich das alles nicht geheuer«, sagte Jessica.

»Dann wär's vielleicht besser, du läßt die Kette hier, wenn du auf die Straße gehst.«

»Das wäre ja noch schöner! Damit sie beim nächsten Einbruch gestohlen werden kann! Kommt nicht in Frage!«

»Komm, Jessy, jetzt übertreibst du aber! Wer spricht hier schon von einem zweiten Einbruch? Aber eigentlich bin ich gekommen, um dir eine gute Nachricht zu überbringen. Jedenfalls hoffe ich, daß du sie gut findest«, sagte Karen und fuhr fort, als sie den überraschten Blick ihrer Tochter bemerkte: »Papa hat ebenfalls telefoniert. Er muß in Djenné nach der Bohrung sehen, die seine Firma dort vornimmt. Du erinnerst dich, daß er uns erzählt hat, irgendein Professor habe unter einem Vorwand die Arbeiten dort gestoppt. Er meint, wir könnten ihn auf der Fahrt begleiten. Bis nach Djenné verfolgt dich niemand.«

»Und Masha?« fragte Jessica schnell.

»Masha kann natürlich auch mit, wenn es ihre Eltern erlauben.«

»Djenné ist sehr interessant«, rief Masha begeistert von dem Vorschlag.

»Dann kannst du uns ja alles erklären«, sagte Karen lächelnd, »und wir brauchen keinen Reiseführer.«

»Wann fahren wir?«

»In zwei oder drei Tagen. Laß dir nur Zeit!« erwiderte Karen lächelnd.

16

In den nächsten Tagen war Jessica noch mit dem Aufräumen ihrer Schubladen beschäftigt. Sie half ihrer Mutter beim Überprüfen aller Dinge, weil die Polizei wissen wollte, ob wirklich nichts fehlte, und die Versicherung eine Aufstellung aller zerschlagenen Sachen verlangte. Handwerker kamen und wechselten die zerbrochene Glasscheibe aus, Formulare mußten ausgefüllt werden, und nicht zuletzt war auch einiges für die Fahrt nach Djenné vorzubereiten, denn sie würden voraussichtlich mehrere Tage wegbleiben.

Auch Karen freute sich sehr auf den Ausflug. Sie freute sich auf Djenné. Sie hatte viel davon gehört, zum Beispiel, daß man die Stadt mit dem Wagen nur in der Trockenzeit erreichen könne, daß die Straße eine lange Strecke auf einem künstlich angelegten Damm entlangführte und man den Bani-Fluß auf einer Fähre überqueren müsse, um die Insel zu erreichen, auf der die Stadt vor mehr als tausend Jahren errichtet worden war. Wie aus weiter Ferne hörte sie, daß das Telefon klingelte und danach das Murmeln ihres Mannes, der lange mit jemandem sprach.

»Frau Ndobo würde uns gern begleiten«, sagte er, als er den Hörer wieder auf die Gabel legte. »Sie hat gefragt, ob wir sie mitnehmen würden. Ihr Mann muß ein paar Tage nach Dakar, und sie hat wenig Lust, allein zu Hause zu bleiben.«

»Fein«, sagte Karen. »Das freut mich.« Und sie meinte auch, was sie sagte.

Am nächsten Tag standen Frau Ndobo und Masha schon wartend am Straßenrand, als Thomas mit seinem Rover um die Ecke bog. Sie quetschten sich neben Jessica auf den Rücksitz. Als Thomas nach dem Überqueren des Niger wieder auf die Straße nach Mopti einbog, seufzte Jessica tief auf: »Ach, schon wieder dieselbe Strecke. Jetzt fahren wir sie schon zum dritten Mal!«

»Wenn du das langweilig findest, liegt das an deiner schlechten Beobachtungsgabe«, erwiderte ihr Vater, »denn wenn du dich richtig umsiehst, kannst du immer wieder neue Dinge entdecken, die dir vorher nicht aufgefallen waren.«

In der Nacht mußte es geregnet haben. Die Schlaglöcher hatten sich in große Pfützen verwandelt, und aus dem Steppenboden stieg Dampf auf. Er blieb in den Zweigen der Affenbrotbäume hängen und verwandelte sie in unheimliche Gestalten.

Frau Ndobo, die Karens Blicken gefolgt war, sagte: »Vielleicht verstehen Sie jetzt, warum die Menschen hier immer noch an Buschteufel und andere Dämonen glauben.« Karen nickte. Seitdem sie die Felsen hinter Hombori gesehen hatte und diese ihr wie riesige Schattengestalten vorgekommen waren, wunderte sie sich nicht mehr über den Geisterglauben der Menschen hier.

Da die Nässe den Staub am Boden festhielt, fuhren sie mit offenen Fenstern.

»Das wird sich bald ändern«, unkte Thomas. »Der Sand trocknet schnell in der heißen Luft.« Der Zugwind trug den Geruch nach Eukalyptus und Kuhdung ins Wageninnere.

Masha begann vor sich hin zu summen, und da niemand sprach, wurde die Melodie nur vom Rattern des Autos begleitet.

»Was ist das für ein Lied?« fragte Karen sie.

»Es heißt ›Schwester Sarah‹ und handelt von einem kleinen Mädchen.«

»Kennst du viele Lieder?«

»Masha ist eine gute Sängerin«, sagte ihre Mutter.

Ihren Worten konnte man den Stolz auf ihre musikalische Tochter entnehmen. »In ihrem Schulchor muß sie fast immer die Solostimme übernehmen.«

»Dann ist das jetzt eine gute Gelegenheit, uns etwas vorzusingen!« sagte Thomas.

»Ohne Begleitung klingt es nicht gut«, erwiderte das Mädchen. »Das mindeste, das ich brauche, ist eine Trommel.«

»Vielleicht genügt dir ein leerer Kanister«, schlug Karen vor.

Frau Ndobo zerrte ihn hinter dem Rücksitz hervor und schlug mit der Hand ein paar Takte an. Dann begann Masha zu singen. Kurz darauf fiel ihre Mutter mit ihrer heiseren Altstimme ein. Es war ein schwermütiges Lied, so wie es die Fischer am Niger singen, wenn sie die Netze einholen. Karen und Jessica konnten den Text nicht verstehen, denn sie sangen es in der Sprache des Stammes der Fulbe. Die Trommelschläge betonten Rhythmus und Tempo, liefen dann plötzlich dagegen, wurden leiser, so als entfernten sie sich, wurden dann laut und fordernd und vereinigten sich wieder mit der Melodie, um gleichzeitig mit ihr zu enden. Es war aufregend, ihnen zuzuhören.

Als Masha und Frau Ndobo das Lied zu Ende gesungen hatten, klatschten Karen und Jessica Beifall. Thomas, der das Steuerrad nicht loslassen konnte, klopfte mit der Faust aufs Armaturenbrett.

»Noch eines, bitte!« bat Karen.

Frau Ndobo flüsterte ihrer Tochter etwas zu und Masha nickte. »Wir singen nun ein altes Sklavenlied. Damit ihr es versteht, singen wir es auf französisch.« Schon hatte Frau Ndobo leise zu trommeln begonnen. Masha und sie begannen zur gleichen Zeit:

»Erde«, sangen sie, »Erde! Wir müssen dich verlassen! Das Wasser aus deiner Tiefe hat unseren Durst gelöscht. Du hast Bäume wachsen lassen, in deren Schatten wir ruhen konnten. Du hast uns und unsere Hütten auf dir geduldet, unser Vieh auf dir weiden lassen, uns beschützt und gesegnet. Dafür danken wir dir. Auch dir, Hirse, dir, Palme, und dir, Bananenstrauch, gilt unser Dank. Wir waren frei, doch jetzt hat man uns die Freiheit geraubt. Wir müssen gehen und lassen nur unsere Sehnsucht zurück. Leb wohl, Brunnen! Leb wohl, Erde! Vergeßt uns nicht!«

Das Lied endete in einem Summen, das langsam leiser wurde und den Eindruck erweckte, als entfernten sich die Sänger. Dann verklang es.

Karen schwieg betroffen. Auch Jessica blieb stumm. Beide hatten die Worte wiedererkannt, nur die Melodie war ihnen neu gewesen. Dieses Lied hatte Koko gesungen, als er auf das Sklavenschiff gebracht wurde. Es mußte ihn dann auf seiner langen, beschwerlichen Reise über das Meer nach Brasilien begleitet haben, wo es später von Mund zu Mund weitergegeben worden war. Vermutlich hatten es die Sklaven während der Arbeit auf den Plantagen gesungen und später auch sonntags in der Kirche. Auf diese Weise hatten es ihre Kinder gelernt. Irgendwann war es dann in Kokos Land zurückgekehrt. Doch Koko hatte es nicht mehr erlebt.

Nach einiger Zeit brach Masha das Schweigen, indem sie ihrer Mutter den Kanister wegnahm und darauf einen schnellen Sambarhythmus zu trommeln begann. Dazu sang sie ein Lied, das von der Fröhlichkeit eines Festes erzählte. Von bunten Fähnchen im Wind handelte es und von Maskentänzen, Sonne, Liebe und Lebensfreude. Als das Lied zu Ende war, klatschten Karen und Jessica wieder begeistert Beifall.

»Woher kommt dieser Rhythmus?« wollte Thomas wissen. »Er klingt eher karibisch als afrikanisch.«

»Den haben die freigelassenen Sklaven ebenfalls mitgebracht, als sie in ihre Heimatländer zurückkehrten«, erklärte ihm Frau Ndobo. »Rhythmus ist uns Afrikanern heilig. Er ist der Takt des Lebens. Wir tanzen nach den Schlägen auf unsere Tam-Tams, weil der Tanz für uns den höchsten Ausdruck der Lebensfreude bedeutet. So erging es auch dem bei uns sehr bekannten Bildhauer Fako Coulibaly, der die Schläge seines Hammers auf den Meißel, mit dem er ein rohes Stück Holz in eine Maske verwandelte, immer mit einem Lied begleitete. Niemand durfte ihn stören, solange er sang, denn er war sicher, daß sich auf diese Weise der Takt und die Worte des Lieds in das Holz einschlagen lassen. Wenn man den Rhythmus stört, zerstört man damit das Werk, behauptete er, und um sicher zu sein, daß das nicht geschehen würde, arbeitete er immer nur nachts.«

Inzwischen hatte die Sonne den letzten Tropfen Wasser aus den Pfützen geschlürft. Ziegenhirten rasteten in den Schatten der großen Affenbrotbäume. Auf den Baumwollfeldern arbeiteten Frauen in gebückter Haltung.

»Schließt die Fenster!« sagte Thomas wieder jedesmal, wenn ihnen ein Fahrzeug entgegenkam, das eine Staubwolke nach sich zog.

»Bitte noch ein Lied!« bettelte Jessica. Doch sie waren schon in Segou.

Thomas hielt an einer einfachen Tankstelle, um den Wagen aufzutanken, und weil er nicht wußte, ob er in Djenné Kraftstoff würde kaufen können, füllte er alle verfügbaren Kanister auf. Leider auch den, den Frau Ndobo als Trommel benützt hatte.

Da es schon gegen Mittag ging, war er dafür, ohne

Pause weiterzufahren, denn er wußte, daß die Straße nach Djenné sehr schlecht werden würde. Karen döste ein, als er weiterfuhr, und wachte erst wieder auf, als ihr Mann in die kleine Seitenstraße einbog, die nach Djenné führte.

»Sind wir schon auf dem Damm?« fragte sie verschlafen.

»Nein, aber wir werden ihn gleich erreichen«, erwiderte Frau Ndobo, die die Strecke kannte.

In der ebenen Savanne neben der Straße erhoben sich die unregelmäßig geformten Türme der Termitenbauten. Thomas erklärte seinen Fahrgästen, wie ausgeklügelt das System der Termiten sei, daß es einen Wohntrakt für die Königin und einen anderen für die Arbeiterinnen gäbe, mit Brutstätten für die Eier und Aufzuchtstätten für die Larven und sogar einer Belüftung, die dafür sorgte, daß es im Inneren des Baus fast keine Temperaturschwankungen gab.

Kurz darauf erreichten sie das Überschwemmungsgebiet des Bani-Flusses, eine schlammige, von einigen Wasserlachen unterbrochene Fläche, aus der sich ein paar kleine Inseln erhoben. Der Damm war die einzige Straßenverbindung nach Djenné. Man hatte seine Böschungen mit Sträuchern bepflanzt. Wenn aber während der Regenzeit das Land ringsum vollief, nagte das Wasser an ihnen und unterspülte sie so lange, bis der Lehm abzurutschen begann. An vielen Stellen war die Straße gerade so breit wie ein Kleinlastwagen. Das Auto rüttelte durch die Schlaglöcher, die hier noch tiefer waren, als draußen auf der großen Überlandstraße. Thomas hatte alle Hände voll zu tun, um das Steuerrad festzuhalten, und er achtete nicht darauf, daß das Motorengeräusch ab und zu einen Kormoran aufscheuchte oder einen Reiher.

Zwei Stunden später erreichten sie eine kleine Anlegestelle an einem Nebenarm des Bani-Flusses. Während der Trockenzeit war hier der Wasserstand so niedrig, daß man die andere Seite mit dem Auto erreichen konnte. Fußgänger und Radfahrer wurden in einer Piroge übergesetzt. In der offenen Hütte des Fährmanns hockten einige Bozo-Fischer auf den Fersen und schwatzten, und ein Stück weiter weg saßen drei Frauen, die, ebenso wie ein Mann mit seinem Mofa, auf die Fähre warteten, die gerade am gegenüberliegenden Ufer anlegte. In der Mitte des Flusses stand ein kleiner Junge in seinem Boot und versuchte mit einem Speer Fische zu fangen.

»Steigt bitte aus!« sagte Thomas. »Euer Gewicht ist eine zu große Belastung.« Unter den neugierigen Blicken der Bozo-Fischer fuhr er den schweren Rover ins Wasser.

»Hoffentlich ist es nicht zu tief!« rief er. »Im allgemeinen kann man die Furt nur mit einem Laster durchfahren.« Er mußte vermeiden, daß Wasser in den Vergaser drang. Erleichtert atmete Karen auf, als er wohlbehalten das andere Ufer erreichte. Sie mußte mit Frau Ndobo, Jessica und Masha auf die Piroge warten. Um ihnen den Einstieg leichter zu machen, legte der Fährmann ein Brett ans Ufer. Der Mofafahrer schob sein Gefährt hinter ihnen her. Kichernd und schwatzend folgten ihm die Frauen. Auf der anderen Seite säumten hohe Schilfbüschel die schmale Sandstraße. Bis Djenné waren es noch vier Kilometer. Doch schon nach der zweiten Kurve tauchten die Türme der Stadt in der Ferne auf.

17

Den Hof des kleinen Campement-Hotels beherrschten zwei zahme Kronenkraniche. Sie stolzierten umher und begrüßten die Gäste. Das Haus gehörte zu den wenigen Gebäuden von Djenné, die nicht aus Lehm erbaut worden waren. Von seinen Mauern blätterte der ehemals rot gestrichene Putz ab und ließ es von außen wenig vertrauenerweckend erscheinen. Doch innen war es sauber und kühl.

»Ein Zimmer kostet fünftausend Franc pro Person, eine Matratze auf dem Dach eintausendfünfhundert«, sagte die Frau an der Rezeption.

»Laß uns auf dem Dach schlafen, Papa!« bettelte Jessica. »Bitte!«

Thomas warf Frau Ndobo einen fragenden Blick zu.

»Vermutlich gibt es dort viele Mücken.«

»Dafür haben wir ja das Spray«, sagte Karen und bat ihn, auch für sie ein Lager auf dem Dach zu bestellen.

»Wegen mir können wir alle dort schlafen«, willigte Thomas ein. »Aber für den Fall, daß uns die Mücken zu sehr plagen, nehme ich doch noch ein Zimmer, und außerdem können wir unser Gepäck dort unterbringen. So teuer sind sie ja nicht.«

Er bestellte zwei Zimmer, eines für Frau Ndobo und Masha, das andere für Karen, Jessica und sich sowie fünf Schlafplätze auf dem Dach. In den Zimmern waren die Läden heruntergelassen. Sie waren düster, und ihre Einrichtung bestand nur aus zwei einfachen Betten und zwei Hockern. Die Kleider mußte man an Haken hängen. Karen riß die Fenster auf, um den Geruch nach Insektenvertilgungsmitteln zu vertreiben. Er wurde von drei im Waschbecken liegenden Mottenkugeln verursacht, deren Aufgabe es offensichtlich war, Spinnen und Kakerlaken den Weg durch die Wasserleitung zu versperren. Bei dem Gedanken an Ungeziefer schüttelte sie sich vor Ekel, und sie fragte sich wieder einmal, warum sie sich das antat, denn es war ihr bekannt, daß man in allen heißen Gebieten mit so etwas rechnen mußte. Doch dann gab es wieder Augenblicke, die sie alles vergessen ließen: Wenn bei Sonnenuntergang das Konzert der Grillen einsetzte und sich der Himmel im Westen orangerot färbte zum Beispiel, wenn die Stimme des Muezzins durch die aufziehende Nacht hallte oder wenn feine über die Dünenkämme wehende Staubfahnen den Wüstenwind ankündigten, der ihre erhitzte Gesichtshaut kühlen und trocknen würde. Und nicht zuletzt freute sie sich sehr darüber, wie schnell sich ihre Tochter mit der kleinen Afrikanerin angefreundet hatte und durch sie die Menschen hier mit anderen Augen ansah.

»Gehen wir gleich essen? Ich habe schrecklichen Hunger«, sagte sie, wusch sich die Hände und folgte dann ihrem Mann und Jessica in den Speisesaal. Daß sie sich noch ein paar Minuten vorher vor Spinnen und Kakerlaken geekelt hatte, hatte sie schon wieder vergessen.

Der Speisesaal war groß, mit kahlen Wänden und einem schachbrettartig gefliesten Boden. Über einer Theke hing eine Schnitzerei, die den Kopf einer Antilope darstellte. Ein Kellner fragte sie nach ihren Wünschen. Sie bestellten Kuskus, weil er ihnen versicherte, daß das am schnellsten ginge. Nach ihnen kamen noch zwei Afrikaner herein und setzten sich an einen Tisch am anderen Ende des Saals. Einer der beiden trug das bis zum Boden reichende Gewand, das in dieser Gegend die meisten Männer tragen. Er war ziemlich dick, und wenn er lachte, erschien eine Reihe vom Betelnußkauen rot gefärbter Zähne zwischen seinen

Lippen. Sein Begleiter war hager. Er trug einen leichten Straßenanzug und eine Krawatte. Wegen der großen Hitze hatte er den obersten Hemdknopf geöffnet und den Krawattenknoten nach unten gezogen. Der spärliche Haarwuchs erinnerte Karen an Steppengras. Zum Lesen der Speisekarte brauchte er eine Brille.

Während sie sich den heißen Kuskus aus der Schüssel schöpfte, fiel ihr auf, daß die beiden Männer immer wieder zu ihnen herüberstarrten.

»Sie reden über uns«, zischte sie Thomas zu.

»Das glaube ich nicht.«

Doch die beiden Männer schienen nur darauf gewartet zu haben, daß der Kellner ihren Tisch abräumte. Sie standen auf und näherten sich ihnen. »Kennen Sie mich nicht mehr, M'sieur Bender?« fragte der Dicke Thomas. »Ich bin der Bauleiter der Mannschaft, die im Auftrag ihrer Firma den neuen Brunnen bohrt.«

»Oh, Pardon«, erwiderte Thomas schnell und stand auf, »Ihr Kleid hat mich verwirrt.«

»Es ist angenehmer bei großer Hitze«, erklärte der Mann lächelnd und zeigte dabei seine Zähne. Dann fuhr er fort: »Ich war es, der die Geschäftsleitung in Bamako darüber informiert hat, daß bei der Bohrung gewisse Schwierigkeiten aufgetreten sind, die eine Unterbrechung nötig werden ließen.«

»Was für Schwierigkeiten?«

Der Dicke warf dem Mann im Straßenanzug einen schnellen Blick zu. Dann trat er einen Schritt zurück und sagte: »Professor Ahmadou kann ihnen das besser erklären.«

»Bonjour!« sagte Thomas mit deutlich kühlerer Stimme und streckte dem Begleiter des Bauleiters die Hand entgegen. Nur Karen schien zu bemerken, daß er kurz seine Brauen hochzog. Die Firma ihres Mannes hatte sich vertraglich verpflichtet, zu einem bestimmten Termin den neuen Brunnen fertigzustellen. Jede Verzögerung würde diesen Zeitpunkt gefährden. Noch bevor er zu seiner nächsten Frage ansetzen konnte, sprang Frau Ndobo auf.

»Ahmadou!« rief sie. »Sind Sie der Archäologe?«

»Der bin ich«, erwiderte der Mann im Straßenanzug lächelnd. In seinen Augenwinkeln entstanden kleine Lachfältchen. »Woher kennen Sie mich?«

»Mein Mann hat mir viel von ihnen erzählt. Er ist der Direktor des Nationalmuseums in Bamako.«

»Dann müssen Sie Frau Ndobo sein.« Professor Ahmadou verneigte sich leicht und schob seinen Krawattenknoten nach oben. »Freut mich, Sie kennenzulernen.«

»Bitte setzen Sie sich doch zu uns!« forderte Thomas immer noch etwas zurückhaltend die beiden Männer auf und holte zwei Stühle vom Nachbartisch. Dann winkte er dem Kellner, fragte seine Gäste nach ihren Wünschen und bestellte etwas zu trinken für sie. Er wartete, bis die Getränke auf dem Tisch standen, wendete sich dann dem Archäologen zu und fragte: »Also, was gibt es? Was ist so wichtig, daß unser Projekt ins Stocken kommt?«

»Das ist folgendermaßen«, begann der Professor ein wenig zögernd, weil er schon einige Male die Erfahrung gemacht hatte, daß weiße Ingenieure wenig Verständnis für seine Arbeit aufbrachten. »Sie wissen vielleicht, daß Djenné eine sehr alte Stadt ist. Mit ihren mehr als tausend Jahren ist sie eine der ältesten Städte am Niger. Ihre Lage inmitten mehrerer Flußarme machte sie für Feinde schwer einnehmbar. Sie war von Anfang an, lange bevor es die Städte Timbuktu und Mopti gab, ein bedeutendes Handelszentrum und Ziel der von Norden kommenden Händler, die ihre Waren mit schweren Holzbooten auf dem Fluß hierher transportierten. Sie war auch der Endpunkt vieler Karawanen aus dem Süden, die nicht nur Kolanüsse, Elfenbein und Gold nach Djenné brachten, sondern auch Reis, Hirse, Gewürze, Henna und Indigo sowie getrockneten Fisch. Diese Waren tauschten sie gegen Salz aus den Minen von Taoudenni oder gegen europäische Waffen, Kupfer und andere von Nordafrika kommende Luxusgüter ein ...«

»Auch gegen Perlen?« unterbrach ihn Jessica. Ihr Vater warf ihr einen ärgerlichen Blick zu. »Und was hat das mit unserem Brunnen zu tun?« fragte er etwas ungeduldig.

»Das will ich ihnen gerade erklären«, entschuldigte sich Professor Ahmadou. »Aber ich mußte so weit ausholen, damit Sie verstehen, wie wichtig das alles für uns ist.«

»Wie wichtig was ist?«

»Das, was bei der Bohrung zutage kam«, versuchte ihm der Archäologe zu erklären.

»Und was war das?«

»Scherben einer römischen Amphore.«

»Einer was?« rief Karen verwundert.

»Eines alten Tongefäßes«, sagte Frau Ndobo.

»Und das ist der einzige Grund, warum die Arbeit unterbrochen werden mußte?« fragte Thomas aufgebracht.

»Es ist ein bedeutender Fund«, versuchte ihn der Professor zu beschwichtigen.

»Das muß ich mir ansehen.«

»Heute geht das nicht mehr. Es wird schon dunkel.« Eine Antwort, die Thomas ein zorniges Brummen entlockte.

»Wir brauchen nur noch ein paar Tage, um das Umfeld der Fundstelle zu sondieren und die Schicht zu bestimmen, in der die Scherben gefunden wurden. Dann können sie ihre Arbeit fortsetzen.«

Sie machten einen Termin am nächsten Morgen aus, an dem ihn Professor Ahmadou abholen wollte. Danach verabschiedeten sich die beiden Männer. Thomas begleitete sie noch bis in die Halle und kehrte dann an den Tisch zurück. Auf diesen Augenblick hatte seine Tochter sehnlichst gewartet.

»Hast du gehört, was der Mann gesagt hat, Papa!« rief sie ihm entgegen, bevor er Zeit gefunden hatte, sich wieder hinzusetzen. »Die Kaufleute brachten nicht nur Waffen und Kupfer von Norden mit nach Djenné, sondern auch Luxusartikel. Schmuck ist doch auch ein Luxusartikel? Und Perlen sind auch Schmuck. Vielleicht weiß der Mann mehr über meine Kette!«

Doch sie hatte einen schlechten Moment gewählt.

»Laß mich bloß in Ruhe mit deiner Kette«, fuhr sie ihr Vater verärgert an. »Ich hab jetzt anderes im Kopf!« Daraufhin holte sich Jessica den Schlafsack aus ihrem Gepäck und zog sich mit Masha aufs Dach zurück. Kopfschüttelnd blickte ihnen Karen nach.

»Du bist zu ungeduldig«, warf sie ihrem Mann vor, stand auf und folgte den beiden Mädchen. Und weil Frau Ndobo ebenfalls müde war und Thomas nicht allein im Speisesaal zurückbleiben wollte, suchten auch sie ihre Lager auf dem Dach auf.

Kurz vor dem Einschlafen gellte die Stimme des Muezzins über die Dächer der Stadt, der mit seinem »Allahu akbar« die Gläubigen daran erinnerte, ihr Abendgebet nicht zu vergessen. »Gott ist groß. L'allah ill'allah! Ich bezeuge, daß Gott der Herr ist.«

Mitten in der Nacht wachte Karen auf. »Jessica«, flüsterte sie leise. »Schläfst du?« Sie erhielt keine Antwort.

Da richtete sie sich etwas auf und sah sich um. Hinter der niederen Dachbrüstung schichteten sich die umliegenden Häuser wie Bausteine hinter- und übereinander auf. Aus ihrer Mitte wuchs die dunkle Silhouette der großen Moschee. Karen kam sie wie ein riesiges stacheliges, von seiner Herde umdrängeltes Leittier vor.

Der Himmel war voller Sterne, und der runde volle Mond hing zwischen ihnen wie eine riesige Perle. Die Erde verbarg sich unter der dunklen Decke der Nacht. Ein Hund jaulte in der Nähe. Ein anderer antwortete ihm, und dann fielen auf einmal viele Hunde in das Geheul mit ein. Aller Jammer der Welt lag in ihrem Heulen, und Karen war sehr erleichtert, als es allmählich verebbte und die Stille sich wieder ausbreiten konnte. Die vielen Menschen fielen ihr ein, für die Djenné der Beginn oder das Ende großer Strapazen bedeutet haben mußte, und sie überlegte, wie viele Familien damals wohl auf den Handel mit den Waren, die von den Kamelen hierher geschleppt oder mit schweren Booten nigeraufwärts gebracht wurden, angewiesen waren. Nicht nur die langen Trockenzeiten, in denen der Fluß nur wenig Wasser führte, und eine Piroge ständig in Gefahr war, auf einer der zahlreichen Sandbänke zu stranden, mußten die Bewohner Djennés gefürchtet haben, sondern auch das alljährliche Hochwasser, das den Karawanen aus dem Süden das Durchqueren einer Furt unmöglich machte. Doch der letzte Gedanke, der Karen durch den Kopf ging, bevor sie wieder einschlief, drehte sich um den Fund, von dem der Professor gesprochen hatte. Auf welchen Wegen war die römische Amphore nach Djenné gekommen, und was hatte sich wohl, bevor sie zerbrochen war, in ihrem bauchigen Inneren befunden? Sie nahm sich fest vor, Jessica beizustehen und ihn bei nächster Gelegenheit danach zu fragen.

18

Karen wachte auf, als sich Thomas aus seinem Schlafsack wühlte. Die Sonne stand bereits über den Dächern.

»Was ist?« fragte sie verschlafen. »Gehst du schon?«

»Bleib liegen. Ich muß auf die Baustelle.«

Sie drehte sich noch einmal um und döste. Erst als sie hörte, daß Jessica und Masha miteinander flüsterten, stand sie ebenfalls auf.

»Guten Morgen!« sagte sie fröhlich. »Papa ist schon weg. Er hat uns empfohlen, einen Rundgang durch die Stadt zu machen. Spätestens zum Abendessen will er wieder da sein. Wenn ihr mit mir zusammen frühstücken wollt, müßt ihr aufstehen!« Während sie ihren Schlafsack zusammenrollte, fiel ihr Frau Ndobo ein. Ihr Lager war leer.

»Mama ist mitten in der Nacht vor den Mücken nach unten geflüchtet«, erklärte ihr Masha, die Karens erstaunten Blick bemerkt hatte.

Frau Ndobo wartete auf sie im Speisesaal. Es gab Croissants zum Frühstück und Kaffee mit Ziegenmilch. Jessica bestellte sich ein Coca-Cola, weil ihr die Ziegenmilch nicht schmeckte, doch Masha konnte nicht genug davon bekommen.

Nach dem Frühstück begannen sie ihren Rundgang unter Frau Ndobos Führung. Ihr erstes Ziel war die große Moschee. Die senkrecht in den Himmel ragenden Lehmsäulen seien ein typisches Zeichen sudanesischer Architektur, erklärte Frau Ndobo und drückte einen der hölzernen Torflügel auf. Sie traten ein und blieben überwältigt stehen. Stille hing zwischen den viereckigen Lehmsäulen, auf denen das Dach ruhte. Vereinzelt einfallende Sonnenstrahlen beleuchteten die riesige Halle, in deren Mauern die Zeit zu schlafen schien. Zwei betende alte Männer knieten am Boden. Ab und zu beugten sie sich nach vorn und berührten mit ihren Stirnen den Boden.

Frau Ndobo unterhielt sich mit einem Mann in einem blauen Gewand, der ihr den Zugang zu einer schmalen Treppe zeigte. »Kommt mit!« rief sie den anderen zu. »Der Wächter erlaubt uns, das Dach zu besteigen.« Von oben hatten sie einen schönen Ausblick über die Stadt bis hin zum fernen Bani-Fluß.

»Was bedeuten die Straußeneier auf den Türmen?« fragte Karen.

»Sie sollen böse Geister fernhalten«, erwiderte Frau Ndobo.

»Gibt's hier Geister?« rief Jessica entsetzt.

»Das glauben viele Leute.« Der Mann lächelte, und das Mädchen hatte den Eindruck, daß er sich nicht zu denen zählte, die an so etwas glauben.

»Kennt ihr nicht die Geschichte von der schönen Tapama?«

»Nein«, sagte Masha.

»Vor einigen hundert Jahren versuchten die Bürger eine feste Mauer um die Stadt herum zu bauen, und als ihnen der Lehm immer wieder unter den Händen zerbröckelte, fragten sie die Geister, was sie tun müßten, damit ihnen die Mauer gelänge. Sie rieten ihnen, ein schönes Mädchen zu opfern, um ihr Ziel zu erreichen. Damals war ein Bozo-Fischermädchen namens Tapama die Schönste von allen. Bevor sie geopfert wurde, zog man ihr ein kostbar gesticktes Kleid an und behängte sie mit vielen Perlenketten.«

»Und wie hat man sie geopfert?«

»Sie wurde eingemauert.«

»Wie gräßlich!« rief Jessica.

Als sie die Moschee wieder verließen, reichte Frau

Ndobo dem Mann in dem blauen Kleid eine Münze. »Shugran«, sagte er. »Danke!«

Sie schlenderten über den großen Platz und bogen in eine schmale Straße ein, beobachteten einen Silberschmied bei der Arbeit und bestaunten das Angebot eines Altwarenhändlers. Eine Zeitlang sahen sie einer Frau zu, die ihrer Tochter die Haare flocht, und besuchten eine Werkstatt, in der Stoffbilder in Batiktechnik hergestellt wurden. Frau Ndobo kaufte ein Bild.

»Gibt es hier auch einen Antiquitätenladen?« fragte Karen.

Frau Ndobo erkundigte sich bei einer Frau. Sie nickte eifrig und deutete auf eine kleine Gasse. »Shugran«, sagte Frau Ndobo zu ihr und wendete sich dann Karen zu: »Sie sagt, es gäbe einen, aber sie hätte den Besitzer heute morgen mit dem Bus wegfahren gesehen.«

»Schade.« Karen liebte Antiquitätengeschäfte. Alte Dinge, auch wenn es nur Gebrauchsgegenstände waren, hatten es ihr schon immer angetan. »Vielleicht können wir es morgen oder übermorgen versuchen«, schlug sie vor.

Danach setzten sie ihren Rundgang fort. Während der ganzen Zeit begleitete sie der Singsang der Kinder aus den Koranschulen, die unablässig ihre Verse herunterleierten. Mit der hochsteigenden Sonne nahm auch die Hitze wieder zu. Die ihren Geschäften nachgehenden Menschen bevorzugten die Schattenseiten der Straßen für ihren Gang durch die Stadt, und in den schmalen Türöffnungen lagen hechelnde Hunde. Vereinzelt scharrten Hühner im Sand.

»Ich glaube, es ist besser, wir gehen ins Hotel zurück«, schlug Karen vor. »Wir sind alle ein bißchen müde.« Frau Ndobo war gleich damit einverstanden.

Als sie in ihrem Hotel ankamen, war Thomas noch

nicht da. Der Mann an der Rezeption reichte Karen einen Zettel. »Es kann ein bißchen später werden, läßt er uns sagen«, erklärte sie den anderen. »Wir sollen uns ausruhen.« Sie bestellten sich etwas zu trinken und nahmen es mit. Und weil keiner Lust hatte, seinen Schlafplatz auf dem glühend heißen Dach aufzusuchen, legten sie sich auf die Betten in ihren Zimmern, um ein wenig zu schlafen.

Ein paar Stunden später war die heißeste Zeit des Tages vorbei, und die untergehende Sonne tauchte die Dächer in rotes Licht. Als Thomas von der Baustelle kam, brachte er den Archäologen mit.

»Wir haben uns auf eine Unterbrechung der Arbeiten von zwei Tagen geeinigt«, sagte er. »Bis dahin kann Professor Ahmadou die Erdschichten bestimmen und noch ein bißchen in ihnen herumstochern, ob er noch mehr Scherben findet. Ich habe ihn eingeladen, mit uns zu Abend zu essen, denn er hat eine Überraschung für euch.«

»Was für eine Überraschung?« rief Jessica neugierig.

»Wart's ab. Das wirst du schon sehen.« Thomas blinzelte Karen zu, die keine Ahnung hatte, was er ihr damit sagen wollte.

Leider gehörte Warten nicht zu Jessicas Stärken. Voller Ungeduld mußte sie mit ansehen, wie alle ihr Essen bestellten, wie sie darüber diskutierten, was man trinken könnte, und dann noch, bis der Vater alles bezahlt und der Kellner alle Teller wieder weggetragen hatte.

Endlich legte der Professor seine Serviette vor sich auf den Tisch.

»Zeig mir mal deine Kette, Jessica! Dein Vater hat mir von ihr erzählt«, sagte er. Das Mädchen streifte sich die Kette über den Kopf und reichte sie ihm.

Der Archäologe stellte ihre Geduld auf eine harte

Probe. Lange betrachtete er die Perlen, ohne etwas zu sagen. Jede einzelne drehte er zwischen seinen Fingern hin und her, schnalzte manchmal bewundernd mit der Zunge, besah sich die Durchbohrungen oder hielt die Schnur gegen das Licht und ließ die Farben aufleuchten. Als er zu der Samenkapsel kam, schüttelte er sie sanft hin und her, bis die Samen in ihrem Inneren ein leises Geriesel ertönen ließen.

»Klingt wie Regentropfen«, sagte er. Karen erinnerte sich daran, daß Jessica und ihr das auch schon aufgefallen war.

»Wie Regen?« rief Masha fragend. »Warum wie Regen?« Aber der Professor gab keine weiteren Erklärungen ab.

»Oh«, sagte er plötzlich erstaunt und schob sich die Brille auf die Stirn, um sich die nächste Perle näher anzusehen. »Die ist mir bekannt. Sie stammt von hier.«

»Von hier?« fragte Karen. »Meinen Sie aus Djenné?«

»Nicht ursprünglich, aber sie wurde vor etlichen Jahren hier gefunden. Ich kann mich noch gut daran erinnern, denn ich war dabei. So, so, einer der Arbeiter muß sich gedacht haben, daß wir nicht merken, wenn eine fehlt.«

»Wie viele waren es denn?« wollte Frau Ndobo wissen.

»Wenn ich mich recht erinnere mehr als zwei Dutzend. Wir fanden sie bei der Ausgrabung einer alten Karawanserei.«

»Wenn sie nicht von hier stammt, wie kam sie dann nach Djenné?«

»Vermutlich von Nordafrika mit einer Karawane durch die Sahara bis Timbuktu und von dort nigeraufwärts mit einem Boot bis hierher. Es ist eine römische Perle. Vielleicht nicht direkt aus Rom, aber aus irgendeiner Glaswerkstatt des großen römischen Imperiums.«

Es war eine verwitterte, rissige Glasperle, deren leuchtendes Blau an Türkise erinnerte.

»Können Sie uns etwas über sie erzählen?« fragte Karen und wußte sofort, auch ohne hinzusehen, daß ihre Tochter ihr einen dankbaren Blick zuwarf.

»Aber sicher. Das gehört zu meinem Beruf.« Professor Ahmadou schwieg eine Weile, bevor er begann: »Jede Geschichte braucht eine Überschrift. Ich überlege mir gerade, was für einen Titel wir ihr geben könnten. Nennen wir sie doch einfach: Margaritae romanae.«

»Margaritae romanae! Das klingt schön«, rief Jessica schnell. »Was heißt das?«

»Es ist lateinisch und heißt: Römische Perlen.«

»Jetzt unterbrich ihn nicht immer, Jessy!« mahnte Thomas seine Tochter.

»Also«, begann der Archäologe. »Das Schicksal dieser Perle könnte sich folgendermaßen abgespielt haben:

Margaritae romanae

Wie allgemein bekannt ist, eroberte und zerstörte im Jahr einhundertsechsundvierzig vor Christi Geburt ein großes römisches Heer die Stadt Karthago im Norden Afrikas. Dieser Sieg bedeutete die endgültige Niederlage des Volkes der Punier, die von den Römern ›Afri‹ genannt wurden. Der siegreiche römische Feldherr Scipio verwandelte das Reich der Afri in eine römische Provinz, der er den Namen *Africa proconsularis* gab. Er ahnte nicht, daß dieser Name später der Name des ganzen Kontinents werden würde.

Die neue römische Provinz bestand aus einem fruchtbaren Landstrich zwischen der heutigen libyschen Grenze und derjenigen Algeriens. Im Süden verhinderte die Wüste Sahara ein weiteres Vordringen der Römer, und im Norden befand sich das Mittelmeer. Jene Karthager, Afri oder Punier hatten jahrhundertelang Sardinien, Korsika und große Teile von Sizilien und Spanien beherrscht. Sie waren berühmte Seefahrer gewesen und mehr als einmal mit einem riesigen Heer über die Alpen bis Gallien vorgedrungen. Mit dem Untergang ihrer Hauptstadt ging nicht nur das ganze Reich, sondern auch ihr Wissen um viele Dinge und ihre Kunst verloren. So ist zum Beispiel nur wenigen Leuten bekannt, daß Karthago besonders berühmt für seine Glaswerkstätten war, weil die Phönizier die Technik der Glasherstellung, die sie von den alten Ägyptern und den Völkern des

Zweistromlandes übernahmen, zu höchster Vollkommenheit entwickelt hatten.

»Wir waren vor allem berühmt für unsere gläsernen Perlen«, erklärte viele Jahre nach der verlorenen Schlacht ein alter punischer Glasmeister seinen Lehrjungen. »Leider wurden wir, nach der Zerstörung Karthagos, von allen unseren Göttern verlassen, auch von der Göttin der Phantasie. Sie hatte uns die Einfälle geschenkt, die uns in die Lage versetzten, ständig neue Formen zu erfinden. Darunter waren Perlen, die besonders bei den Etruskern beliebt waren. Wir legten verschiedenfarbiges Glas um einen Sandkern und schufen Perlen in Formen von Widder- und Menschenköpfen. Auch unsere Augenperlen galten nicht nur als äußerst wirksam, sondern waren auch als Schmuck sehr begehrt.«

»Augenperlen?« fragte einer der Jungen. »Was bedeutet das, und gegen was sollten sie wirksam sein?«

»Eine Augenperle ist eine Perle, die mit einem oder mehreren Punkten verziert wurde, manchmal auch mit einem gemalten Auge. Sie soll in der Lage sein, das Böse zu täuschen, und deshalb hielt man sie für eines der besten Mittel gegen den bösen Blick.«

»Hat das was mit Geistern zu tun?« fragte der Junge ängstlich.

»So ist es.«

Die Glaswerkstatt, in der diese Unterhaltung stattfand, lag einen Tagesritt südöstlich von den Ruinen der ehemaligen Hauptstadt Karthago. Dadurch war sie der Zerstörung weitestgehend entgangen. Doch der Sieg der Römer und der Verlust der Phantasie hatten unter den punischen Glasmeistern so große Niedergeschlagenheit ausgelöst, daß viele von ihnen wegzogen und sich in anderen Ländern niederließen. Denjenigen aber, die zurückgeblieben waren, befahl der Konsul, ihrer Arbeit weiter nachzugehen. Die alte Glaswerkstatt sollte unverzüglich die Herstellung einfacher Glasperlen übernehmen, weil sie von vielen Kaufleuten für den Handel mit anderen Ländern dringend benötigt wurden. Vor allem blaue Perlen in allen Farbschattierungen waren gefragt, weil sie Türkisen ähnlich sahen. Die Nachfrage nach diesen Steinen war bei vielen Völkern so groß, daß sie schon längst nicht mehr befriedigt werden konnte.

Eines Tages erhielt jene Glaswerkstatt südöstlich des zerstörten Karthago den Auftrag, vier bis zum Rand mit blauen Perlen angefüllte Tonkrüge schnellstmöglich zur Hafenstadt Utica zu schicken und dort einem Kaufmann zu übergeben, der vor allem mit den Menschen aus der Wüste Handel trieb. Damit aber die kostbare Ware wohlbehalten ihr Ziel erreichte, sollte sie von einem Boten begleitet werden, der den Auftrag bekam, sie nur dem Kaufmann selbst auszuhändigen und sonst niemandem.

Der punische Glasmeister rief seine Lehrlinge zusammen und fragte: »Wer von euch würde gern zwei Eselsladungen Perlen nach Utica bringen?«

Die Jungen berieten sich untereinander. Der eine hatte Angst, der andere hatte sich frisch verliebt, ein dritter meldete sich nur zögernd. Nur Remigius, ein hochgewachsener Junge mit Augen, so glänzend und schwarz wie Obsidiansteine, und ebensolchen sich kräuselnden Haaren, schrie laut: »Ich mach's!« Ihn langweilte das tägliche Allerlei der Perlenmacherei allmählich, außerdem steckte ihm die Abenteuerlust im Blut, und eine Gelegenheit wie diese wollte er sich nicht entgehen lassen.

Voller Ungeduld wartete er darauf, bis man so viele

blaue Perlen hergestellt hatte, um mit ihnen vier Tonkrüge bis zum Rand anzufüllen. Eines Morgens war es soweit, daß er die Ladung auf den Packsäcken seiner Handesel festbinden konnte. Der Glasmeister erinnerte ihn noch einmal daran, daß er die Lieferung niemandem anderen als dem Kaufmann selbst übergeben dürfe und nicht vergessen sollte, sie sich bestätigen zu lassen. »Ein gutes Trinkgeld wird dir sicher sein«, sagte er.

»Ich werde dafür sorgen, daß man im Tempel ein Opfer bringt. Dann werden dich die Götter beschützen und du wirst wohlbehalten zu uns zurückkehren.«

Der Anfang war leicht. Remigius ritt auf einem Esel und führte die beiden anderen am Strick. Der Glasmeister hatte ihm die Richtung gezeigt, die er einschlagen sollte. »Folge der alten Straße gegen Sonnenuntergang bis zu den Ruinen von Karthago, dann weiter entlang der Küste zum Hafen von Utica. Du kannst den Weg nicht verfehlen, und wenn du die Esel gut antreibst, kannst du es leicht in zwei Tagen schaffen.« Er gab ihm noch einen mit Wasser gefüllten Ziegenbalg mit und ein Säckchen voller Fladen, damit er etwas zu trinken und essen hätte.

Remigius prägte sich die Anweisungen seines Meisters gut ein. Bei den Ruinen Karthagos hielt er sich nicht lange auf, sondern ritt weiter an der Küste entlang. Das Blau des Meeres zu seiner Rechten erinnerte ihn an die Farben der Perlen in seinen Krügen. Gläsern, fast unbewegt breitete sich die unendliche Wasserfläche vor ihm in der Mittagshitze aus. Er unterdrückte den Wunsch, ein kurzes Bad zu nehmen. Gegen Abend suchte er sich einen ruhigen Platz zum Schlafen, sattelte seine Esel ab und fesselte ihnen die Beine. Dann legte er sich hin und schlief bis zum nächsten Morgen. Daß die Stadt, die er gegen Abend erreichte, Utica sein mußte, erkannte er an dem befestigten Hafen und den vielen römischen Galeeren, die dort vor Anker lagen. Er fand auch schon bald das Handelskontor des Kaufmanns, dem er die Perlen überbringen sollte. Doch er klopfte vergeblich an das große Tor. Niemand öffnete ihm. Da ließ er sich an der Mauer des Hauses nieder und wartete. Irgendwer wird schon kommen, dachte er. Den kann ich dann fragen, wo sich der Kaufmann aufhält.

Im letzten Tageslicht schlurfte eine alte verschleierte Frau die Gasse hinunter. Sie hielt vor dem Tor an, zog einen großen Schlüssel unter ihrem Gewand hervor und steckte ihn in das Schloß. Remigius grüßte sie höflich und fragte nach dem Kaufmann. Dem Gestammel der Alten, die das Lateinische nur schlecht beherrschte, entnahm er, daß der Kaufmann in der Frühe des gleichen Tages in aller Eile sein Haus verlassen habe, nachdem er die Botschaft erhalten hatte, seine Handelspartner aus der Wüste seien bereits an der Südgrenze der Provinz eingetroffen.

Da überlegte Remigius hin und her, was er machen sollte. Er konnte umkehren und die Perlen wieder zurückbringen, das war eine Möglichkeit. Doch es bedeutete, daß er seinen Auftrag nicht ausgeführt hatte. Der Tadel des Glasmeisters und das Gelächter der Freunde waren ihm dann gewiß. Die andere Möglichkeit war, dem Kaufmann nachzueilen und zu versuchen, ihn einzuholen, denn allzu groß konnte sein Vorsprung nicht sein. Da ihm die Alte die Richtung angeben konnte, in welcher der Römer mit seinem Gefolge davongeritten war, fiel Remigius der Entschluß nicht schwer, sich an seine Fersen zu heften. Er zerrte die widerstrebenden Esel hinter sich her, bis Stadt und Hafen hinter ihm lagen. Da die Sonne schon wieder halb im Meer untergetaucht war und die nahende Dunkelheit die Suche nach dem richtigen Weg erschwerte, beschloß er, sich erst einmal einen Schlafplatz zu suchen, um sich in der Frühe des nächsten Tages frisch gestärkt mit seinen Eseln auf den Weg zu machen. Er verbrachte die Nacht in einem etwas abseits gelegenen kleinen Wäldchen und machte sich wieder auf den Weg, bevor die ersten Sonnenstrahlen die Wipfel der Bäume erreichten.

Von Utica aus gab es nur eine Straße nach Süden. Schon bald spürte Remigius an der zunehmenden Hitze, daß er auf dem Weg in das Landesinnere war. In den heißen Mittagsstunden legte er sich unter einen Eukalyptusbaum, um ein wenig zu schlafen, während sich seine Esel ihr Futter selbst zusammensuchten. Erst als die Sonne wieder dem Horizont zustrebte, machte er sich erneut auf den Weg. Allmählich stieg die Straße an und führte durch ein fruchtbares Hochland. Palmenhaine und Kornfelder wechselten sich ab, und Remigius fand einen Brunnen, aus dem er Wasser für sich und seine drei Esel schöpfen konnte. Bauern brachten das Korn ein. Gegen Abend mußte er einsehen, daß er an diesem Tag den Kaufmann nicht mehr einholen würde. Deshalb nahm er die Einladung eines Bauern gern an, die Nacht unter seinem Dach zu verbringen.

»Was hast du in deinen Krügen?« fragte der Bauer Remigius, und als ihm der Junge freimütig erzählte, daß sie mit Glasperlen angefüllt seien, warnte ihn der Mann vor herumziehenden Räuberbanden.

»Sie tauchen auf ihren kleinen schnellen Pferden blitzschnell von irgendwoher auf und nehmen den Reisenden, ehe sie sich versehen, ihre Habseligkeiten ab. Die Überfallenen können froh sein, wenn sie ihr Leben behalten«, sagte er. »Glasperlen sind überall sehr begehrt. Es ist besser, du erzählst niemandem, was du in deinen Krügen hast!« Dann empfahl er ihm, die Krüge unter großen Strohbündeln zu verbergen. Remigius befolgte seinen Rat und lud sogar seinem Reitesel soviel Stroh auf den Rücken, daß er selbst gerade noch Platz fand. Dann fragte er den Bauern, ob er nicht einem Kaufmann begegnet sei, der mit seinem Troß nach Süden unterwegs war. Der Bauer hatte den Kaufmann gesehen. »Er kam vor einem halben Tag hier vorbei.« Daraufhin bat ihn der Junge, ihm den kürzesten Weg zur südlichen Grenze zu beschreiben.

»Der kürzeste Weg führt über die Ausläufer des Atlasgebirges«, war die Antwort. »Doch er ist gefährlich. Das Land ist karg, und es gibt nur wenige Wasserstellen. Der Boden ist dicht mit Steinen bedeckt, und die Täler werden von hohen Felswänden gesäumt. Für Räuber gibt's dort viele Verstecke. Wenn du den großen Salzsee erreichst, ist es nicht mehr weit zur Südgrenze der Provinz. Der längere Weg führt dich zuerst nach Osten und dann in einem Bogen wieder zurück. Er ist sicherer als der andere.«

Doch Remigius entschloß sich, den Weg über das Gebirge zu wählen, da er hoffte, den Kaufmann so schneller einholen zu können. Bevor er das fruchtbare Hochland verließ, füllte er seinen Ziegenbalg noch einmal voll Wasser und seinen Reisesack voll Datteln. Dann begann er den Aufstieg. Schon bald öffnete sich vor ihm ein weites steiniges Tal. Dem Jungen war das alles nicht geheuer, und die Einsamkeit umklammerte seine Seele wie ein Panzer. Doch weil es schon gegen Abend ging, suchte er sich einen geschützten Platz, nahm den Eseln die Lasten ab und ließ sie die armseligen Halme abknabbern, die zwischen den Steinen wuchsen.

Am nächsten Morgen stand er früh auf und wanderte weiter. Er war noch nicht lange unterwegs, als er plötzlich einen Stein kullern hörte und ihm drei Reiter den Weg verstellten. Sie hatten sich mit langen Schals die Gesichter verhüllt, trugen große Messer in den Gürteln und in einer Hand einen Speer. Remigius, der, um sein Reittier zu schonen, gerade zu Fuß ging, ahnte nichts Gutes.

Die Männer redeten ihn in einer Sprache an, die er nicht verstand. Sie fuchtelten mit ihren Speeren vor seiner Nase herum. Schließlich stieß einer seine Waffe in eines der Strohbündel. Doch glücklicherweise war es eines von denen, die Remigius auf seinem Reitesel festgemacht hatte. Der Speer drang locker in das Stroh ein und stieß an den hölzernen Sattel, ohne das Tier zu verletzen. Fluchend zog ihn der Räuber wieder heraus, rief den anderen etwas zu und gab seinem Pferd so die Sporen, daß es sich aufbäumte und anschließend davonpreschte. Als ihm seine Kumpane folgten, atmete Remigius erleichtert auf. Die Götter waren auf seiner Seite. Nur sie konnten ihm geholfen haben, die Räuber zu täuschen.

An diesem Tag ritt er am Ufer eines großen Sees entlang. Wie eine Meeresbucht dehnte er sich zwischen den Bergen aus. Als der Junge die Esel aus ihm trinken lassen wollte, verschmähten sie das Wasser, obwohl sie großen Durst haben mußten. Da probierte er es selbst und spuckte es gleich wieder aus, denn es war salzig. Das wird der See sein, dachte Remigius, von dem der Bauer gesprochen hatte. Von da soll es nicht mehr weit bis zur Grenze sein, und an der Grenze brauche ich mich nur nach der Oase zu erkundigen, in der die Menschen aus der Wüste gewöhnlich ihre Handelsgeschäfte abwickeln. Ich bin auf dem richtigen Weg und wahrscheinlich noch vor dem Kaufmann am Ziel.

Einen Tag später erreichte er ein römisches Kastell. Und als ihn die Legionäre verwundert fragten, ob er tatsächlich durch die Berge gekommen sei, schwor er bei allen Göttern, daß er wirklich und wahrhaftig diesen Weg gewählt habe, weil man ihm versichert hätte, daß es der kürzeste sei. Auf seine Frage hin erklärten ihm die Soldaten, daß sie die ehrenvolle Aufgabe hätten, die Grenze der Provinz Africa gegen fremde Eindringlinge zu schützen. »Das Kastell gehört zum römischen Limes«, sagten sie voller Stolz. »Südlich von uns begegnet dir niemand mehr, der die Erlaubnis hat, sich Römer zu nennen.«

Remigius verspürte wenig Lust noch weiter nach Süden zu gehen. »Ich suche eine Oase hier in der Nähe, die das Ziel vieler Karawanen sein soll«, sagte er.

»Warum willst du dorthin?«

»Ich habe vier Tonkrüge voll blauer Perlen dort abzuliefern.«

»Das ist nicht weit. Einer von uns kann dich begleiten. Aber hör auf unseren Rat und sei auf der Hut! Den Wüstenleuten kann man nicht trauen.«

Am nächsten Tag begleitete einer der römischen Legionäre den Jungen mit seinen drei Eseln bis an den Rand der Oase. Als sie den Palmenhain hinter einem See aus flimmernder Luft entdeckten und kurz darauf auch die niederen gelben Lehmhäuser der Bewohner, verabschiedete sich sein Begleiter von ihm. »Viel Glück«, sagte er. »Und denk daran: Sei vorsichtig und verlaß die Oase so schnell du kannst wieder in Richtung Norden, nachdem du deine Perlen abgeliefert hast!«

Obwohl Remigius der Meinung war, daß er gut auf

sich selbst aufpassen könne, nahm er sich die Warnung des Legionärs sehr zu Herzen. Seine Sorge galt den Perlen, für die er die Verantwortung trug. Um zu verhindern, daß sie in falsche Hände gerieten, mußte er gewisse Vorsichtsmaßnahmen ergreifen. Als sein Blick auf einen Baum in seiner Nähe fiel, kam ihm ein guter Gedanke. Nachdem er sich vergewissert hatte, daß niemand ihn beobachten konnte, zerrte er die perlengefüllten Tonkrüge unter dem Stroh hervor. Dann warf er den Strick, mit dem er sie an den Sätteln festgebunden hatte, um den untersten Ast des Baumes, zog mit ihm nacheinander alle vier Krüge in eine Astgabel und zuletzt sich selbst. Er schleppte die einzelnen Krüge so hoch in die Krone des Baumes, daß sie vom Erdboden aus nicht mehr sichtbar waren und band sie dort fest. Erst als er mit seiner Arbeit zufrieden war, kletterte er wieder hinunter und hob die Strohbündel wieder auf seine Esel. Dann ritt er auf die Oase zu, wo er in einer Karawanserei Quartier machen wollte, da er annahm, daß auch der Kaufmann dort wohnen würde.

Erschrocken prallte Remigius zurück, als er den Hof der Karawanserei betrat.

Da standen und ruhten riesige Tiere von einer Art, die er noch nie gesehen hatte. In der Rückenmitte hatten sie einen Höcker, doch ihre Köpfe erinnerten ihn entfernt an die Köpfe von Schafen. Die langbewimperten Augen wurden von dicken Stirnwülsten überschattet.

»Bei Jupiter!« rief er entsetzt. »Was sind denn das für Bestien?«

Daß seine Ankunft Aufsehen erregte, daß die Männer im Hof hinter vorgehaltenen Händen zu tuscheln begannen und die Mädchen hinter seinem Rücken spöttisch kicherten, merkte er nicht.

»Hast du noch nie ein Dromedar gesehen?« erwiderte der Wirt lachend und erzählte ihm, daß diese Tiere vor noch nicht allzu langer Zeit von einigen Händlern aus dem Osten mitgebracht worden waren. Daß man mit ihnen immer weiter in die Wüste vorgedrungen sei, weil sie selbst bei glühendster Hitze vier Tage oder länger ohne Wasser auskommen, berichtete er, und daß man mit ihnen von nun an die langen Strecken von Wasserstelle zu Wasserstelle bewältigen könne, um auf diese Weise die Wüste zu durchqueren, bis man im Süden wieder fruchtbares Land erreicht. Ihre breiten gespaltenen Hufe würden ihnen das Gehen über den lockeren Boden erleichtern, und der dicke Stirnwulst und die langen Wimpern ihre Augen vor fliegendem Sand schützen. Sie hätten den Handel mit den Völkern am Niger, der früher nur von einer Oase zur nächsten möglich gewesen war, sehr erleichtert.

Remigius war froh, mit seinen Eseln gut bis hierher gekommen zu sein, und weil er nicht vorhatte, auf einem Kamel die Wüste zu durchqueren, bat er den Wirt um eine Unterkunft. Dabei erkundigte er sich so nebenbei, ob ein Kaufmann aus der Hafenstadt Utica schon angekommen sei. Der Wirt teilte ihm mit, daß er seine Ankunft durch einen Boten angekündigt habe und daß er ihn am nächsten oder übernächsten Tag erwarte. Darüber war Remigius sehr erleichtert, und er beglückwünschte sich zu seiner Entscheidung, den kurzen Weg durch das Gebirge genommen zu haben. Auf diese Weise hatte er den Kaufmann überholt und war in der Lage, ihm seine Perlen rechtzeitig zu übergeben.

Die Warnung des Wirtes, wachsam zu sein, nahm er auf die leichte Schulter, da er seine Tonkrüge in Sicherheit wußte. »Ein Teil der Männer, die mit ihren Karawanen hierhergekommen sind, um gute Geschäfte zu machen, sind dafür bekannt, daß sie nicht nur Gold gegen Waffen und feine Baumwollgewebe eintauschen, sondern auch eine große Vorliebe für andere, lebende Waren haben.«

»Lebende Waren?« fragte Remigius. »Meint ihr Sklaven damit?« Er war der Meinung gewesen, daß Sklaven immer nur aus dem Süden kämen. Daß auch viele Menschen aus dem Norden südlich der Sahara als Sklaven verkauft wurden, war ihm nicht bekannt. Doch es blieb ihm nichts anderes übrig, als die Ankunft des römischen Kaufmannes abzuwarten.

Er sattelte seine Esel ab, warf die Strohbündel in eine Ecke und machte es sich auf ihnen bequem, um die heiße Zeit mit einem Nickerchen hinter sich zu bringen. Während der Nacht trafen noch mehrere Karawanen ein, die am Rand der Oase ihre schwarzen Ziegenhaarzelte aufbauten. Daß sich um ihn herum Unheil zusammenbraute, ahnte Remigius nicht.

Am nächsten Morgen überfluteten festlich gekleidete und mit Schmuck behängte Männer, Frauen und Kinder die kleine Siedlung mit ihrem Geschrei, mit Singsang und rhythmischen Trommelschlägen. Dromedarrennen wurden ausgetragen und Reiterkämpfe, bei denen sich zwei Gruppen um eine tote Ziege stritten. Überall qualmten Feuer, drehten sich Hammel im Rauch, wurde getrunken, gelacht, Heiraten beschlossen und Gold gegen Pferde oder Dromedare getauscht.

Remigius wartete vergeblich auf das Eintreffen des Kaufmanns, doch er wappnete sich in Geduld, weil er wußte, daß das Fest drei Tage dauern sollte. An diesem Abend war er so müde, daß er sich auf seine Strohbündel warf und augenblicklich einschlief. Nur seine Esel sahen zu, wie ihn zwei Männer packten, knebelten, fesselten und davonschleppten. Und als die Sonne im Osten aufging, befand sich Remigius festgebunden auf einem Dromedar und schon ein gutes Stück weiter südlich der kleinen Oase. Niemand vermißte ihn dort. Daß ihm die drei herrenlosen Esel gehörten, die sich in den Gärten der Oasenbewohner den Bauch vollschlugen, ahnte ebenfalls niemand.

Inzwischen hatte Remigius auf seinem Kamel genügend Zeit nachzudenken. Er wollte sich nicht als Sklave verkaufen lassen und wartete deshalb nur auf eine günstige Gelegenheit, die Flucht ergreifen zu können. Diese Gelegenheit kam schneller, als er es zu hoffen gewagt hatte, in Gestalt einer unheimlichen schwarzen, aus dem Südwesten heranrasenden Wolke. Kaum hatten die Reiter erkannt, daß sich ein Sandsturm näherte, gaben sie ihren Kamelen den Befehl niederzuknien. Sie zogen sich ihre Schleier vor die Augen und duckten sich hinter die Rücken ihrer Tiere. Auch das Kamel von Remigius ließ sich auf den Boden nieder. Da er den Räubern nur nützlich war, wenn er am Leben blieb, zerschnitt einer der Reiter die Fesseln des Jungen und befahl ihm, sich flach hinzulegen. Jetzt oder nie, dachte Remigius, und während Millionen und Abermillionen von Sandkörnern die Sonne verdunkelten und die Finsternis es nicht zuließ, ein Kamel von dem anderen zu unterscheiden, während der heulende Sturmwind sogar das Klagen der Tiere mit sich fortriß, rollte sich der Junge einfach zur Seite. Er rollte und rollte und kullerte schon bald eine Düne hinunter, wo er liegenblieb, darauf hoffend, daß der Sand ihn unter sich begrub und unsichtbar machte. Zitternd vor Angst zählte er bis tausend und noch einmal bis tausend und flehte dabei die Götter an, ihm beizustehen, nicht nur, weil er sich ein Leben als Sklave schrecklich vorstellte, sondern auch wegen der Perlen, die man ihm anvertraut hatte. Als er bei zehntausend angelangt war, hatte sich der Sturm gelegt. Die Kamele sprangen auf, und die Reiter schwangen sich auf ihre Rücken. Es dauerte eine Weile, bis ihnen auffiel, daß das Dromedar von Remigius seinen Gefangenen verloren hatte. Sie hielten nach ihm Ausschau, doch sie sahen nur Dünen hinter Dünen hinter Dünen und nichts, was einer menschlichen Figur auch nur im entferntesten ähnlich sah. Und weil sie keine Zeit hatten, um lange nach ihm zu suchen – der nächste Brunnen lag vier Tagesritte entfernt, und jede weitere Verzögerung würde sie der Gefahr aussetzen, verdursten zu müssen –, ritten sie ohne den Jungen weiter. Inzwischen hatte Remigius längst den Sand aus seinem Kittel geschüttelt. Er hatte sich an der Sonne orientiert, wo Norden lag, und sich auf den Weg zurück in die kleine Oase gemacht. Unverdrossen und mit der Gewißheit, daß ihm die Götter den richtigen Weg weisen würden, stapfte er durch den Sand, bis er vom höchsten Punkt einer Düne aus in der Ferne die Palmen der kleinen Oase entdeckte.

In der Zwischenzeit war der römische Kaufmann dort eingetroffen, und man hatte die herrenlosen Esel entdeckt. Doch wo sich Remigius und die mit den kostbaren Perlen gefüllten Tonkrüge befanden, wußte niemand.

Als der Junge erschöpft die Oase erreichte, war der Kaufmann überglücklich. Unverzüglich ließ er sich zu dem Baum führen, in dem Remigius die vier Tonkrüge versteckt hatte. Erfreut stellte er fest, daß seine Perlen unbeschädigt waren, denn sie bedeuteten für ihn soviel wie bares Geld. Er bestätigte dem Jungen gleich den ordnungsgemäßen Empfang und schenkte ihm eine

Münze als Ausdruck seiner Dankbarkeit. Außerdem bot er ihm an, ihn nach Beendigung seiner Geschäfte bis Utica mitzunehmen. Remigius nahm sein Angebot dankbar an. Er trieb seine Esel zusammen und folgte dem Troß des Kaufmanns. Drei Wochen später kehrte er wohlbehalten nach Hause zurück.

Remigius hatte keine Vorstellung davon, was aus allen jenen Männern wurde, die ihr Gold und Elfenbein gegen Kupfer, Waffen und blaue Glasperlen eingetauscht hatten, und daß es vor allem der Wille zum Überleben war, der sie zur Eile mahnte, ahnte er nicht.

Auf ihrem Weg durch die riesige Wüste ließen sich jene Männer von den Sternen leiten. Die unerbittliche Hitze der Tage ertrugen sie ebenso klaglos wie die beißende Kälte der Nächte, gegen die weder Decken noch Felle Schutz boten. Nur selten gönnten sie sich ein paar Stunden Rast. Immer wieder zwang sie ein Sandsturm, Schutz hinter ihren Kamelen zu suchen. Sie kämpften gegen die Müdigkeit und gegen den lockeren Sand, in dem ihre Füße versanken. Erreichten sie einen der wenigen Brunnen, tränkten sie die Kamele und füllten ihre Wasserschläuche. Trotzdem litten sie oft unter Durst und Erschöpfung. Die nicht endende Weite des Sandmeers dämpfte ihre Hoffnung, ihr Ziel zu erreichen, und mehr als einmal sah es so aus, als würden sie ihr zum Opfer fallen. Zweiundfünfzigmal sahen sie die Sonne hinter den Dünen auf- und untergehen, bevor sie den Brunnen am großen Nigerfluß erreichten, der von einer Frau mit dem Namen Buktu bewacht wurde. Und weil in ihrer Sprache ein Brunnen ›Tin‹ genannt wurde, hieß jener Platz ›Tin Buktu‹, der Brunnen der Buktu. Mehr als tausend Jahre später entstand dort eine Stadt, die zu den wichtigsten Zentren islamischer Kultur werden sollte. Doch lange bevor das geschah, war

Tin Buktu ein Treffpunkt für alle Nomaden der Wüste und der Savannen des nördlichen Ufers. Hier lagerten sie, tränkten ihr Vieh, tauschten Waren oder handelten für eine Tochter den Brautpreis aus. Ob die römischen Perlen schon hier in andere Hände übergingen und sich dann über ganz Westafrika verteilten, kann man heute nicht mehr sagen. Sicher ist nur, daß wir vor wenigen Jahren bei einer Ausgrabung in Djenné einige blaue Perlen fanden, die ohne Zweifel zu jenen gehört haben müssen, die von einer Karawane aus dem Norden hierher gebracht wurden. Eine von ihnen könnte die Perle an dieser Kette sein.

19

Der letzte Ruf des Muezzin war längst verhallt, als Professor Ahmadou mit seiner Geschichte am Ende angelangt war. Auch die Zikaden hatten ihr Abendkonzert beendet. Über den Dächern von Djenné schwebte der von den Hunden mit lautem Jaulen begrüßte Mond. Der Archäologe gab Karen die Kette zurück.

»Das war eine schöne Geschichte«, sagte Thomas. »Vielen Dank.«

Nachdenklich drehte Karen die blaue Perle zwischen den Fingern hin und her und hielt dann die Kette vor eine auf dem Tisch stehende, brennende Kerze. Blaugrün wie ein in der Mittagssonne liegendes Meer leuchtete die Perle im Kerzenlicht, gläsern wie ein erstarrter Wassertropfen.

Margaritae romanae, sagte sie in Gedanken zu ihr. Was hast du alles erlebt?

»Wir haben also zwei Tage Zeit, bis die Bohrung beginnt«, sagte Thomas. »Professor Ahmadou war so freundlich, uns für morgen eine Pinasse zu besorgen, mit der wir ein Stück auf dem Bani flußabwärts in Richtung Mopti fahren können. Wenn ihr alle einverstanden seid, sollten wir möglichst früh aufbrechen.« Damit gab er das Zeichen, daß es an der Zeit war, ihre Lager auf dem Dach aufzusuchen.

Über dem Bani lag noch der Morgennebel, als der Bootsmann seinen Gehilfen anwies, die Seile zu lösen und ihm zu helfen, das schwere Holzboot mit Stangen vom Ufer abzustoßen. Erst als seine Erfahrung ihm sagte, daß das Wasser tief genug sei, kippte er den Außenbordmotor nach unten und warf ihn an. Es dauerte einige Minuten, bis die Maschine fauchend und spuckend ansprang. Er kletterte nach vorn und ließ sich im Bug nieder. Dort nahm er zwei Stricke in die Hände, die an den Bootswänden entlang nach hinten liefen und das Steuer bedienten, während sein Gehilfe weiter den Motor überwachte. Warum das notwendig war, wurde allen schnell klar. Noch bevor es sich der Bootsmann auf seinem Sitz im Bug gemütlich machen konnte, ging ein Ruck durch das Boot. Es war auf eine Sandbank aufgelaufen.

»Alle aussteigen!« rief der Bootsmann.

»In unseren Kleidern?« fragte Jessica.

»Natürlich. Stell dich nicht an!« rief Masha. »Die trocknen schnell wieder.«

Sie stiegen über die Bordwand, hüpften in das schlammige Wasser und stellten dabei fest, daß der Fluß an dieser Stelle kaum knietief war. Auf Anweisung des Bootsmannes drückten und schoben sie das schwere Boot so lange rückwärts, schrien »eins, zwei, drei – los!« und »hau ruck!«, bis es wieder freikam.

Danach steuerte der Bootsmann das kleine Schiff bis in die Mitte des Flusses, und Karen beobachtete, daß er während der ganzen Fahrt die Wasseroberfläche nicht mehr aus den Augen ließ, damit er den unsichtbaren Sandbänken rechtzeitig ausweichen könnte. Wäre das leise Tuckern des Motors nicht gewesen, hätte man annehmen können, daß es die Ufer seien, die sich bewegten, während sich das Boot nicht von der Stelle rührte. Nur bei näherem Hinsehen waren in dem lehmigen Wasser Luftblasen und kleine Strudel zu beobachten. Ab und zu sprang ein Fisch in die Höhe oder schwirrte ein Eisvogel pfeilschnell über das Wasser. Im Uferschilf standen Reiher und Kronenkraniche. Frauen holten Wasser aus dem Fluß, Rinderherden wurden zur Tränke getrieben, und manchmal kreuzte ein Bozo-Fischer mit seiner Piroge ihren Weg.

Als die Sonne über die Nebelschwaden stieg, wurde es heiß, und die Passagiere rückten unter dem Palmdach zusammen. Gegen Mittag erreichten sie einen Nebenarm des Niger. Die stärkere Strömung trug das Boot mit zunehmender Geschwindigkeit flußabwärts. Sie legten bei einem Dorf an. Irgend jemand mußte sie entdeckt und die Dorfbewohner alarmiert haben, denn am Ufer drängelte sich eine große Menge Kinder und Frauen. Unter der Führung des Bootsmanns machten sie einen Rundgang, bewunderten die kleine Lehmmoschee und die sauberen Innenhöfe, gingen Hühnern, Ferkeln und Hunden aus dem Weg, sahen einem Weber bei der Arbeit an seinem einfachen Webstuhl zu und beglückwünschten eine Frau, die in der Nacht zuvor ein Kind geboren hatte.

Nachdem sie wieder auf das Boot zurückgekehrt waren, drehte der Bootsmann den Bug der Pinasse nach Südosten, und Jessica stellte enttäuscht fest, daß sie sich schon wieder auf dem Heimweg befanden. Karen und Frau Ndobo verteilten Fladenbrote und Bananen, während der Motor laut stampfend gegen die Strömung ankämpfte. Ein Fischadler hockte auf einem kahlen Baum am Ufer. Die Sonne sank tiefer und wurde dabei immer größer und röter. Kurz bevor sie in die vom Wasser aufsteigenden Nebelschwaden tauchte, erhob sich ein leichter Wind und kühlte die erhitzten Gesichter der Bootsinsassen. Eine Reihe Enten flatterte vor ihnen hoch und überquerte den Fluß.

20

Im Innenhof ihres Hotels stand ein fremder über und über mit Staub bedeckter Geländewagen. Die Kraniche hatten sich unter ein Strohdach verzogen.
»Neue Gäste«, sagte Frau Ndobo, »dem Kennzeichen nach Algerier.«

Als sie frisch geduscht und umgezogen den Speisesaal betraten, entdeckten sie gleich Professor Ahmadou, der bei einem fremden Ehepaar am Tisch saß. Er stand auf und eilte auf Thomas zu: »Ich würde ihnen gern zwei gute Freunde vorstellen«, sagte er. »Doktor Coslin ist ein bekannter Prähistoriker. Sein Spezialgebiet ist die Erforschung der Felsmalereien in der Sahara. Seine Frau ist Biologin. Sie haben im Hoggar-Gebirge nach Höhlenmalereien gesucht und wollten vor ihrer Rückkehr nach Algier noch einen Abstecher nach Djenné machen.«

Der Algerier war ein etwa fünfzigjähriger Mann mit etwas schütterem Haar und einem Vollbart. Der obere Teil seiner Stirn war bis zu der Grenze, die der Hut beschattete, bleich, der untere sonnenverbrannt. Seine Frau war schlank und dunkelhaarig. Der feine Knick ihres Nasenrückens erinnerte Karen an die Profile auf alten römischen Münzen. Die Kleidung der beiden bestand aus khakifarbenen Hemden und dazu passenden Shorts, wie sie von vielen Wüstenfahrern bevorzugt werden.

Thomas schlug vor, zwei Tische zusammenzurücken, um sich besser unterhalten zu können. Während des Essens drehte sich das Gespräch um den Zustand der Wüstenpisten, um die immer strenger werdenden Polizeikontrollen und darum, ob es für die von Tamanrasset kommenden Autofahrer günstiger sei, über Agadez zu fahren oder direkt über Tessalit, entlang den Iforas-Bergen bis Gao und von dort auf der Nationalstraße nach Mopti. Die direkte Strecke sei häufig wegen Überschwemmung unpassierbar, erzählte der Algerier, und manchmal auch auf algerischer Seite gesperrt, abgesehen davon, daß man nur an wenigen Wasserstellen vorbeikäme. Sicherer sei die Straße über Iferouane und Agadez. Dann erkundigte er sich nach dem Grund des Besuches von Professor Ahmadou in Djenné, und der Archäologe erzählte ihm von dem Fund bei den Bohrarbeiten. So ergab eines das andere, bis Frau Ndobo in diesem Zusammenhang auf einmal die Perlenschnur erwähnte: »Eine der römischen Perlen, die unweit von hier gefunden wurden, hat der Professor gestern an einer Kette entdeckt, die die Benders in Hombori gekauft haben.«

»Eine römische Perle?« fragte der Felsbildforscher interessiert.

»Kann ich sie sehen?« Doch dieses Mal hatte Jessica die Kette nicht dabei. Sie hatte vergessen, sie nach dem Duschen wieder anzuziehen.

»Dann hol sie doch schnell!« schlug Karen vor und reichte ihrer Tochter den Zimmerschlüssel. Jessica eilte davon und kam schon nach wenigen Minuten mit hochrotem Kopf wieder zurück. In der Hand hielt sie die Kette.

»Je-jemand war an unserer Zimmertür!« rief sie atemlos, »und hat sich am Schloß zu schaffen gemacht. Ich habe ihn gerade noch weghuschen sehen.«

»Hast du ihn erkannt?« rief Masha.

»Nein. Dazu war es im Gang zu dunkel.«

»Ach was«, sagte Thomas beschwichtigend. »Du siehst schon Gespenster. Vielleicht war es nur jemand aus dem Hotel.«

»Dann hätte ich ihm doch schon einmal begegnen müssen.« Jessica schüttelte heftig den Kopf. »Ich bin sicher, der war hinter der Kette her. Bestimmt, das war er.«

»Woher soll er denn wissen, daß wir nach Djenné gefahren sind?« gab Karen ihrer Tochter zu bedenken.

»Das wäre schon möglich«, mischte sich Frau Ndobo in das Gespräch. »Wenn sich bei uns eine europäische Familie längere Zeit aufhält und im Land herumreist, dann fällt das auf, und viele Leute wissen, wo sie sich gerade befindet. Früher verkündeten es die TamTams, und heute erzählt es ein Lastwagenfahrer dem anderen, abgesehen davon, daß es auch bei uns Telefone und Faxgeräte gibt.«

»Darf ich fragen, über was hier geredet wird?« fragte der Algerier, dem die ganze Aufregung unverständlich war. Da erzählte ihm Thomas von den Vorfällen in Mopti und Bamako und daß er nach dem mißglückten Einbruch seine Familie dazu überredet hatte, ihn auf seiner Dienstfahrt nach Djenné zu begleiten.

»Das klingt ja alles sehr geheimnisvoll«, sagte Frau Coslin lächelnd. »Zeig uns die Kette, Jessica!«

Das Mädchen, das die Perlen immer noch fest umklammert hatte, legte sie auf den Tisch. Die beiden Wissenschaftler beugten sich über sie und betrachteten sie lange. »Sehr interessant«, murmelte der Algerier nach einer Weile. Er zog eine kleine Lupe aus seiner Hemdtasche, hielt sich die Kette dicht vor die Augen und ließ Perle für Perle langsam durch die Finger gleiten. »Hoho!« rief er auf einmal überrascht. »Zwei von denen fallen sogar in mein Fachgebiet.«

»Welche?« fragte ihn seine Frau. Er reichte ihr die Lupe und zeigte auf zwei Perlen, die nicht aus Glas hergestellt worden waren. »Diese Achatperle und dann noch die aus Bergkristall. Sieh dir die trichterförmigen Bohrlöcher an. Sie wurden mit einem einfachen Steinbohrer gemacht.«

»Bist du sicher?«

»Gewiß. Die Achatperle ist die jüngere von beiden. Sie könnte aus der Pferdezeit stammen, und die Bergkristallperle aus der Rinderzeit.«

»Was heißt das?« fragte Karen verwundert.

»Die Achatperle dürfte etwa dreitausend Jahre alt sein und die Kristallperle fünftausend.«

»So alt!« rief Masha erstaunt. Für sie war die tausendjährige römische Perle schon unvorstellbar alt gewesen.

»Wir haben ähnliche Perlen in den Höhlen der alten Saharabewohner gefunden«, erklärte ihr Doktor Coslin. »Neben Faustkeilen, Speerspitzen, Knochen erlegter Tiere und Reibsteinen, mit denen sie Körner zermahlten.«

Jessica öffnete den Mund, weil sie etwas sagen wollte, doch Karen kam ihr zuvor. »Könnten sie uns nicht etwas mehr über diese Achatperle erzählen?« bat sie. Die bräunlich gemaserte zylinderförmige Perle hatte, nicht zuletzt ihres unscheinbaren Aussehens wegen, ihr Interesse geweckt. Daß Thomas ihr einen giftigen Blick zuwarf, schien sie nicht zu bemerken. Fängst du jetzt auch schon an mit dieser Perlen-Manie, sollte sein Blick ihr signalisieren. Hat Jessy dich damit angesteckt? Doch Karen tat, als verstünde sie ihn nicht.

Doktor Coslin zögerte und strich sich etwas verlegen mit der Hand über den Bart. »Ich weiß nicht«, sagte er und sah dabei seine Frau an. »Ich bin Wissenschaftler und kein Geschichtenerzähler.«

»Ach sei nicht so bescheiden«, munterte sie ihn auf. »Du kannst das ganz gut. Denk nur daran, was du mir schon alles über den Jagdzauber der Steinzeitleute erzählt hast!«

Während ihr Mann noch überlegte, wie er anfangen könnte, bestellte Professor Ahmadou für alle noch etwas zu trinken.

»Aber die Geschichte muß auch einen Titel haben!« verlangte Masha.

»Das muß sie«, pflichtete ihr Doktor Coslin bei. »Nennen wir sie doch einfach:

Die Kraft der Magie

Mitten in der Sahara, dort, wo heute noch riesige, uralte Lebensbäume ihre mit schuppigen Blättern bedeckten Zweige ausbreiten, gab es tausend Jahre vor unserer Zeitrechnung noch viele Tümpel und kleine Seen, die ganzjährig mit Wasser gefüllt waren. Antilopen, Nashörner, Giraffen und verschiedene große Raubkatzen bevölkerten die weiten Grassteppen, in denen die Steinzeit-Hirten ihre Herden weiden ließen. Damals fürchteten sich die Menschen noch nicht vor den Löwen, hatten sie doch von ihren Ahnen die Kraft der Magie gelernt, die sie beschützte. Viel größere Sorgen bereiteten ihnen die immer länger währenden Trockenzeiten, weil der mächtige Magier, der größte von allen, derjenige, der Berge und Wasser, Pflanzen, Tiere und sie selbst erschaffen hatte, es nicht regnen ließ. Leider reichte der Zauber der Alten und Weisen nicht aus, um ihren Bitten Gehör zu verschaffen. So mußten sie hilflos mit ansehen, wie ihre Weiden verdorrten und viele Brunnen versiegten.

In jener Zeit drangen hellhäutige Menschen in die Sahara ein. Sie kamen von Norden, der Richtung, aus der während der kalten Zeit die Winde wehen. Dieses Volk brachte Pferde mit und Wagen, mit deren Hilfe es alle bekämpfte, die sich ihm in den Weg zu stellen versuchten. Leicht und zerbrechlich sahen ihre Gespanne aus. Sie hatten nur zwei Räder, und es ging die Sage, daß manchmal sogar vier Pferde nebeneinander gespannt wurden. Die Männer trugen kurze, bis zur Mitte der Oberschenkel reichende Tuniken, die in der Taille mit einem Gürtel zusammengehalten wurden. Ihre Waffen waren Speere und Schilde.

Dieses Volk waren die Garamanten, von denen niemand so genau sagen kann, woher sie gekommen sind, und ob sie die Kenntnisse des Wagenbaus bei den alten Ägyptern gelernt hatten, deren Könige mit ähnlichen Gespannen ihre Feinde zu überrennen versuchten, oder ob sie sie vielleicht von einem Volk in Kleinasien übernommen hatten. Niemand konnte sagen, was sie veranlaßt haben könnte, sich auf den Weg in den Süden zu machen. Sie waren die Ahnen der Berber und des stolzen Volkes der Tuareg, der Menschen mit dem Schleier.

Die Angst vor ihnen lähmte die Hirten, die den Fremden nur wenig Widerstand entgegensetzten.

In jenen unruhigen Zeiten hütete Nok, ein einfacher Rinderhirte, seine Herde in einem Tal des Tassili-Gebirges. Nur ein einziges Mal hatte er von einer Bergkuppe aus in der Ferne ein Gespann durch die Steppe galoppieren sehen. Er war tief erschrocken, denn niemals vorher hatte er etwas ähnliches erblickt, nie Tiere, die mit hoch erhobenen Schweifen und schnaubenden Nüstern, mit Hufen, die kaum die Erde berührten, in ungeheuerlicher Geschwindigkeit über die Steppen galoppierten, und nie einen Wagen, auf dessen Achse der Lenker stand, um sie anzutreiben. Die Kunde vom Vordringen der Pferde-Leute war auch an seine Ohren gedrungen, doch bis zu dem Augenblick jener Begegnung hatte er ihr wenig Beachtung geschenkt.

Nok war ein dunkelhäutiger, kräftiger junger Mann. Die Herde gehört nicht ihm allein, sondern seiner Sippe, die unter einem überhängenden Felsen ihr Sommerlager aufgeschlagen hatte. Während er und seine Brüder auf die Tiere achteten, sammelten die Frauen wilde Hirse und andere Samen, die sie je nach Bedarf auf ihren Reibsteinen zu Mehl zerrieben, gerbten Felle, trugen Feuerholz herbei und sorgten für die Kinder.

Die langsam verstreichende Zeit bei seinen Rindern verbrachte Nok damit, sich eine magische Kette anzufertigen. Er hatte zwischen großen Basaltblöcken etliche rötlichgelb gemusterte Steine gefunden, die ihm gefielen, und irgendwann einmal ein Straußengelege geplündert. Zuerst zerschlug er die Eierscherben in kleine, handliche Stücke und durchbohrte diese anschließend mit einem einfachen Steinbohrer. Dann fädelte er sie auf eine Bastschnur und schliff sie auf einem Reibstein zu runden gleichgroßen Scheiben. Zerbrach eine von ihnen, warf er sie weg. Später versuchte er das gleiche bei den bräunlich gemaserten Achaten. Doch sie waren härter. Bei ihnen mußte er den Bohrer zweimal ansetzen, einmal von oben und einmal von unten. Es gehörte nicht nur Geduld dazu, sondern auch viel Glück, damit sich die beiden trichterförmigen Bohrlöcher genau in der Mitte trafen. Gelang ihm das, fädelte er die Steine ebenso auf eine Schnur wie die Straußeneischerben und schliff sie auf seinem Reibstein rund um die Bohrung zu röhrenförmigen Perlen. Nachdem er von beiden Sorten soviel beieinander hatte, daß es zu einer Kette reichte, fädelte er abwechselnd immer eine Scheibe und zwei Röhrenperlen auf eine Darmsaite und knotete zum Schluß beide Enden zusammen. Was auch immer er anstellte, um sein Werk mächtig und magisch werden zu lassen, wissen wir nicht. Ob er sie in einer Vollmondnacht auf einen Gipfelstein legte und mit dem Blut eines geopferten Tieres beträufelte oder sie einer zauberkundigen Frau brachte, die sie eine Nacht in der erkalteten Asche bestimmter Kräuter ruhen ließ und dabei mit den richtigen Worten besprach, wurde uns nicht überliefert.

Doch wie es auch gewesen sein mochte, es ist ziemlich sicher, daß diese Kette Nok magische Kraft verlieh. Nun brauchte er nur noch den Gegner, ob Löwe oder Pferde-Mann, auf einem Felsen abzubilden, um ihn zu bezwingen. Nok fühlte sich gut. Er fühlte sich stark genug, um den Pferde-Leuten entgegenzutreten.

Viele Male ging der Mond voll und rund über der Steppe auf, und ebenso viele Male wurde er zur Sichel, verschwand und zog eine Schleppe aus Finsternis hinter sich her. Nok und seine Brüder zogen mit ihrer Herde ins nächste Tal, kehrten jedoch Abend für Abend mit den Rindern zu ihrem alten Lagerplatz zurück, weil es nur dort noch eine Tränke gab. Menschen und Tiere warteten auf den Regen, der die Steppen wieder grün werden ließ und die kleinen Seen füllte. Aber die Trockenheit hielt an. Auch die Giraffen, die Antilopen und kleinen Gazellen litten an Durst. Es wurde immer schwerer, sie von dem mit schlammigem Wasser gefüllten Tümpel zu vertreiben, wenn Nok mit seinen Rindern kam.

Eines Tages begegnete ihm und seinen Brüdern ein Zug anderer Hirten, die sich mit ihrer Sippe, ihrem Vieh und ihrer gesamten Habe auf den Weg in den Süden gemacht hatten. Dort gäbe es einen großen Fluß, erklärten sie, und an seinen Ufern fruchtbares Land. Zwar wäre der Weg bis dorthin weit und mühselig, aber sie würden es schon schaffen.

»Warum wollt ihr nach Süden und warum durch die Berge?« fragte Nok ihren Ältesten. »Der Pfad über den Paß ist steil und gefährlich.«

»Viel zu gefährlich für ein Pferdegespann«, war die Antwort.

»Ein Pferdegespann?« rief Nok erstaunt. »Werdet ihr etwa verfolgt?«

»Nicht nur wir, Herr«, erwiderte der Anführer mit einem Blick auf die kostbare Kette an Noks Hals. »Die Pferde-Leute verfolgen alle Hirten, und wer nicht rechtzeitig geht, wird gezwungen, sich ihnen zu unterwerfen.«

So war das also. Daß die Gefahr sich ihnen näherte, hatte Nok seit seinem Erlebnis geahnt, aber er hatte es nicht wahrhaben wollen. Er zeigte den Hirten den rechten Pfad, auf dem sie die Südseite der Berge erreichen konnten. Dann trieb er mit seinen Brüdern die Rinder heim. Es war an der Zeit, ein Bild zu malen, aus dem der große Magier und alle anderen Geister erkennen könnten, wie der Gegner aussah, der die Hirten bedrohte.

Die Frauen aus seiner Sippe hatten bereits viele bunte Kiesel zu Pulver zerrieben. Damit die feinen Körner auf dem Stein haften würden, mischte Nok sie mit etwas Käse und pulverisiertem Kalk. Es war nun nicht so, daß er der erste war, der auf die Wand unter der Steinplatte ein magisches Bild malte. Seit Tausenden und Abertausenden von Jahren hatten die Menschen dasselbe getan. Ihre Bilder erzählten von Löwenjagden, von fröhlichen Festen, von Hochzeit, Geburt und Tod. Nok suchte sich eine Stelle aus, auf der nur schwach und ziemlich verwittert die Umrisse eines riesigen Büffels erkennbar waren. Danach versuchte er, aus seiner Erinnerung das Gespann wieder heraufzubeschwören, das er in der Steppe gesehen hatte, was nicht leicht war, denn der Nebel der Zeit hüllte es ein. Nur langsam nahm es Gestalt an, wurde klarer und stand auf einmal vor seinem inneren Auge, so wie er es brauchte, um sein Abbild auf die Wand zu übertragen. Begleitet vom Singsang seiner Brüder und umgeben von den anderen Mitgliedern seiner Sippe begann er, mit einem feinen Pinsel aus Rinderhaaren Pferde, Wagen und Lenker auf dem Felsen wiederzugeben. Da ihm die Kunst des Hintereinander fremd war, zeichnete er zuerst ein sich aufbäumendes Pferd, deutete dann mit einem waagrechten Strich die Deichsel an und setzte das zweite Pferd darunter. Mit dem Wagen machte er es genauso: Er malte zuerst das hintere Rad, anschließend durch einen senkrechten Strich die Achse und dann das vordere Rad. Der in der Mitte der Achse stehende Lenker hielt in der einen Hand eine Leine, mit der er die Pferde steuern konnte, und in der anderen einen Speer.

Als Nok sein Bild beendet hatte, trat er ein paar Schritte zurück und betrachtete es kritisch. Er konnte zufrieden mit seinem Werk sein, denn alles war gut zu erkennen. Inzwischen hatten die Frauen in der Nähe ein großes Feuer angefacht. Als er seinem Bild den Rücken zukehrte und ans Feuer trat, bildeten sie einen Kreis um ihn. Jemand begann in die Hände zu klatschen, und gleich darauf fielen alle anderen in das Klatschen mit ein. Zuerst langsam, dann immer schneller fing Nok an zu tanzen. Schon bald umkreiste er die Flammen in rasendem Rhythmus, und die Kette an seinem Hals wippte auf und ab, wobei sie ihm Kraft einflößte, Kraft, die er brauchte, um seinen Feind zu besiegen. Schließlich fiel er erschöpft zu Boden und schlief ein. Sofort wurden alle um ihn herum still. Sie ließen ihn liegen, wo er hingefallen war, weil sie wußten, daß ihm der große Magier im Traum erscheinen und ihm zeigen würde, auf welche Weise er die unbekannte Kraft des Feindes brechen könnte.

Nok erblickte in seinem Traum zum zweiten Mal das Gespann. In rasendem Galopp bewegten sich die Pferde auf ihn zu. Er hörte sie schnauben, hörte das Trommeln der Hufe und erkannte hinter den peitschenden Schweifen den Lenker, der in der hocherhobenen Hand seinen Speer hielt. Die Spitze des Speers zielte direkt auf sein Herz. Da kam entsetzliche Furcht über Nok. Er begann zu zittern, wollte schreien und flüchten, aber er brachte keinen Laut heraus, und seine Beine fühlten sich an wie gelähmt. Doch dann flammte vor seinen Augen auf einmal eine Feuerwand hoch. Nok sah, wie die Pferde sich aufbäumten, erkannte die Angst in ihren dunklen, weit aufgerissenen Augen, eine Angst, die sie zur Seite springen ließ. Der Wagen fiel um, und während sein Lenker in den Flammen verbrannte, preschten die Pferde davon.

Da wachte Nok auf und wußte, was er zu tun hatte. In aller Eile ließ er die Frauen Feuerholz sammeln, um dieses dann in mehreren Haufen am Eingang des Tals aufzuschichten. Danach befahl er der Familie, die Herde zum Talende zu treiben und sich unter den überhängenden Felsen zu verbergen. Er und seine Brüder suchten Schutz hinter einem großen Stein in der Nähe des aufgeschichteten Holzes, wo sie ein Feuer entfachten und trockene Äste bereitlegten. Danach hockten sie schweigend da und warteten auf den Feind. Sie warteten lange.

Der Tag verging. Die Nacht brach herein und der Mond stieg hinter den Bergen hoch. In der Steppe begannen die Schakale ihr nächtliches Konzert. Die Männer wechselten sich ab mit der Wache. Doch erst am frühen Morgen, als schon der erste Streifen Licht den Horizont erhellte, spürte Nok auf einmal, daß die Erde unter seinen Füßen zu zittern begann. Kurz darauf vernahm er das Trommeln von Hufen. Er gab seinen Brüdern ein Zeichen und legte frisches Holz auf die Glut. Da preschten auf einmal mehrere Gespanne mitten aus der aufgehenden Sonne auf sie zu. Nok hörte das Schnauben der Pferde und sah aus ihren Nüstern Dampf aufsteigen. Er erkannte die Lenker, die, als er mit einer brennenden Fackel in der Hand hinter dem Felsen hervortrat, ihre Speere zum Angriff erhoben. Mit wenigen Sätzen war Nok bei dem ersten Scheiterhaufen und warf seine Fackel hinein. Dann rannte er zum nächsten und zum übernächsten und setzte sie ebenfalls in Brand. Als das Feuer zu lodern begann, warfen die Pferde die Köpfe hoch und bäumten sich auf, gerade so, wie es Nok auf den Felsen gemalt hatte. Dann brachen sie seitlich weg. Die Männer schrien auf und ließen ihre Speere fallen. Sie stürzten von ihren Wagen, und die Schilde, die sie dabei hatten, nützten ihnen nichts mehr, denn da waren Nok und seine Brüder schon über ihnen und töteten sie mit ihren eigenen Waffen.

Zufrieden mit dem Ausgang des Kampfes kehrten die Männer zu ihrer Sippe zurück. Die Speere und Schilde der Pferde-Leute nahmen sie mit. Nach langen Beratungen beschlossen sie noch am selben Abend, sich auf den Weg nach Süden zu machen. Im Süden gäbe es einen großen Fluß, hatten die Hirten gesagt, denen sie den Weg über die Berge gezeigt hatten. Ein Fluß bedeutet Wasser, und wo es Wasser gibt, gibt es auch Leben.

So verließen Nok und seine Leute mit ihrer Herde das Tal in den Tassili-Bergen. Sie packten ihre Habe auf den Rücken einiger Rinder, füllten ihre Ziegenbälge voll Wasser und erklommen auf einem steilen Pfad den Paß, hinter dem jenes Tal lag, dessen Ausgang sich nach Süden öffnete. Nok trug seine magische Kette am Hals. Sie hatte ihm den Mut eingegeben, ohne den er die fremden Eindringlinge nicht hätte vertreiben können. Die Kraft der Magie aber hatte ihm geholfen, seine Feinde zu bannen, während er ihr Abbild auf den Felsen malte. Er war voller Zuversicht, daß ihm die Kette auch beistehen würde, seine Sippe in eine Gegend zu führen, in der sie in Sicherheit leben könnten.

Wir wissen, daß sein Wunsch in Erfüllung ging, denn eines Tages – es ist noch nicht allzu lange her – suchte im Süden der Iforas-Berge eine kleine Ziegenhirtin mit ihrer Herde Schutz vor einem Sandsturm. Sie entdeckte eine Höhle und fand dort ein paar alte Knochen, Speerspitzen, Faustkeile und einige Perlen aus Achat. Dem Mädchen gefielen die Perlen. Es las sie auf und nahm sie mit, als es mit seinen Ziegen zum Zelt seiner Familie zurückkehrte. Dort zeigte es den Fund seiner Mutter. Die Mutter war eine kluge Frau, die wußte, daß mit solchen Perlen gute Geschäfte gemacht werden konnten. Deshalb bewahrte sie sie sorgfältig auf und wartete auf die nächste günstige Gelegenheit, um sie gegen etwas anderes einzutauschen. Diese Gelegenheit bot sich ihr schon bald auf dem Markt von Timbuktu, denn dort war ein paar Tage vorher eine Karawane aus Taoudenni eingetroffen. In Taoudenni befindet sich eine der größten Salzminen der Sahara. Und weil der Mutter der kleinen Hirtin gerade das Salz ausgegangen war, bezahlte sie mit den Perlen eine halbe Kamellast Salz. Der Salzhändler gab die Perlen Stück für Stück weiter. Kurze Zeit danach spielte mir der Zufall eine von ihnen in die Hände. Ich erkannte ihr hohes Alter sofort und versuchte, ihre Herkunft zurückzuverfolgen, was mir auch nach einigen Mühen gelang. So entdeckte ich den letzten Lagerplatz von Noks Sippe. Hier hatte der große Magier, der größte von allen, derjenige, der die Kraft hatte, Himmel und Erde zu erschaffen und alles auch wieder zu zerstören, Nok und seine Leute zu sich gerufen.

Zwei Dinge sind sicher: Erstens, daß das wilde Volk mit seinen Gespannen sich schon bald in der gesamten Sahara breitmachte, was wir aus den zahlreich entdeckten Felsmalereien schließen können. Und zweitens, daß eine der röhrenförmigen Perlen aus Achat, die von einem kleinen Mädchen in einer Höhle aufgelesen worden waren, ihren Weg von Hand zu Hand ging, bis sie eines Tages von irgend jemand auf diese Kette gefädelt wurde.

21

»Das hast du sehr gut erzählt«, lobte Frau Coslin ihren Mann, als die Geschichte zu Ende war. »Wieso behauptest du immer, du könntest das nicht?«

»Das weiß ich auch nicht. Vielleicht kommt's daher, daß ich so gute Zuhörer hatte«, antwortete der Algerier lächelnd und nahm einen Schluck aus seinem Glas, um seine trockene Kehle zu befeuchten. »Es hat mir Spaß gemacht.«

»Wenn alle Leute so bescheiden wären wie Sie, würde bald keiner mehr eine Geschichte erzählen«, sagte Thomas.

»Das finde ich nicht«, widersprach ihm Karen. »So lange es Leute gibt, die zuhören können, wird es immer Erzähler geben.«

Während dieser Unterhaltung blieben Masha und Jessica stumm. Sie waren in ihren Gedanken immer noch bei Nok, dessen Perlenschnur ihm Zauberkräfte verliehen hatte. Jessica fragte sich, ob die magische Kraft der kleinen Achatperle auch heute noch wirksam wäre.

Frau Coslin hatte ihrem Mann die Kette aus der Hand genommen. »Wenn ihr morgen noch hier seid, kann ich euch auch etwas erzählen«, sagte sie. »An dieser Kette sind nämlich ein paar Perlen, die in mein Fachgebiet fallen.«

»Aber ich dachte, sie seien Biologin?« wandte Karen erstaunt ein.

»Sie meinen, was verstehen Biologen denn schon von Perlen?« Frau Coslin lachte. »Die Frage wäre berechtigt. Doch von Schneckenhäusern verstehen sie schon etwas.«

Das Wort Perlen hatte Jessica aus ihren Gedanken gerissen. »Natürlich sind wir morgen noch da!« rief sie eifrig. »Und übermorgen auch noch, denn da hat Papa bei der Bohrung zu tun.«

»Gut. Dann erzähle ich euch morgen die Geschichte vom Schneckengeld.«

»Aber vergiß bitte nicht: morgen ist Montag«, gab ihr Herr Coslin zu bedenken.

»Montag? Ist das ein besonderer Tag?« fragte Karen.

»Montags ist Markt in Djenné«, erklärte ihr Masha.

»Nicht einfach nur Markt«, fügte Frau Ndobo hinzu, »der berühmteste Markt am Niger«, und schlug dann den Coslins vor, ob sie nicht Lust hätten, dieses große Ereignis mit ihnen gemeinsam zu besichtigen. Die beiden Algerier waren sofort damit einverstanden.

An diesem Abend schliefen sie alle in ihren Zimmern, denn sie waren sich nicht ganz sicher, ob der Mann an ihrer Türe wirklich nur harmlose Absichten verfolgt hatte.

22

»Ich glaube, es wäre besser, du würdest deine Kette heute nicht anziehen«, sagte Karen am nächsten Morgen zu ihrer Tochter.

»Du meinst, ich soll sie hierlassen!« rief Jessica entrüstet. »Obwohl gestern jemand hier einbrechen wollte. Kommt nicht in Frage.«

»Aber in dem Gedränge auf dem Markt wäre sie erst recht nicht sicher.«

»Wie wär's«, mischte sich Thomas ein, »wenn ich sie – so lange wir unterwegs sind – in die Innentasche meiner Weste stecke?«

Da das ein sehr guter Vorschlag war, konnte ihm Jessica nicht widersprechen. Die innere Westentasche ihres Vaters war ein guter Platz. Dort, neben dem Paß und seiner Kreditkarte, würde die Perlenschnur sicher sein.

Auf dem Platz vor der Moschee war der Markt schon in vollem Gang, als die Benders mit Frau Ndobo, Masha und den beiden Algeriern eintrafen. Es war ein buntes Gewimmel. Die meisten Anbieter hatten ihre Waren unter einem einfachen Zeltdach auf dem Boden ausgebreitet. Sie hockten dahinter oder daneben. Die Frauen säugten ihre kleinen Kinder, während die Männer mit Kaufinteressenten verhandelten. Es dauerte eine Weile, bis die fremden Besucher eine bestimmte Ordnung in allem erkannten, denn es war nicht nur so, daß sich an einer bestimmten Stelle alle Obst- und Gemüsehändler niedergelassen hatten, an einer anderen alle diejenigen, die Eisenwaren anboten, und an einer dritten alle Stoffverkäufer, sondern sie schienen nach Stammeszugehörigkeiten geordnet zu sein. Die Dogon-Frauen aus Bandiagara, die man – wie Frau Ndobo den anderen erklärte – an ihren dunkelblauen Wickelröcken und den viereckigen Strohkörben erkennen konnte, boten Zwiebelkugeln, Kolbenhirse und Gewürze an, die Bozo-Fischer geräucherte und getrocknete Fische sowie schön bemalte Tongefäße, und die Bobo-Frauen aus dem Süden des Landes verkauften Kalebassen in allen Größen, Erdnüsse und ungesponnene Baumwolle. Die Bambara-Bauern aus der Umgebung Djennés handelten mit getrockneten Heilpflanzen, Akazienschoten, Baumrinden, roten Pfefferschoten und Soumbala, einem scharfen Saucengewürz, das sie an den Rändern ihrer Bohnenfelder ausgesät hatten. Die Songhai aus Niafunké hatten aus Palmblättern geflochtene Sitzmatten mitgebracht und die in ganz Mali herumreisenden Dyola-Händler wunderschöne bunte Webdecken mit geometrischen Mustern. Stolze, schöne Frauen liefen von Stand zu Stand und betrachteten die angebotenen Waren. Sie hatten sich ihre Babys mit bunten Tüchern auf den Rücken gebunden, und viele von ihnen trugen schwere Lasten auf den Köpfen. Die stolzesten und schönsten unter ihnen waren die Fulbe-Frauen. Sie fielen durch ihren reichen Kopfputz aus Silbermünzen, Korallen und Bernsteinkugeln auf, und viele von ihnen trugen große, in sich gedrehte goldene Ohrgehänge.

Karen kam es vor, als hätten sich nicht nur die Bewohner des Binnendeltas, sondern ganz Malis an diesem Montag in Djenné verabredet. Nachrichten wurden ausgetauscht und Neuigkeiten weitergegeben, Kinder weinten, in einem Innenhof blöckten Schafe, und als dann gegen Mittag die Stimme des Muezzin über den Platz schallte und viele Männer der Moschee entgegenstrebten, schlug die fremde Welt über ihr zusammen. Sie blieb einen Augenblick stehen, schloß die Augen und hörte den verschiedenen Geräuschen zu, den lauten und leisen Tönen, die Menschen und Tiere von sich gaben und die vom Klang der Musik aus einem Kassettenrecorder begleitet wurden. Als sie die Augen wieder aufmachte, entdeckte sie, daß ihre Tochter offensichtlich den Anschluß an die Gruppe verloren hatte, denn sie war weg. Zuerst beunruhigte sich Karen nicht weiter. Jessica kannte inzwischen den großen Platz, der auf der einen Seite von der Moschee begrenzt wurde. Sie mußte wissen, wo ihr Hotel lag. Doch nach einer Weile konnte Karen ihre Besorgnis vor den anderen nicht mehr verbergen.

»Thomas!« rief sie ihrem Mann zu, der sich angeregt mit Herrn Coslin unterhielt, »hast du schon gemerkt, daß wir Jessy verloren haben?«

»Sie wird sicher gleich wieder dasein.«

Als Jessica nach einer halben Stunde immer noch nicht aufgetaucht war, hielt es Karen nicht mehr aus.

»Ich mache mich auf die Suche nach ihr«, sagte sie voll Sorge. »Wer weiß, was ihr zugestoßen ist.«

»Ich gehe mit Ihnen. Sie kann nicht weit gekommen sein.« Die Vorstellung, daß Frau Coslin sie begleiten würde, beruhigte Karen etwas.

»Wir kommen auch mit«, sagte Frau Ndobo.

Schließlich machten sie sich alle gemeinsam auf die

Suche nach dem Mädchen, weil, wie Herr Coslin sagte, zwölf Augen mehr sehen als vier, was die Wahrscheinlichkeit erhöhe, Jessica schnell zu entdecken. Sie suchten in den Gängen zwischen den Ständen, drängten sich durch die Gruppen der schwatzenden Frauen, stiegen über schlafende Kinder, sahen auch im Innenhof der Moschee nach und in einigen Seitengassen, doch ohne Erfolg.

»Meinst du nicht, daß wir die Polizei verständigen müssen?« fragte Karen, den Tränen nahe, ihren Mann. »Vielleicht ist sie entführt worden.«

»Könnte es nicht auch sein, daß sie inzwischen ins Hotel zurückgekehrt ist?« versuchte sie Frau Ndobo zu beruhigen.

»Das wäre möglich«, pflichtete ihr Thomas bei. »Sehen wir dort zuerst nach.« Karen, die sich in ihrer Verzweiflung keinen Rat mehr wußte, war sofort damit einverstanden.

Als sie ihr Zimmer betraten, war Jessica da. Sie lag im Bett und schlief.

»Jessy, wo warst du? Wir haben dich überall gesucht!« Karen stürzte auf ihre Tochter zu, umarmte sie erleichtert und gab so lange keine Ruhe, bis ihnen Jessica alles erzählt hatte.

»Ich bin eine Weile bei den Schmuckhändlern stehengeblieben«, begann sie ihren Bericht. »Dann, als ich weitergegangen bin, habe ich immer noch Papas Kopf vor mir gesehen. Irgendwann habe ich ihn aber aus den Augen verloren. Ich konnte mich nicht durchdrängeln, denn in dem Gang waren so viele Leute, daß ich kaum vorwärtsgekommen bin. Auf einmal kam mir ein Junge entgegen. Ich habe versucht, ihn einfach wegzuschieben, doch er hat mir den Weg versperrt. Da bin ich ziemlich erschrocken …«

»Wie sah der Junge denn aus?« unterbrach sie Thomas.

»Eigentlich so wie die meisten Jungen hier«, antwortete Jessica.

»Er hatte eine kurze ausgefranste Hose an und ein löchriges Hemd. Nichts war auffällig an ihm, aber es kam mir so vor, als sei ich ihm früher schon einmal begegnet, und sein kariertes Hemd kam mir auch bekannt vor. Die Art, wie er mich anstarrte, hat mir Angst eingejagt.«

»Wieso?« fragte Karen.

»Er hat immer nur meinen Hals angesehen, so, wie wenn er nicht fassen könnte, daß da nichts Besonderes zu sehen war.« Jessica schwieg.

»Na, und«, wollte ihr Vater wissen. »Was passierte dann?«

»Eigentlich nichts«, gab Jessica zu. »Nachdem er erkannt hatte, daß da nichts zu sehen war, hat er sich umgedreht und ist davongerannt.«

»Und wovor hast du dich dann gefürchtet?«

»Weil mir klar war, daß er es nur auf die Perlenschnur abgesehen haben konnte. Nur auf sie und nichts anderes. Dann hab ich mir überlegt, was an ihr dran sein könnte, und meine Gedanken haben sich immer im Kreis gedreht. Zuerst hat man sie uns verkauft, und jetzt will man sie auf einmal wiederhaben. Ich versteh das nicht.« Sie erzählte weiter, daß sie sich, nachdem sie sich von dem Schreck etwas erholt hatte, auf die Suche nach ihnen machte. Eine Weile war sie herumgeirrt, dann hatte sie beschlossen, ins Hotel zurückzukehren. Dort hatte sie sich den Zimmerschlüssel geben lassen und war auf ihr Zimmer gegangen, hatte geduscht und sich aufs Bett gelegt. »Ihr könnt sagen, was ihr wollt, aber ich bin ganz sicher, daß es der Junge auf die Perlen abgesehen hatte.«

»Ach was«, widersprach ihr Thomas lachend und zog die Kette aus der Westentasche. »Du leidest schon unter Verfolgungswahn.«

»Was ist, wenn sie recht hat?« fragte ihn Karen besorgt.

»Heute abend ist die Frist um, die ich dem Professor eingeräumt habe, damit er seinen archäologischen Forschungen nachgehen kann. Dann muß ich morgen nur noch den Fortgang unserer Bohrung kontrollieren. Übermorgen früh können wir nach Bamako zurückfahren. Bis dahin habt ihr die Wahl, im Hotel zu bleiben oder, wenn ihr in die Stadt geht, euch nicht weit voneinander zu entfernen. Dann kann eigentlich nichts passieren.«

»Und die Perlen?« fragte Jessica.

»Die kannst du getrost wieder anziehen. Morgen ist der Markt vorbei. Da ist es wieder ruhig in der Stadt.«

Doch so lange wollte Jessica nicht warten. Sie trug ihre Kette bereits wieder, als sie zum Abendessen in den Speisesaal gingen. Herr und Frau Coslin saßen schon an ihrem Tisch in der Ecke. Masha und Frau Ndobo kamen gleich nach ihnen, und sie gaben so lange keine Ruhe, bis Jessica ihren Bericht wiederholt hatte.

Gerade als der Kellner nach ihren Wünschen fragte, betrat der Professor den Speisesaal.

»Na, Erfolg gehabt?« fragte ihn Thomas.

Der Archäologe berichtete, daß er noch weitere Scherben gefunden hatte und nun in der Lage sei, die Amphore zu rekonstruieren. Außerdem hatte ihm der Geologe, der für die Firma, für die auch Thomas arbeitete, dabei geholfen, die Erdschicht zu bestimmen, in der alle Scherben gefunden worden seien. Durch diese Information wüßten sie nun, wie lange sie im Boden gelegen hätten.

»Und wie lange war es?« wollte Frau Ndobo wissen.

»Etwa zweitausend Jahre, vielleicht auch hundert Jahre länger oder kürzer. Genauer kann man es nicht sagen.«

»Dann sind sie zufrieden?«

»Ja, sehr. Vielen Dank. Ab morgen steht die Baustelle wieder zu ihrer Verfügung, Herr Bender.«

Fast alle bestellten Hammelgulasch. Frau Ndobo bat den Kellner noch um eine kleine Schüssel voll Maniokbrei. »Damit ihr kennenlernt, was die Leute hier essen«, sagte sie lächelnd. Doch als der Kellner die mit dem weißen Brei gefüllte Schüssel auf den Tisch stellte, wollte niemand der erste sein, der ihn probierte. Schließlich holte sich Masha einen Löffel voll heraus und steckte ihn in den Mund. Unter den gespannten Blicken der ganzen Tischrunde schluckte sie ihn herunter, verzog aber dann das Gesicht zu einer Grimasse. »Puh«, sagte sie. »Ich glaube nicht, daß das meine Lieblingsspeise wird.« Und weil Jessica sich nicht lumpen lassen wollte, tat sie es ihr nach. Doch sie hatte große Mühe, den faden Brei nicht gleich wieder auszuspucken.

»Nun gut, ich sehe schon, euch schmeckt das nicht«, sagte Frau Ndobo lachend. »Aber viele Afrikaner sind froh, wenn sie einmal am Tag eine Schüssel voll mit dem aus der Maniokwurzel gemachten Brei zu essen bekommen. Das könnt ihr mir glauben.« Noch nie hatte Masha und Jessica das Hammelgulasch so gut geschmeckt wie an diesem Abend.

Nachdem der Kellner den Tisch wieder abgeräumt hatte, bestellte der Archäologe eine Runde Weißwein für alle.

»Damit wir etwas zu trinken haben, während Frau Coslin uns die Geschichte vom Schneckengeld erzählt«, sagte er. »Und zugleich ist das auch meine Abschiedsrunde. Denn ich muß morgen nach Bamako zurück.«

Diese Eröffnung tat allen leid. Nur die beiden Mädchen dachten an nichts anderes als an die neue Geschichte, und Karen freute sich ebenfalls drauf. Sie konnten es kaum erwarten, bis Frau Coslin endlich das Wort ergriff.

»Ihr müßt wissen«, begann sie, »daß ich mir mein Studium, wie viele andere Studenten auch, selbst verdienen mußte. Ich erhielt einen Job am Wechselschalter eines großen Touristikzentrums in Algier. Dort tauschte ich das Geld der Touristen von einer Währung in die andere. Je länger ich dort zu tun hatte, um so mehr begann ich mich für den unterschiedlichen Wert des Geldes zu interessieren. Eines Tages kam ein Afrikaner aus einem Land südlich der Sahara zu mir, der wollte Kauri-Schnecken in Franc umgetauscht haben, und als ich ihm sagte, daß dies leider nicht möglich sei, weil sein Schneckengeld in keinem anderen Land anerkannt wäre, sah er mich völlig entgeistert an. ›Bei uns kann man alles damit kaufen, was man bei euch gegen Franc kaufen kann‹, sagte er. Ich schickte ihn zu meinem Abteilungsleiter und sah ihn dann nicht mehr. Diesen Vorfall nahm ich zum Anlaß, mich – so gut es mir möglich war – um die Schneckenwährung in Afrika zu kümmern, und das, was ich herausbrachte, war meiner Meinung nach ziemlich erstaunlich.«

»Dann sind die Schneckenhäuser eigentlich Geld?« fragte Karen.

»Genauso wie viele Perlen«, erklärte ihr Frau Coslin. »Das bekannteste und das am weitesten verbreitete Geld waren Kauri-Schneckengehäuse. Deshalb hat man ihnen auch den lateinischen Namen *Monetaria* gegeben. Doch die rot-weiß gestreiften Gehäuse an Jessicas Kette gehören zu den Täubchen- oder Birnen-Schnecken, die man, ebenso wie die Kauris, an allen Küsten tropischer Meere finden kann. *Columbellidae* nennen sie die Biologen. Aber jetzt wißt ihr genug. Ich erzähle euch also die Geschichte vom:

Schneckengeld

Wie lange es her ist, daß Schneckengehäuse als Geld verwendet werden, weiß niemand genau, und es kann sich auch niemand mehr daran erinnern, wer als erster auf diesen Einfall gekommen sein könnte. Vielleicht war es so wie in meiner Geschichte, vielleicht auch anders.

Zu einer Zeit, als noch kein weißer Mann seinen Fuß auf afrikanischen Boden gesetzt hatte, brachten eines Tages zwei Männer ihre Jagdbeute auf einen ostafrikanischen Markt, um sie dort gegen andere Dinge einzutauschen. Die Männer waren ein Vater und sein Sohn. Sie waren beide hoch gewachsen und nur mit einem um die Lenden geschlungenen Schurz bekleidet. Die Last, die sie viele Tage lang durch die Steppe geschleppt hatten, bestand aus zwei großen Elefantenzähnen sowie einem Löwen- und einem Leopardenfell. Sie wollten sie gegen Salz und Gewürze, getrocknete Heilpflanzen, ein paar Kolanüsse und zwei Säcke voll Hirse eintauschen, denn der Elefant, den einer der beiden mit seinem Speer erlegt hatte, war über ihr Feld hergefallen, kurz bevor sie es abernten konnten.

Die beiden fragten diesen Händler und jenen, erkundigten sich nach den Preisen und blieben schließlich bei einem Araber stehen, dem sie ihre Jagdbeute zeigten. Als der Händler die makellos weißen Elefantenzähne erblickte, fiel es ihm schwer, sein großes Interesse an ihnen zu verbergen. Kurz zuvor hatte er nämlich die Botschaft erhalten, im Hafen von Sansibar seien mehrere indische Segler eingelaufen. Sie hätten Gewürze, Teppiche und feine Baumwollstoffe geladen, die von den indischen Kaufleuten gegen Elfenbein und Gold eingetauscht werden sollten. Der Araber wußte aus Erfahrung, daß der Handel mit den Indern stets gute Gewinne einbrachte, aber es war ihm auch klar, daß das, was die beiden Männer von ihm haben wollten, viel weniger wert war als die beiden Felle und das Elfenbein. Dem Älteren der beiden war das ebenfalls bekannt, denn er war nicht dumm, und außerdem wußte er, was die anderen Händler für diese Dinge boten. Zugleich war er sich auch bewußt, daß er und sein Sohn nicht in der Lage sein würden, mehr als zwei Säcke voller Hirse, einen großen Brocken Salz, Gewürze, Heilpflanzen und Kolanüsse auf ihrem langen und mühevollen Rückweg durch die Steppe bis zu ihrer Hütte zu transportieren.

Der Händler überlegte fieberhaft, was er den Männern noch anbieten könnte, und als ihm nichts einfiel, erfand er eine Ausrede, um Zeit zu gewinnen und seine Frau um einen Rat zu bitten, denn sie war in vielen Dingen klüger als er. Nachdem ihm die beiden zugesagt hatten, gegen Abend wieder zu kommen, ging er nach Hause. Als er den Innenhof seines Gehöftes betrat, hockte seine Frau im Schatten einer Palme und fädelte leere Kauri-Schneckengehäuse auf einen Baumwollfaden.

»Was machst du da?« fragte ihr Mann sie.

»Siehst du das nicht?« entgegnete die Frau verwundert. »Ich mache mir eine Halskette.« Der Händler ließ sich neben ihr nieder und sah ihr zu. Nach einer Weile begann er, ihr von den beiden Männern und ihrer kostbaren Beute zu erzählen, und als er damit fertig war, fragte er seine Frau, was er ihnen noch anbieten könnte, um das Elfenbein und die Felle in seinen Besitz zu bringen. Ohne von ihrer Arbeit aufzusehen, erwiderte sie: »Du mußt ihnen etwas geben, das sie bei ihrem nächsten Marktbesuch wieder zurücktauschen können. Es müßte etwas Wertvolles und zugleich aber auch Leichtes sein, das sie auf ihrem Heimweg nicht belastet.«

»Und was könnte das sein?«

»Zum Beispiel so eine Halskette aus Kauri-Schnecken«, sagte die Frau und hob ihm die fertige Kette entgegen. »Erstens, weil man diese Schneckenhäuser nur an den Küsten des indischen Ozeans finden kann und nicht dort, woher diese Männer kommen ...«

»Und zweitens?«

»... zweitens, weil in ihrem Inneren ein Zauber eingeschlossen ist, der dafür sorgen wird, daß ihre Frauen viele Kinder bekommen.«

»Wer sagt das?«

»Das hat mir eine weise Frau gesagt. Sie war es, die mir den Rat gegeben hat, die Kauris am Strand aufzusammeln und sich aus ihnen eine Halskette zu machen.«

Da verstand der Araber auf einmal, warum seine Frau die eiförmigen leeren Gehäuse auf eine Schnur fädelte, denn sie wartete schon lange darauf, ein Kind zu bekommen. Doch obwohl ihr Kummer auch sein Kummer war, bat er sie um die fertige Kette. »Allah sei Dank«, seufzte er zufrieden. »Das ist ein guter Vorschlag. Einer der beiden Männer braucht sie sich nur um den Hals zu hängen. Er wird ihr Gewicht nicht spüren.«

Die Frau gab ihm leichten Herzens die fertige Kette, denn sie wußte ja, daß sie nur zum Strand zu gehen brauchte, um die Zutaten für eine neue aus dem Sand aufzulesen.

Als nun am Abend der Vater mit seinem Sohn abermals den Händler aufsuchte, bot der Araber ihnen die

Kette als Wertausgleich an. »Sie ist äußerst wertvoll«, erklärte er.

»Wertvoll!« sagte der Mann verwundert.

»Wertvoll?« wiederholte der Sohn. »Was soll an ihr denn wertvoll sein? Ja, wenn sie aus bunten Glasperlen wäre, würde ich das verstehen. Aber einfache weiße Schneckenhäuser …«

»Der Wert, den ich meine, ist in ihrem Inneren verborgen«, sagte der Araber.

»Was kann sich schon im Inneren so eines kleinen Gehäuses verbergen?« fragte der Vater verwundert.

Der Händler beugte sich vor und flüsterte den Männern in die Ohren, weil er nicht wollte, daß jemand mithören konnte: »Etwas, was man nicht sieht, was aber da ist.«

»Und was ist das?«

»Ein Zauber. In ihrem Inneren ist ein Zauber verborgen.«

»Ein Zauber?« fragte der Mann verwundert. »Was für ein Zauber?«

»Einer, der dafür sorgt, daß eure Frauen viele Kinder bekommen. Schau dir die Form des Gehäuses an. Erinnert sie dich nicht irgendwie an deine Frau?« Da lachte der Mann und nickte. Der Araber hatte ihn überzeugt. »Und außerdem kannst du sie mir jederzeit wiederbringen«, fuhr der Händler fort. »Dann gebe ich dir für sie den Rest des Wertes, den wir für das Elfenbein und die Felle ausgehandelt haben, Salz oder Hirse, Heilkräuter, Gewürze oder Kolanüsse und was du sonst noch dafür haben willst.«

Der Mann beriet sich mit seinem Sohn. Dann ging er auf den Vorschlag des Arabers ein. Er hängte sich die Kette um den Hals, hob sich den Salzbrocken und einen Sack Hirse auf den Kopf. Den zweiten Sack übernahm sein Sohn zusammen mit den anderen Einkäufen. Daraufhin machten sie sich wieder auf den Heimweg. Die beiden Elefantenzähne und die Felle ließen sie bei dem Araber zurück.

Als sie das nächste Mal den weiten Weg zum Markt unternahmen, hatten sie nur zwei lumpige Zebrafelle dabei. Da es viele Zebras gab, waren die Felle viel weniger wert als das, was sie gegen sie eintauschen wollten. Sie gingen also zu demselben arabischen Händler, von dem sie die Kauris erhalten hatten, erinnerten ihn an sein Versprechen und fragten ihn, ob sie das, was ihnen fehlte, um die gewünschten Waren bezahlen zu können, mit den Fellen ausgleichen dürften. Der Kaufmann war sofort damit einverstanden, weil er sich freute, nicht nur zwei gute Kunden gewonnen zu haben, sondern auch zwei Lieferanten von Waren, die er für die Geschäfte mit seinen indischen Partnern dringend benötigte.

»Bei Allah!« sagte er zu dem Älteren der beiden. »Du und dein Sohn, ihr seid mir immer willkommen. Ich hoffe sehr, daß der Zauber gewirkt hat und euch eure Frauen inzwischen viele Kinder geboren haben.«

»Das haben sie«, antwortete der Sohn und erzählte dem Händler, daß die Frau des Vaters wohlbehalten ihr elftes und seine eigene ihr sechstes Kind auf die Welt gebracht hätte. Doch weil sie fanden, daß das genug sei, könnten sie ihm die Zauberschneckenkette leichten Herzens wieder zurückgeben.

Als die anderen Händler davon hörten, daß der arabische Kaufmann ihnen die beiden schönen Elefantenzähne und die Felle vor der Nase weggeschnappt hatte, indem er den beiden Verkäufern zum Ausgleich eine Kette mit Kauri-Schnecken anbot, ärgerten sie sich sehr. Noch neidischer wurden sie aber, als sie sahen, daß der

Händler den beiden die Kauris wieder zurücktauschte, denn sie hatten inzwischen von dem Zauber gehört, der in ihnen verborgen sein sollte. Rasch schickten sie ihre Frauen zum Strand, um dort alle Schneckenhäuser einzusammeln, die sie finden würden. Indem sie ihren Kunden von dem Zauber erzählten, erhöhten sie den Wert der Kauris und steigerten den Wunsch der Leute, eine solche Kette zu besitzen. Obwohl in den meisten Familien sowieso alljährlich ein Kind auf die Welt kam, schrieben es von diesem Zeitpunkt an alle Eltern den in den Schneckengehäusen verborgenen Zauberkräften zu.

Von nun an erhielt der Handel auf jenem Markt eine neue Größenordnung. Die Leute, die aus dem Inneren des Landes kamen, um ihre Waren dort gegen andere einzutauschen, waren nicht mehr mit Salz, Heilkräutern, Gewürzen, Kolanüssen, Hirse oder den üblichen Gebrauchsgegenständen zufrieden, sondern wollten zusätzlich noch Kauris. Und wenn es nicht genügend Halsketten gab, waren sie oft auch mit einer oder zwei Handvoll losen Schneckenhäusern zufrieden. »Auffädeln können wir sie selbst«, sagten sie und waren bereit, weniger Salz oder weniger Hirse gegen ein Löwenfell einzutauschen, wenn sie dafür einige Kauris mehr bekommen würden. Viele von ihnen hatten nämlich gemerkt, daß der Wert der Schneckenhäuser gewaltig anstieg, je weiter man sie ins Innere Afrikas brachte, was ihre Geschäfte immer gewinnbringender werden ließ. Sie feilschten und stritten schon bald um jedes Schneckenhaus, und die Händler hatten alle Hände voll zu tun, um genügend Nachschub herbeizuschaffen.

Es dauerte nicht allzu lange, bis an der Ostküste Afrikas Kauri-Gehäuse immer seltener zu finden waren. Da steckten die Frauen Zweige ins seichte Wasser, und die Schnecken kamen über Nacht, weil sie die Blätter an diesen Zweigen besonders gern fraßen. Am nächsten Morgen wurden die Zweige dann wieder aus dem Wasser geholt und die Kauris von ihnen abgepflückt.

Doch schon bald versiegte auch diese Quelle, und die Kaufleute waren gezwungen, ihre indischen und indonesischen Handelspartner um Nachschub zu bitten. Auf diese Weise verbreitete sich das Kauri-Schneckengeld bald über ganz Afrika. Es war beliebt, weil es handlich, leicht und nicht zu fälschen war. Und außerdem konnte es auch nicht verderben. Doch die Kauris wurden nicht nur als Geld verwendet, sondern auch zur Verzierung von Königsgewändern und zur Herstellung von Fruchtbarkeitsamuletten. Auch als Schmuck waren sie sehr begehrt.

Was zu erwarten war, trat nach einiger Zeit ein: Es kamen zu viele Kauri-Gehäuse in den Handel, und das führte zu einem Preisverfall. Hatte ein Fährmann zum Beispiel für das Übersetzen eines Menschen über einen Fluß wie den Niger früher einmal fünf Kauris genommen, so verlangte er schon bald fünfzig, dann fünfhundert und später auch mehr. Betrug der Brautpreis für eine Frau an der Wende vom achtzehnten zum neunzehnten Jahrhundert noch zwei Kauris, stieg er in der zweiten Hälfte des neunzehnten Jahrhunderts auf zehntausend und mehr. Auch die ersten durch Afrika reisenden Forscher nahmen auf ihren Expeditionen außer Glasperlen große Mengen Kauri-Schnecken mit, die sie in Sansibar oder anderen Hafenstädten erstanden. Der berühmte Afrikareisende Gerhard Rohlfs berichtete, daß er in den sechziger Jahren des vorigen Jahrhunderts achtzigtausend Kauris für ein Pferd bezahlen mußte, während hundert Jahre früher der

Preis für einen Sklaven nur ein kleines mit diesen Schneckenhäusern gefülltes Maß betragen hatte.

Natürlich ärgerten sich die Händler über diesen Wertverlust, denn das bedeutete für sie, daß die Preise für einen Elefantenzahn oder ein Löwenfell immer weiter stiegen. Am allermeisten ärgerte sich aber ein Händler, der an der Elfenbeinküste zu Hause war. Nennen wir ihn einfach Ali und mit Nachnamen Massudi. Ob er wirklich so hieß oder anders, weiß niemand genau.

Ali Massudi kam sich sehr schlau vor, als er eines Tages den Einfall hatte, andere Schneckenhäuser in den Handel zu bringen. Diese anderen sollten ebenso hübsch sein wie die Kauris, aber sie mußten schwerer zu finden sein. Er besann sich darauf, daß er als kleiner Junge mit den anderen Kindern seines Dorfes immer am Strand nach Muscheln und Schnecken gesucht hatte. Sie hatten gewetteifert, wer die größten und seltensten Exemplare finden würde, hatten sich aus den Muscheln Halsketten gemacht oder mit den Schneckenhäusern im Sand gespielt.

Er ging also wieder zum Strand und suchte nach einem Schneckengehäuse, das er seinen Kunden als wesentlich wertvoller darstellen könnte, als es ihre Kauris waren. So wie er es früher als kleiner Junge getan hatte, suchte er mit den Augen den Boden vor seinen Füßen ab, wühlte, wenn er etwas sah, mit dem großen Zeh im feuchten Sand, und ging enttäuscht weiter, weil das, was er entdeckt zu haben glaubte, nichts anderes als eine Muschelscherbe oder ein zerbrochenes Schneckenhaus war. Eines Tages fand er in einer weit abgelegenen, von hohen Palmen gesäumten Bucht schließlich das, was er zu finden gehofft hatte. Dort hatten die ablaufenden Wellen eine große Anzahl gewundener Schneckenhäuser auf dem Strand zurückgelassen, deren Windungen durch einen rotbraunen Streifen betont wurden. Die leeren geringelten Gehäuse waren Täubchenschneckenhäuser. Ali Massudi rieb sich die Hände vor Freude über seinen Erfolg. Er sammelte sie ein, trug sie nach Hause und wartete, bis in der nächsten größeren Stadt wieder einmal Markttag war.

Dem ersten Mann, der zu ihm kam, um ihm einen Tonkrug voll Palmöl zu verkaufen, bot er die Täubchenschnecken als Bezahlung an.

»Was soll das?« sagte der Mann kopfschüttelnd. »Gib mir hundert Kauris für das Palmöl, und ich werde zufrieden heimgehen.« Ali Massudi, der es nicht übertreiben wollte, bot dem Mann zehn Täubchenschnecken für seine Ware.

»Eine von diesen«, erklärte er ihm, »ist soviel wert, wie zehn Kauris.«

Der Mann betrachtete ungläubig die kleinen rotweißgeringelten Gehäuse, die ihm vorher noch nie zu Gesicht gekommen waren. Wenn der Händler recht hat, überlegte er, dann wäre das ein gutes Geschäft. Die anderen Händler hatten ihm nämlich bloß sechzig Kauris für sein Palmöl geboten. Andererseits, fuhr der Mann in seinen Überlegungen fort, andererseits weiß ich nicht, ob das stimmt, was dieser Händler behauptet.

Natürlich wußte Ali Massudi auch, daß das Palmöl des Mannes nicht mehr als sechzig Kauris wert war, doch wenn er ihn mit zehn Täubchenschnecken zufrieden stellen könnte, würde ihn das Öl überhaupt nichts kosten. Er redete also mit großer Überzeugungskraft auf den Mann ein und versuchte, ihm die Vorteile des neuen Geldes klarzumachen.

»Du hast doch sicher schon gemerkt«, sagte er, »daß du immer mehr Kauris für Waren bezahlen mußt, die früher nur eine Handvoll gekostet haben? Ist es dir nicht lästig, so viele Schneckengehäuse mit dir herumzuschleppen, wenn du oder deine Frau auf dem Markt etwas einkaufen wollen?« Damit traf er einen wunden Punkt, denn den Preis für ein Messer oder einen Ballen bunt bedruckten Baumwollstoffs konnte man nicht mehr am Hals mit sich herumtragen. Zu viele Kauris wurden für diese Dinge verlangt. Statt hundert nur zehn zu bezahlen, machte die Sache leichter.

»Und im übrigen«, fuhr Ali Massudi mit seiner Überredung fort, »verkaufe ich dir bei deinem nächsten Marktbesuch alles, was du willst, und nehme diese Schnecken im Verhältnis eins zu zehn wieder in Zahlung.« Damit hatte er den Mann überzeugt. Das Geschäft kam zustande, und Ali Massudi beglückwünschte sich noch einmal zu seinem Einfall.

Doch leider nutzte ihm seine Schläue wenig, denn er hatte etwas Wichtiges vergessen, etwas, das vor langer Zeit die Verbreitung der Kauri-Schnecken sehr gefördert hatte. Dieses Etwas war der Zauber, der in ihnen eingeschlossen sein sollte. Ali brachte die Täubchenschnecken jedoch ohne eine Zaubergeschichte unter die Leute, was ihre Verbreitung sehr verzögerte. Trotz alledem müssen einige von ihnen die Gegend von Hombori am Niger erreicht haben. Das beweisen die Gehäuse an Jessicas Perlenkette.

Kauri-Schnecken jedoch blieben auf vielen westafrikanischen Märkten noch lange ein wichtiges Zahlungsmittel.

23

Nach den letzten Worten Frau Coslins betrachtete Jessica die kleinen Schneckenhäuser an ihrer Kette mit anderen Augen. Einige waren zerbrochen, so daß man ihr Gewinde sehen konnte. Andere waren unversehrt.

»Wieviel war so ein Täubchenschneckengehäuse früher einmal wert?« fragte sie nachdenklich. »Ein Franc oder zehn Franc?«

»Das wird einmal so und dann wieder so gewesen sein«, entgegnete die Biologin. »Genau wie es auch heute noch bei den Wechselkursen ist. Einmal bekommst du acht Franc für einen Dollar und ein anderes Mal zehn und wieder ein anderes Mal vielleicht bloß fünf. So ist das eben.«

Schon bald drehte sich das Gespräch nur noch um Wechselkurse, wie und wo man sein Geld am günstigsten in eine andere Währung umtauschen könnte und ob man das Risiko eingehen sollte, es bei einem Schwarzhändler zu tun. Während dieser Unterhaltung stellte Karen befriedigt fest, daß ihre Tochter die Begegnung mit dem fremden Jungen im Augenblick vergessen zu haben schien.

»Es ist schon spät«, sagte sie gähnend. »Ich bin schrecklich müde.«

Damit gab sie das Zeichen zum allgemeinen Aufbruch. Ein bißchen wehmütig nahmen sie Abschied von dem Professor, der schon in aller Frühe abreisen wollte.

»Und was machen wir?« fragte Masha.

»Auf mich müßt ihr morgen verzichten. Ich bin den ganzen Tag über bei der Bohrung beschäftigt«, entgegnete Thomas.

»Hätten Sie nicht Lust, noch einmal in die Stadt zu gehen?« schlug Frau Ndobo Karen vor. »Wir könnten versuchen, ob der Antiquitätenhändler da ist. Vielleicht entdecken wir etwas bei ihm, das auch für meinen Mann interessant wäre. Wenn ich mich recht erinnere, dann sagten sie doch, daß sie eine große Vorliebe für Geschäfte dieser Art haben.«

»Das ist eine gute Idee«, sagte Karen.

Professor Ahmadou, der gerade gehen wollte, kehrte noch einmal um. »Hoffentlich sind sie nicht enttäuscht, denn die meisten Sachen, die er anbietet, sind falsch, und das, was übrigbleibt, ist wertloser Ausschuß.«

»Danke für die Warnung«, erwiderte Frau Ndobo lachend. »Aber ich habe nicht vor, etwas zu kaufen. Ich bin nur neugierig.«

»Nehmen Sie uns mit?« fragte Frau Coslin.

»Selbstverständlich.«

Erst am nächsten Morgen fiel Jessica der Vorfall mit dem Jungen wieder ein. »Meinst du, daß ich die Kette heute wieder anziehen kann?« fragte sie Karen, während sie ihr Kleid überstreifte. In ihren Augen stieg der Wert der Perlen mit jeder neuen Geschichte.

»Warum nicht. Heute findet kein Markt statt. Die Leute haben sich verlaufen. Ich glaube auch nicht, daß etwas passieren kann, solange du dich nicht von uns entfernst.«

»Und was meinst du, Papa?«

»Wenn du willst, kann ich sie wieder in meiner Westentasche mitnehmen, allerdings ziehe ich meine Weste oft aus, wenn es heiß wird. Dann liegt sie irgendwo herum ...«

»Dann lieber nicht«, unterbrach ihn seine Tochter. »Ein Dieb könnte das als Aufforderung verstehen.«

»Paß auf, Jessy, ich habe da eine Idee«, sagte Karen. »Wie wär's, wenn du dir mein Seidentuch um den Hals bindest? Dann sieht niemand, daß du darunter eine Kette trägst.«

»Das, was Papa dir aus Paris mitgebracht hat?«

»Genau das.«

»Ist das nicht zu schade?«

»Aber nein. Solange du es nicht als Putzlappen verwendest, leihe ich es dir gern.«

Mit großer Erleichterung nahm Jessica das Angebot ihrer Mutter an. Und als ihr Masha beim Frühstück ins Ohr flüsterte: »Was ist, warum trägst du ein Tuch um den Hals? Bist du erkältet?« legte sie nur den Finger an die Lippen und zischte zurück: »Pst, nicht so laut! Darunter hab ich die Perlen versteckt.«

Gleich nach Beendigung des Frühstücks verabschiedete sich Thomas von ihnen. Karen, Frau Ndobo und die beiden Mädchen warteten im Hof, bis die beiden Algerier ihre Photoapparate aus dem Zimmer geholt hatten. Um sich die Wartezeit zu verkürzen, versuchten Masha und Jessica die Kronenkraniche anzulocken. Doch sie hatten keinen Erfolg. Erst als die beiden Algerier den Hof betraten, gaben sie ihre Versuche auf.

»Lauf nicht davon, Jessy, bleib in der Nähe!« ermahnte Karen ihre Tochter.

»Ja, ja«, rief Jessica fröhlich. »Ich pass' schon auf!«

Der Platz vor der großen Moschee lag still in der prallen Sonne.

»Daß sich gestern hier noch viele Leute durch die Marktstände drängten«, stellte Frau Coslin verwundert fest, »daß es laut zuging und die Menschen aus nah und fern ihre Waren hierhergebracht hatten, weil sie hofften auf diesem Markt besonders hohe Preise für sie zu erringen, kann man heute fast nicht mehr glauben. Im nachhinein kommt es mir wie ein bunter, vom Wind davongeblasener Traum vor.«

Karen empfand es ähnlich. Gestern hatte hier noch lautes Stimmengewirr geherrscht, heute waren das Schilpen der Spatzen, das Krähen eines Hahns und der Singsang der kleinen Koranschüler die einzigen Geräusche, die sie hörte.

»Beeil dich, Jessy!« rief sie ihrer Tochter zu, als sie entdeckte, daß das Mädchen hinter den anderen zurückgeblieben war.

Sie überquerten den Platz entlang der Fassade der großen Moschee. Frau Ndobo hatte die Führung übernommen. Bevor sie in eine der engen gewundenen Gassen des alten Stadtteils eindrangen, erkundigte sie sich bei einem Mann nach dem Weg. Der Mann überfiel sie sofort mit einem Wortschwall, den er mit weitausholenden Armbewegungen untermalte. »Shugran«, sagte Frau Ndobo schnell, als er eine Pause einlegte, um Luft zu holen. »Danke.«

Ab und zu sahen sie durch die offenen Türen Handwerker arbeiten. Auf der Schattenseite der Gasse hockten alte Frauen, spannen Wolle und verfolgten jeden Fremden mit neugierigen Blicken. Später wurde die Gasse so schmal, daß kein Sonnenstrahl mehr ihren Boden erreichte. Die Fassaden der Häuser waren hier besonders schön. Ihr Mittelpunkt bildete das Eingangsportal, das oft von einem Windschutz aus Lehm umgeben wurde. Frau Ndobo bog einmal links, dann wieder rechts ab, und Karen bewunderte sie sehr, daß sie sich in diesem Gassengewirr so gut zurechtfand.

Auf einmal standen sie vor einer offenen Tür, die sich durch nichts von den anderen Türen unterschied.

»Wir sind da«, verkündete Frau Ndobo. »Hier ist es.«

Sie traten ein. Zuerst war alles nur dunkel. Doch

nachdem sich ihre Augen an die Düsternis gewöhnt hatten, entdeckten sie viele Regale, auf denen alte Töpfe und groteske Statuen standen. Alles war grau. Ob das Alter den Ton grau gefärbt hatte oder ob die Gegenstände nur von einer dicken Schicht grauen Staubes überzogen waren, konnten sie nicht erkennen. Sie folgten Frau Ndobo, die auf die Einladung des Besitzers hin bereits eingetreten war. Nur die beiden Mädchen blieben in der Türöffnung stehen.

»Sieh mal!« sagte Masha und deutete auf eine hölzerne Figur, deren Körper mit Nägeln gespickt war. »Das ist ein Nagel-Fetisch.« Erschrocken wich Jessica zurück. Für so etwas hatte sie nichts übrig.

Inzwischen begann Frau Ndobo ein Gespräch mit dem Händler, dessen Gesicht fast ebenso grau war wie alles andere in seinem Geschäft. Er trug einen Spitzbart, hatte listige kleine Augen und verbeugte sich fast bei jedem Satz. Um seinen mageren Körper schlotterte eine grauweiß gestreifte Djellabah. Manchmal holte er einen der Krüge vom Regal und drehte ihn vor den Augen seiner Besucher hin und her. Dann wies er auf einige Tonscherben hin, die in der Ecke lagen und die Karen für Kehricht gehalten hatte. Schüttelte Frau Ndobo den Kopf, beschleunigte der Händler seine Rede, und das klang, wie wenn er sie überzeugen wollte. Dann lachte sie und hob abwehrend die Hand mit der Handfläche nach außen. Karen betrachtete voller Faszination die fremdartigen verzerrten Gestalten. Sie überlegte sich, was die afrikanischen Künstler dazu gebracht haben könnte, die menschliche Figur auf diese Weise zu abstrahieren. Eine Überlegung, die sie schon beim Besuch des Nationalmuseums beschäftigt hatte. Nur am Rande verfolgte sie die Unterhaltung Frau Ndobos mit dem Mann. Die beiden Algerier dagegen gingen von Regal zu Regal, nahmen ab und zu einen Krug in die Hand und drehten ihn hin und her, bevor sie ihn an seinen Platz zurückstellten.

»Verstehst du, über was sie sich unterhalten?« fragte Jessica ihre Freundin.

»Höchstens mal ein Wort«, entgegnete Masha. »Sie sprechen so leise.«

Sie standen immer noch in der offenen Tür. Auf einmal spürte Jessica, wie eine Hand die beiden über ihren Rücken herabhängenden Zipfel des Seidentuchs hochhob und eine andere nach ihrer Perlenkette griff. Im selben Augenblick wurde sie von einem kräftigen Ruck nach hinten gerissen. Sie strauchelte, ihre Hände suchten vergeblich nach einem Halt, und als sie keinen fand, stürzte sie zusammen mit ihren Perlen zu Boden. Die fremde Hand hatte die Kette an ihrem Hals zerrissen.

»He, he!« schrie der Händler empört, der die Szene beobachtet hatte. Er stieß die beiden Frauen zur Seite und sprang mit einem großen Satz über das auf der Erde liegende Mädchen nach draußen, um den Dieb zu verfolgen. Herr Coslin hastete hinter ihm her.

»Um Himmels Willen, Jessy!« rief Karen erschrocken. »Bist du verletzt?« Unfähig zu begreifen, was geschehen war, blieb Jessica einige Augenblicke liegen und richtete sich dann mit tränenüberströmtem Gesicht langsam auf. Ohne auf die Frage ihrer Mutter einzugehen, begann sie, auf den Knien vorwärts rutschend nach den Perlen zu tasten, die nach allen Seiten davongekullert waren.

Masha erkannte als erste, daß sie nichts anderes tun konnte, als Jessica bei der Suche zu helfen. Die meisten Perlen waren durch die Luft geschleudert worden und dann auf die Straße gefallen, andere in offene Hauseingänge gerollt und auf wieder andere machten einige

Hühner Jagd, weil sie sie offenbar für Körner hielten. Karen folgte Mashas Beispiel, und zusammen mit ihr begannen auch Frau Ndobo und Frau Coslin beim Aufsammeln der Perlen zu helfen.

Unglücklicherweise hatte die Kette zum größten Teil aus braunen, rotbraunen und sandfarbenen Perlen bestanden und nur aus wenigen blauen, grünen oder leuchtendroten, die sich von dem sandigen Boden besser abhoben. Doch als sie glaubten, alle Perlen wiedergefunden zu haben, und Jessica sie zählte, da waren es nur dreiundachtzig und keine mehr.

»Es müssen einundneunzig sein«, schluchzte sie. »Ich habe sie gezählt.«

»Das ist doch gleich«, versuchte sie Karen zu trösten. »Aus dreiundachtzig Perlen können wir auch eine schöne Kette machen. Daß sie etwas kürzer wird als vorher, wirst du kaum merken.«

»Aber Noks Perle fehlt und zwei oder drei von den Blütenperlen und die Sternperle des Königs und ein paar Schneckenhäuser und ...« Jessicas Tränenstrom begann wieder heftiger zu fließen. Erst als der Händler und Herr Coslin unverrichteter Dinge zurückkehrten, knotete sie das Halstuch zusammen, in das sie die Perlen gelegt hatte und reichte es ihrer Mutter zur Aufbewahrung.

»Der Kerl war schneller als eine Gazelle«, schimpfte der Händler. »Ihn einzuholen war unmöglich.«

»Wie sah er denn aus?« wollte Frau Coslin wissen.

»Es war so ein halbwüchsiger Bursche«, erklärte ihr Mann. »Genau kann ich ihn nicht beschreiben, denn ich habe ihn nur von hinten gesehen.«

»Und was machen wir jetzt?« fragte Karen ratlos.

»Ich schlage vor, daß ihr ins Hotel zurückgeht«, sagte Herr Coslin. Dann deutete er auf den Händler und fuhr fort: »Herr Moussa hat sich netterweise angeboten, mich zur Polizei zu begleiten, denn melden müssen wir den Vorfall, das ist klar. In Djenné seien Raubüberfälle höchst selten, sagt er.«

Obwohl jetzt eigentlich nichts mehr zu befürchten war, nahmen die drei Frauen und Masha Jessica in die Mitte, als sie ins Hotel zurückkehrten. Nur mit Mühe erreichte Karen, daß sich ihre Tochter den Sand abwusch und dann ein wenig hinlegte, denn die heißesten Stunden des Tages hatten gerade erst begonnen.

Auch sie legte sich ein wenig hin und schlief augenblicklich ein, während die Lehmmauern die mittägliche Hitze aufsogen und sogar die Hunde zu bellen aufhörten, weil es ihnen zu heiß dazu war. Wie lange sie schlief, konnte sie hinterher nicht mehr sagen, nur daß sie von einem raschelnden Geräusch wieder erwachte. Als sie die Augen aufschlug, entdeckte sie, daß Jessica in ihrem Koffer wühlte.

»Was suchst du?«

»Einen Faden oder besser noch ein Stück Schnur«, antwortete Jessica. »Ich will die Perlen auffädeln.«

Karen hatte immer Schnur dabei. Wer konnte schon wissen, ob einem nicht der Schnürsenkel riß oder das Gummi in der Trainingshose, vielleicht auch Jessicas Zopfband oder der Riemen an ihrer Umhängetasche? Für Karen gehörte eine Schnur zu jenen unverzichtbaren Dingen, ohne die man auf keine Reise gehen sollte, und deshalb wußte sie immer sofort, wo sie sie hingesteckt hatte. Sie holte sie heraus und schnitt ein Stück ab. Danach half sie ihrer Tochter beim Perlenauffädeln.

»Gott sei Dank hat Masha die Samenperle gefunden!« seufzte Jessica. »Wir fangen mit ihr an und machen mit den Blütenperlen weiter und dann mit den russischblauen, für die Kapitän Clark Koko gekauft hat, dann vielleicht die Bernsteine und die römische Perle …«

Nachdem Jessica alle Perlen wieder auf die Schnur gefädelt hatte, legte sie sich die neue Kette um den Hals und betrachtete sich im Spiegel. »Du hast recht, Mama«, stellte sie fest. »Sie ist wirklich kaum kürzer als vorher.«

»Siehst du! Wenn es wirklich einundneunzig waren, dann fehlen nur acht. Das ist doch kein Grund, um darüber zu jammern. Es gibt Schlimmeres auf der Welt.«

»Es geht nicht um die acht im allgemeinen«, widersprach ihr Jessica. »Es geht mir um jede einzelne von ihnen. Die Geschichte der Achatperle war mit Nok verknüpft und die von der Sternperle mit dem König von Kano. Vielleicht wurde mit den Schneckenhäusern einmal ein Medizinmann bezahlt, der ein Kind geheilt hatte, und vielleicht lag die blaue Koralle lang in der Erde, bevor sie jemand zufällig fand.«

»Wenn ich dich richtig verstehe, dann meinst du, daß die Perlen der Beweis für die Geschichten sind und daß man, wenn man sie nicht vorzeigen kann, den Wahrheitsgehalt der einzelnen Erzählungen bezweifeln könnte«, sagte Karen.

»Meiner Meinung nach waren sie nicht nur Beweise«, spann Jessica die Gedanken ihrer Mutter weiter, »sondern sie waren auch der Anlaß dafür, daß man uns ihre Schicksale und diejenigen der Menschen, die mit ihnen zu tun hatten, erzählte.«

»Schicksale, die sich so oder ähnlich abgespielt haben könnten«, schränkte Karen ein.

»Jetzt bist du kleinlich, Mama«, warf ihr Jessica vor. »Ich glaube, du willst mich nicht verstehen.«

Es ist gut, daß du nicht weißt, wie sehr ich dich verstehe, dachte Karen. Um ihre Tochter ein wenig abzulenken, sagte sie: »Ich mache dir einen Vorschlag, Jessy, der dich vielleicht ein bißchen trösten wird. Die Geschichten sind jetzt noch frisch in deiner Erinnerung.

Wenn du willst, daß sie nicht verlorengehen, dann setz dich hin und schreib sie auf! Ich kann dir dabei helfen.«

»Aber ohne die Perlen glaubt sie mir niemand. Dann könnte man annehmen, ich hätte alles erfunden.«

»Hauptsache ist, daß du selbst weißt, daß die Geschichten so passiert sein können«, versuchte Karen ihre Bedenken zu zerstreuen. Doch für Jessica war das ein zu schwacher Trost.

Es war gut, daß in diesem Augenblick Thomas das Zimmer betrat. Er hatte Frau Coslin im Hof getroffen und von ihr schon alles erfahren. Trotzdem hörte er sich Karens Schilderung geduldig noch einmal an.

»Was sagt denn die Polizei zu dem Überfall?« fragte er.

»Das will uns Herr Coslin beim Abendessen mitteilen«, erklärte ihm seine Frau. Während des Essens berichtete ihnen der Algerier von seinem Besuch auf der Polizeistation: »Sie können es sich nicht erklären und meinen, daß diese Art von Überfällen völlig ungewöhnlich sei. Immer wieder mußten wir ihnen versichern, daß Jessica nur diese und keine andere Kette um den Hals trug, weder eine silberne noch eine goldene.«

»Ja und …?« fragte Karen.

»Was und?«

»Was werden sie unternehmen?«

»Vermutlich nichts. Wir befinden uns hier in Afrika, und da nimmt man so etwas hin. Schicksal ist Schicksal, und wahrscheinlich sieht ein Polizist heute nicht mehr ein, daß auch eine Glasperlenkette wertvoll sein kann. Bei einem Geldraub sähe die Sache sicher anders aus. Sie haben alles aufgeschrieben und das Aufgeschriebene dann in ihren Schrank gelegt, wo es zehn Jahre liegen bleibt, bis es eines Tages zum Feueranmachen verwendet wird ….«

An dieser Stelle unterbrach ein heftiger Wortwechsel die Unterhaltung. Er kam aus der Eingangshalle, war zuerst unverständlich und wurde dann lauter.

»Aber ich muß es ihnen selbst überbringen. Es ist sehr wichtig!« schrie ein Mann empört, und ein anderer erwiderte streng: »Das Betreten des Speisesaals ist nur unseren Gästen erlaubt. Sonst niemandem!«

»Ist das nicht ...?« Frau Ndobo sah erstaunt die anderen an.

»Sie haben recht. Es ist die Stimme des Antiquitätenhändlers!« Herr Coslin sprang auf, eilte hinaus und kehrte schon nach kurzer Zeit mit Herrn Moussa in den Speisesaal zurück.

»Setzen Sie sich zu uns!« sagte Thomas und holte einen Stuhl vom Nachbartisch. Der Händler brauchte eine Weile, um sich zu beruhigen. Sein kleiner Spitzbart zitterte noch vor Ärger. Karen fand, daß er gar nicht mehr grau aussah. Er hatte sich eine frische Djellabah angezogen, deren Halsausschnitt reich mit Stickereien verziert war. Den Kopf bedeckte eine ebenso reich gestickte Kappe. Nur der kleine verdreckte Stoffbeutel in seiner Hand paßte nicht zu seinem Auftritt.

»Hier«, sagte er und legte mit geheimnisvoller Miene den Beutel auf den Tisch. »Das brachte mir heute abend ein kleiner Junge.« Vorsichtig löste er die Schnur, mit der der Beutel zugeschnürt war, und schüttete den Inhalt auf den Tisch. Ungläubig starrte die ganze Tischrunde auf die acht fehlenden Perlen. Noks Perle war dabei, die Blütenperlen, die Sternperle und ein paar Schneckenhäuser.

»Jessica, deine Perlen!« rief Masha verwundert.

»Jetzt versteh ich gar nichts mehr«, murmelte Karen kopfschüttelnd.

»Der kleine Junge sagte mir, ein anderer Junge habe

ihm den Beutel gegeben und ihm befohlen, er solle ihn mir bringen«, berichtete Herr Moussa.

»Und wie soll dieser andere ausgesehen haben?« fragte Herr Coslin.

»Das hab ich ihn auch gefragt, doch er konnte ihn nicht genau beschreiben. Nur daß er älter gewesen sei als er, so vielleicht vierzehn oder fünfzehn Jahre alt.«

»Aber warum dann das alles? Das ergibt doch keinen Sinn. Wieso dann der Überfall?« Thomas schüttelte verständnislos den Kopf.

»Es sei denn ...«, überlegte Frau Ndobo laut. »Es sei denn, er wäre nur hinter einer einzigen Perle her, und die ...«

»... die hätten wir vor ihm gefunden«, vollendete Masha ihren Satz.

»Das könnte alles erklären.«

»Jedenfalls muß es eine Perle sein, die für einen oder mehrere Menschen eine besondere Bedeutung hat«, setzte Frau Ndobo ihre Überlegungen fort. »Eine Perle, die nur aus Versehen mit der Kette verkauft wurde.« Nachdem sie alle anderen Möglichkeiten erwogen hatten, blieb nur diese Theorie übrig.

»Wißt ihr was«, sagte Thomas entschlossen. »Jetzt will ich der Sache auf den Grund gehen. Wir fahren morgen nicht nach Bamako zurück, sondern noch einmal nach Hombori. Vielleicht kann man sich in dem kleinen Restaurant an den Mann erinnern, der uns die Kette verkaufte.«

»Da können wir leider nicht mit.« Frau Ndobo schüttelte bedauernd den Kopf. »Wenn mein Mann von Dakar heimkommt, will ich zu Hause sein, und Masha muß mir helfen, die Wohnung in Ordnung zu bringen. Es wäre schön, wenn wir mit ihnen bis Mopti mitfahren dürften. Von dort aus könnten wir mit dem Bus nach Bamako fahren.«

»Schade!« seufzte Jessica enttäuscht. Daran, daß es noch gar nicht so lange her war, daß sie Mashas Gegenwart als lästig empfunden hatte, erinnerte sie sich nicht mehr.

»Vielleicht dürften wir uns Ihnen auf ihrer Fahrt nach Hombori anschließen, Herr Bender?« fragte Herr Coslin nach einem Blick auf seine Frau. »Es liegt auf unserem Weg, und diese geheimnisvolle Geschichte beginnt auch mich zu interessieren. Außerdem verstehe und spreche ich etwas Songhai.«

»Aber gewiß.«

»Ich würde mir die Kette gern einmal aus der Nähe ansehen«, mischte sich der Händler in das Gespräch ein. »Vielleicht kann ich auch etwas dazu sagen. Mein Fachgebiet sind schließlich Altertümer.«

Karen zog die verkürzte Perlenschnur aus ihrer Umhängetasche und reichte sie Herrn Moussa. Der zog eine kleine Lupe aus einer Tasche in seinem Gewand, schob sich die Brille auf die Stirn und prüfte sorgfältig Perle für Perle. »Einige von ihnen sind sehr alt und sehr wertvoll und andere völlig wertlos«, stellte er nach einer Weile fest.

»Welche?« fragte Jessica interessiert.

»Wenn du mich nach den wertlosen fragst, dann ist es die leuchtendrote. Sie ist kaum ein paar Jahre alt. Wahrscheinlich kann man sie in Bamako heute noch überall kaufen. Dann sind auch die kleinen Schneckenhäuser nichts mehr wert. Sie wurden früher einmal anstelle von Geld verwendet, aber heute nicht mehr.

Die Holzperle taugt auch nichts. Holz ist ein billiges Material …«

»Aber es könnte doch eine Rosenkranzperle gewesen sein«, unterbrach ihn Jessica enttäuscht.

»Das könnte sie«, antwortete der Händler. »Aber das macht sie nicht wertvoller. Auch eine Samenkapsel kann man überall auf dem Boden auflesen. Wenn man sie als Perle verwenden will, ist sie kaum wert, daß man sich nach ihr bückt.« Als er aufblickte und Jessicas enttäuschtes Gesicht sah, fuhr er schnell fort: »Aber diese Bergkristallperle ist wahrscheinlich fünftausend Jahre alt. Sie ist sehr selten und äußerst wertvoll.«

»Dann ist sie ja noch älter als Noks Perle!« rief Masha überrascht.

»Welche bezeichnest du als Noks Perle?« fragte der Händler.

»Sie meint die Perle aus Achat«, erklärte ihm Jessica.

»Ah, diese.« Herr Moussa drehte Noks Perle hin und her und besah sich die Bohrung. »Du hast recht. Sie ist auch sehr alt. Aber die Perle aus Bergkristall ist noch älter. Ihr Loch wurde mit einem noch einfacheren Bohrer gebohrt und ihre Oberfläche mit einem Faustkeil zurechtgeschlagen.«

»Könnten Sie uns nicht mehr über sie erzählen?« bettelte Jessica.

»Wenn ihr noch nicht zu müde seid, gern«, sagte Herr Moussa lächelnd. »Ihr habt ja sicher schon gemerkt, daß wir Afrikaner sehr gern Geschichten erzählen.« Dann ließ er sich nicht länger bitten und begann:

Regenzauber

Ihr werdet es mir nicht glauben, aber vor vielen tausend Jahren war die Wüste Sahara ein grünes Paradies. Es gab viele Flüsse und Seen, die von Flußpferden und Krokodilen bevölkert wurden. An den Hängen der Berge wuchsen Ahornbäume, Kiefern, Eichen und Linden, und auf den weiten Grasflächen standen riesige Schirmakazien. In ihren Schatten zogen sich die Löwen und anderen Raubkatzen zurück, wenn es ihnen zu heiß wurde. Große Herden von Elefanten und Giraffen, Zebras, Nashörnern, Antilopen und Gazellen weideten auf diesen Ebenen. Die Menschen lebten von der Jagd, und das war für sie ein Leben im Überfluß.

Wie ein Sandsturm raste die Zeit über das weite Land, blies das Morgen vor sich her und ließ das Gestern zurück. Kaum hatten die Jäger gelernt, mit Hilfe von Steinen andere Steine zu Werkzeugen wie Faustkeile und Speerspitzen zu schlagen, machten sie schon bald darauf die Erfahrung, daß man diese Dinge auch durch das Schleifen eines Steines auf einem anderen formen konnte. An der Schwelle zwischen jenen beiden Zeitaltern, die wir deshalb die des ›geschlagenen‹ und die des ›geschliffenen‹ Steins nennen, blieb auf einmal der Regen fast völlig aus, und die Trockenzeiten wurden immer länger. Die Flüsse versiegten, die weiten Grasflächen färbten sich gelb, und die Bäume verdorrten. Viele Tiere verhungerten, und viele andere zogen davon, in fruchtbarere Gebiete. Auch die Menschen begannen zu darben, weil es kaum mehr Wild gab, das sie jagen konnten, und jeder Stamm versuchte auf seine Weise, die Not zu bekämpfen.

Die Jäger vom Hoggar-Gebirge zum Beispiel riefen die Regenschlange an, weil sie fest daran glaubten, daß es ihre Entscheidung war, ob es regnen würde oder nicht. Jeden Morgen und jeden Abend baten sie sie, es regnen zu lassen. Doch ihre Bitte wurde nicht erhört.

Deshalb schickten sie eines Tages einen Boten zu einer zauberkundigen Frau, um sie um ihren Rat zu bitten. Diese Frau wohnte in einer Höhle am Fuß einer steilen Bergwand. Niemand kannte das Alter der Greisin, und niemand wußte, wovon sie lebte, denn sie aß nichts und trank nichts. Ihre Haut war rissig und dunkel wie ein verwitterter Felsen und ihr Haar so weiß wie der Schnee, der im Winter die Berge bedeckte. Die Menschen hatten ihr den Namen Mondmutter gegeben.

»Ihr müßt der Regenschlange ein Opfer bringen«, sagte die Mondmutter zu dem Boten, nachdem er ihr alles erzählt hatte.

Da töteten die Männer eine Gazelle und legten das Fleisch auf der Spitze eines Berges aus, den sie den Berg der Regenschlange nannten. Und als es am nächsten Tag weg war, nahmen sie an, daß die Regenschlange ihr Opfer angenommen hätte. Aber nicht sie hatte sich das Fleisch geholt, sondern die Geier, und die Hoffnung der Jäger auf Regen blieb weiter vergeblich.

»Es war nicht die richtige Opfergabe«, sagte ein Jäger, der von den anderen Pfeilspitzenmann genannt wurde, weil niemand so leichte und scharfe Pfeilspitzen anfertigen konnte wie er. »Wir müssen etwas anderes finden.« Und sie schickten den Boten noch einmal zur Mondmutter, um ihren Rat einzuholen.

»Ihr müßt nach etwas Ausschau halten, aus dem man eine Halskette machen kann!« sagte die Mondmutter, nachdem ihr der Bote alles erzählt hatte. »Die Regenschlange kann einer Halskette nicht widerstehen.«

»Und aus was soll die Halskette sein?« wollte der Bote wissen, der Speermann hieß, weil er der beste Jäger in seiner Sippe war.

»Ihr müßt suchen, und wenn die rechte Zeit gekommen ist, werdet ihr das Richtige finden«, erwiderte die alte Frau geheimnisvoll.

Da kehrte der Speermann zu seiner Sippe zurück und berichtete, was die Mondmutter ihm gesagt hatte.

Hastig und ohne lange darüber nachzudenken, begannen die Männer, aus allem, was sie fanden, Halsketten zu machen. Sie durchlöcherten Samen und kleine Kieselsteine, Knochen und Zähne von Tieren, Schneckenhäuser und alles andere, das ihnen geeignet erschien. Jedesmal, wenn sie eine Kette fertig hatten, trugen sie sie auf den Berg und legten sie dort auf einen großen Stein in der Hoffnung, daß die Regenschlange an ihrer Opfergabe Gefallen fände. Doch jedesmal war sie am anderen Morgen unberührt.

Der Mond wechselte viele Male, und die Dürre wurde immer schlimmer. Bald waren die weiten Ebenen mit Tiergerippen bedeckt, und die Wälder an den Berghängen verdorrten. Die letzten Elefanten, die noch dazu in der Lage waren, verließen das ausgetrocknete Land. Ihnen folgten die letzten Giraffen, Zebras und Nashörner. Und als die letzten Jäger kein Wild mehr fanden, das sie jagen konnten, wurden auch sie zu Hirten und Sammlern, die sich große Herden hielten, mit denen sie von Weide zu Weide und von Wasserstelle zu Wasserstelle zogen. Auch die Jäger vom Hoggar-Gebirge wurden Rinder-Leute, die ständig auf der Suche nach neuen Weideplätzen waren.

In jenen Tagen hütete der Pfeilspitzenmann seine Herde in der Nähe der Höhle, in der die Mondmutter lebte. Da kam ihm der Einfall, sie noch einmal zu besuchen und ein drittes Mal um einen Rat zu bitten. Er kletterte das Felsband hoch, das zu ihrer Behausung führte, doch als er die Höhle betrat, mußte er feststellen, daß die Mondmutter gestorben war. Nur der Schädel mit dem Schopf aus weißen Haaren und ein paar Knochen waren auf ihrem Lager zurückgeblieben.

Der Pfeilspitzenmann hockte sich neben die Überreste ihres Körpers und trauerte. Drei Tage ließ er seine Herde allein. Drei Tage aß und trank er nichts. Drei Nächte schlief er nicht, sondern wiegte sich hin und her und summte dabei das Lied des Todes. Am dritten Tag gaukelten ihm seine Sinne ein Traumbild vor. In ihm erkannte er sich selbst wie in der spiegelnden Oberfläche eines Sees. Seine Spiegelgestalt hockte neben dem Lager der sterbenden Mondmutter und lauschte ihren letzten Worten: »Die rechte Zeit ist gekommen«, flüsterte sie. »Geh in den hinteren Teil der Höhle. Dort findest du einen großen Felsblock. Dieser Felsen verschließt einen schmalen Durchgang, der dich in eine andere Höhle führt«. Die Stimme der Alten wurde immer leiser, und die Spiegelgestalt des Pfeilspitzenmannes mußte sich tief über die Sterbende beugen, um ihre letzten Worte noch zu verstehen. »Das, was das Feuer dir zeigt, wird das Zeichen sein, das du suchst. Nimm dir ein Stück davon und mache Perlen daraus und aus den Perlen eine Kette. Und wenn du diese Kette der Regenschlange opferst, wird es bald regnen.«

Als der Pfeilspitzenmann aus seinem Traum erwachte, hockte er immer noch neben dem Schädel mit dem weißen Haarschopf und den Knochen der Mondmutter. Da stand er auf und machte Feuer. Aus den lodernden Flammen zog er einen Ast, den er wie eine Fackel hochhielt. Mit ihr näherte er sich Schritt für Schritt der Rückwand der Höhle, wo er den großen Felsblock entdeckte. Er benötigte all seine Kraft, um ihn zur Seite zu rücken, und all seinen Mut, um sich durch den Gang zu zwängen. Dann stand er auf einmal in der zweiten Höhle, in jener, von der ihm in seinem Traum die sterbende Mondmutter berichtet hatte. Der Schein seiner Fackel verlor sich in ihrer unglaublichen Größe. Nicht einmal bis zur Decke reichte er. Der Pfeilspitzenmann fürchtete sich sehr vor der Finsternis, die hinter dem Licht begann, weil er glaubte, daß sie die Behausung der Geister sei. Trotzdem ging er weiter, setzte Fuß vor Fuß, wich schaudernd vor den flackernden Schatten zurück, wenn vor ihm ein Felsblock auftauchte, ging weiter und weiter, weil er hoffte, das Zeichen zu finden, von dem die alte Frau gesprochen hatte.

Und auf einmal trafen die Flammen auf ein anderes Licht, auf einmal blitzte und funkelte es vor ihm, gleißende Funken sprühten ihm entgegen, so daß er geblendet die Augen schließen mußte. Das, was er zu sehen glaubte, schien Zauberei zu sein, denn aus der Felswand vor ihm wuchs versteinertes Wasser. Keinen Augenblick zweifelte der Pfeilspitzenmann daran, daß er den geheimen Hort des Regens gefunden hatte. Hier lagerten die kostbaren Tropfen, nach denen das durstige Land lechzte. Hier hielt sie der Berg fest. Hier waren sie zu Stein geworden.

Der Pfeilspitzenmann nahm seinen Faustkeil und schlug so lange auf die glasklaren Steinkegel ein, bis einer von ihnen sich von den anderen löste. Er steckte ihn in seinen Beutel und kehrte ins Tageslicht zurück.

Als er seinen Fund den anderen Hirten zeigte, zweifelte niemand mehr daran, daß sie aus ihm die Halskette für die Regenschlange anfertigen mußten. Und weil der Pfeilspitzenmann die größte Erfahrung in der Bearbeitung von Steinen hatte, erhielt er den Auftrag, aus dem glasklaren Regenstein die Perlen für eine Kette zu schlagen.

Unverzüglich machte er sich an die Arbeit. Zuerst zerkleinerte er den Regenstein mit seinem Faustkeil. Danach bohrte er mit einem Bohrer Löcher in die Splitter, was ihm nur mit Hilfe von ins Bohrloch gestreuten Sandkörnern gelang. Daraufhin formte er durch Schläge mit einem kleineren Faustkeil die durchlöcherten Teile zu scheibenförmigen Perlen, die er auf eine Bastschnur aufzog. Viele Monde benötigte er, um die Halskette fertigzustellen, und so lange er an ihr arbeitete, tränkte kein Regentropfen das durstige Land.

Am Abend vor einer Vollmondnacht trug er, begleitet von allen anderen Männern und Frauen, die fertige Kette auf den Gipfel des Berges der Regenschlange und legte sie dort auf einen Felsen. In den letzten Strahlen der Abendsonne funkelte sie blau und violett, rot, orange, gelb und grün. Als sich am nächsten Tag dunkle Wolkengebirge am Himmel zusammenzogen und ihre Schatten über die Steppe warfen, wunderten die Hirten sich nicht. Auch als sich ein heftiger Sturmwind erhob und Blitze auf die Erde zuckten, nahmen sie es gelassen hin, denn Wind und Wolken, Donner und Blitz waren für sie die Zeichen, daß ihre Gabe angenommen worden war.

»Die Regenschlange kommt«, sagten die Männer und trieben ihre Herden in ein geschütztes Tal.

»Hört ihr die Regenschlange?« riefen sich die Frauen nach jedem Donnerschlag zu. »Sie nimmt unser Geschenk an.«

Und als es dann wirklich zu regnen begann, jubelten die Kinder: »Die Regenschlange schickt uns Regentropfen! Ai-ai!« Sie hoben ihre Gesichter mit offenen Mündern gegen den Himmel und versuchten, die Tropfen aufzufangen.

Die Regenschauer stoben in Wellen über Ebenen und Gebirge. Dort, wo sie den Boden berührten, stiegen Nebeldämpfe hoch. Schon bald begannen sich die trockenen Flußläufe, die Seen und kleinen Tümpel wieder mit Wasser zu füllen. Tief unten im Boden weckte der Regen neues Leben. Die Sandkröten verließen die feuchte Tiefe, in die sie sich zu Beginn der Trockenzeit eingegraben hatten. Samen platzten auf und schickten ihre Keime ans Tageslicht. Und noch weiter unten sogen die Wurzeln der Bäume das langersehnte Naß auf und schickten es in Äste und Zweige, in Blätter und Nadeln. Und als sich am Abend die Regenschlange in einem blauen und violetten, roten, gelben und grünen Bogen über das Land spannte, verbeugten sich die Hirten dankbar vor ihr.

Am nächsten Tag war die Steppe grün. Die Herden fanden genug zu fressen, und die wilden Tiere vergaßen den großen Durst der Vergangenheit, weil ihre Wasserlöcher wieder bis zum Rand gefüllt waren. Nur die Elefanten, die Giraffen und Löwen, die Flußpferde und Krokodile, die zu Beginn der Dürre die Flucht ergriffen hatten, erfuhren nichts von dem Regen, denn sie lebten inzwischen weit hinter dem südlichen Horizont.

Es regnete einige Tage, und dann regnete es lange Zeit wieder nicht. Die Dürre kehrte zurück, und die

Hirten wanderten immer weiter und weiter auf der Suche nach saftigem Grasland.

Die Halskette aus Bergkristall jedoch lag unangetastet auf dem Gipfel des Berges und geriet in Vergessenheit. Bald zog eine neue Generation von Rinder-Leuten durch das Hoggar-Gebirge. Sie glaubten nicht mehr an die Regenschlange, sondern nur noch an Geister und Dämonen, die in verborgenen Höhlen hausten. Die Gipfel der Berge interessierten sie nicht. Auch die Pferde-Leute, die mit ihren Gespannen in das Land eindrangen, mieden den felsigen Boden, auf dem die leichten Räder ihrer Kampfwagen zerbrechen konnten.

Inzwischen hielt die Dürre das ganze Jahr über an. Sie verwandelte die ehemals grüne Steppe endgültig in eine Wüste. In ihr konnten die Pferde, die es gewöhnt waren, in kurzen Abständen Wasser zu trinken, nicht überleben. Damals verbreitete sich wie ein Sturmwind die Nachricht von einem sagenhaften Tier, das nicht nur kräftig genug wäre, um einen Reiter tragen zu können, sondern auch viele Tage ohne Wasser auskäme. Dieses Tier war das Kamel. Es hatte Klauen, die verhinderten, daß es im Sand einsank, verschließbare Nüstern und von dicken Stirnwülsten überdachte Augen mit langen Wimpern, die es vor Flugsand schützten. Sein Zuhause waren die Länder vor Sonnenaufgang. Doch als es die Menschen in die Sahara holten, begann eine neue Zeit, die wir heute als Kamelzeit bezeichnen.

Eines Tages kam ein einsamer Reiter auf den Gedanken, auf den Gipfel des Berges der Regenschlange zu steigen. Vielleicht hatte er die Orientierung verloren und hoffte sie dort oben wiederzufinden, vielleicht wollte er auch nur den Ausblick genießen. Wer weiß. Er fesselte seinem Kamel die Vorderbeine und machte sich an den Aufstieg. Als er die Spitze des Berges erreichte, entdeckte er die Kette aus Bergkristall. Sie funkelte, sprühte und glitzerte, so daß der Mann glaubte, einen kostbaren Schatz gefunden zu haben. Er nahm sie an sich, kehrte zu seinem Kamel zurück und ritt weiter. Doch die Kette der Regenschlange brachte ihm nicht das erhoffte Glück. Er irrte lange umher, ohne eine Wasserstelle zu finden. Schließlich schlachtete er sein Reittier und trank sein Blut. Doch auch das konnte ihn nicht mehr retten.

Lange Zeit später entdeckte ein anderer Reiter sein Gerippe in einer Höhle und verstreut um ihn herum einige Perlen aus Bergkristall. Er sammelte sie auf und vertauschte sie auf den Märkten des Südens gegen Silber, denn er war ein berühmter Silberschmied, und das Material, aus dem er seine Kreuze schmiedete, war ziemlich teuer. Die Leute erkannten den Wert der Bergkristallperlen. Sie gaben sie einzeln weiter im Tausch gegen andere wertvolle Dinge. Doch wie eine von ihnen an die Halskette kam, die der Songhai-Mann in Hombori verkaufte, kann ich euch leider auch nicht erklären.

24

Während der Antiquitätenhändler erzählte, hatte Karen gedankenverloren nach der Kette gegriffen, die neben den acht losen Perlen auf dem Tisch liegengeblieben war. Dann hatte sie langsam Perle für Perle durch die Finger gleiten lassen, und als sie die kantige Oberfläche der Bergkristallperle zwischen den Fingerkuppen spürte, mitten in der Bewegung innegehalten und sie angestarrt, weil sie hoffte, in ihr das Geheimnis des Regenzaubers entdecken zu können, aber das Licht, das sich in der unregelmäßig geschlagenen Oberfläche brach, versperrte ihr den Blick ins Innere. Ob die feine braune Schicht in den Bohrlöchern immer noch derselbe Sand war, der es vor fünftausend Jahren dem Pfeilspitzenmann ermöglicht hatte, mit seinem einfachen Werkzeug den harten Kristall zu bearbeiten, fragte sie sich, fand aber keine Antwort darauf. Inzwischen bedankte sich Thomas bei dem Antiquitätenhändler.

»Es hat mich gefreut, Sie kennenzulernen«, erwiderte Herr Moussa höflich. »Und ich bin glücklich darüber, daß alle Perlen wiedergefunden wurden. Vielleicht war es doch nur ein dummer Streich.«

»Das glaube ich nicht«, widersprach ihm Thomas. »Sie vergessen den Einbruch in unser Haus, bei dem nichts gestohlen wurde, und außerdem fühlt sich meine Tochter schon eine ganze Weile verfolgt. So kann das nicht weitergehen. Wir müssen den Mann wiederfinden, der uns die Kette verkauft hat. Nur er kann uns alles erklären. Und deshalb fahren wir noch einmal nach Hombori und erkundigen uns nach ihm.«

»Aber von Djenné nach Hombori sind es mehr als vierhundert Kilometer, und dort gibt es keine Übernachtungsmöglichkeit. Sie müssen also am selben Tag wieder nach Mopti zurück!« gab ihm Herr Moussa zu bedenken.

»Das macht nichts. Wir haben immer eine Campingausrüstung dabei, und sicher haben das auch die Coslins.« Der Algerier nickte.

Der Händler stand auf und strich mit den Händen über sein Gewand. »Dann wünsche ich Ihnen alles Gute und vor allem, daß sie das Geheimnis der Kette endlich aufklären können. Wenn einer von Ihnen je wieder nach Djenné kommt, würde ich mich sehr über einen Besuch freuen, denn die Auflösung des Rätsels interessiert mich sehr!«

Thomas und Frau Ndobo versprachen es ihm und versicherten ihm noch einmal, wie dankbar sie ihm für seine Hilfe waren.

Da sie am nächsten Morgen früh aufbrechen wollten, zogen sich alle auf ihre Zimmer zurück. Doch Jessica bestand hartnäckig darauf, die Kette gleich noch einmal aufzutrennen und zusammen mit den acht wiedergefundenen Perlen neu aufzufädeln. Erst als alle einundneunzig Perlen wieder auf einer Schnur vereinigt waren, ging sie zufrieden ins Bett und schlief gleich ein.

25

Am nächsten Morgen war der Himmel bedeckt. Herr Coslin sagte einen schwülen Tag voraus. »Kann sein, daß es heute regnet!«

Wieder durchfuhren sie die Furt, und wieder versuchte Thomas den Schlaglöchern auf der Dammstraße auszuweichen. Da der Rover eine riesige Staubwolke aufwirbelte, folgten ihnen die Algerier in großem Abstand. Sie brauchten wieder beinahe zwei Stunden, bis sie die Nationalstraße erreichten. Nach einer weiteren Stunde sahen sie auf der linken Seite Mopti liegen, während nach rechts die Straße ins Dogon-Land abzweigte.

»Wollen Sie hier aussteigen?« fragte Thomas Frau Ndobo.

»Ja, bitte!« Beim Abschied mußte Jessica Masha versprechen, sich gleich zu melden, wenn sie wieder in Bamako zurück wären. Und als ihr Vater dann weiterfuhr, winkte sie noch so lange zum Fenster hinaus, bis sie nicht mehr zu sehen waren.

Die hohe Luftfeuchtigkeit machte vor allem Karen zu schaffen.

Schon nach kurzer Zeit klebten ihr die Kleider auf der Haut. Die Trockenheit in ihrem Mund bekämpfte sie mit Hilfe von Bonbons. Keiner von ihnen verspürte Lust auf ein Gespräch. Es war gut, daß sie vergessen hatten, wie weit der Weg war, der noch vor ihnen lag, obwohl die Aussicht, in ein Gewitter zu geraten, Thomas zur Eile antrieb.

Wie schon einmal fuhren sie am Binnendelta des Niger entlang in nordöstlicher Richtung und bogen unweit des Debo-Sees nach Osten ab. Die Straße durchquerte ein weites Savannengebiet, das stellenweise bereits in Wüste überging. Erst in dem kleinen Ort Douentza legte Thomas eine Pause ein, um auf die beiden Algerier zu warten.

»Wir müssen tanken«, sagte er. »Ich verlasse mich nur ungern darauf, daß man in Hombori Dieselöl kaufen kann.« Und weil die Reservetanks der Coslins ebenfalls leer waren, machten sie sich gemeinsam auf die Suche nach einer Tankstelle.

Zu ihrem Leidwesen war die einzige Tankstelle in Douentza geschlossen, und es blieb ihnen nichts anderes übrig, als sich mit den Flaschen zu behelfen, die hier, wie in den meisten Dörfern, an der Straße verkauft wurden. Der Verkauf der mit Kraftstoff gefüllten Weinflaschen schien ein gutes Geschäft für die Dorfbewohner zu sein. Während Thomas und der Algerier die Straße entlang fuhren und Flasche für Flasche von den

Anwohnern erstanden, kauften die Frauen in einer kleinen Bude etwas zu trinken. Jessica, die gewöhnlich ein lauwarmes Getränk schrecklich fand, war nun schon lange genug in Afrika, um es klaglos hinunter zu schlucken.

»Hauptsache, es löscht den Durst«, sagte Karen, die von der Abneigung ihrer Tochter wußte. »Und außerdem kann es schlimme Folgen haben, wenn du ein eisgekühltes Getränk in dich hineinschüttest.« Auch die Männer waren dankbar für das Cola, das ihnen ihre Frauen mitbrachten. Danach kletterten alle wieder in ihre Autos und setzten die Fahrt fort.

Die Straße wurde schlechter. An vielen Stellen hatten die schweren Räder der Containerlastzüge den Asphalt aufgebrochen, und da sich niemand zuständig fühlte, die Bruchstellen auszubessern, waren mit der Zeit riesige Löcher entstanden. Um einen Achsenbruch zu vermeiden, mußten die Fahrer langsam fahren.

Als es zu regnen begann, freute sich Karen auf die Abkühlung, doch ihre Erwartung wurde bitter enttäuscht. Schon nach wenigen Tropfen begann die Erde zu dampfen, und die Luftfeuchtigkeit nahm zu. »Wie in einer Sauna«, stellte sie fest.

Der einzige Vorteil, den der Regen mit sich brachte, war, daß er den Staub auf der Straße festhielt und so den beiden Autos ermöglichte, dichter hintereinander her zu fahren. Das war gut, denn sechzig Kilometer vor Hombori hatte das Auto der Coslins eine Panne, und die beiden Männer mußten ein Hinterrad ab- und das Reserverad anmontieren. Während sie das taten, zogen sich Karen, Jessica und Frau Coslin in den Schatten eines Affenbrotbaumes zurück, denn die Regenwolken hatten sich schon wieder verzogen, und die Sonne glühte den Boden aus.

»Da gibt's Ameisen!« Frau Coslin breitete ein Tuch auf dem Boden aus, bevor sie sich niederließ. Die anderen machten es ihr nach. Karen lehnte sich mit dem Rücken an den Stamm und blickte in die Krone des alten Baumes. An einigen Ästen schwankten Webervogelnester im Wind, an anderen große Früchte. Lichtflecken flimmerten durch das Blätterdach, huschten über ihr Gesicht und machten sie schläfrig. Doch als sie gerade eingeschlafen war, wurde sie schon wieder geweckt.

»Steh auf, Mama!« sagte Jessica und berührte sie am Arm. »Wir fahren weiter!«

Bis sie die Hand der Fatima aus dem mittäglichen Hitzedunst auftauchen sahen, vergingen anderthalb Stunden. Thomas hielt vor dem kleinen Straßenrestaurant an, vor dem das Schild *Restaurant & Buvette chez Barbra Moro* stand. Die Coslins parkten ihren Wagen gleich hinter seinem.

»Bon jour, Mesdames et Messieurs!« begrüßte sie die dicke Wirtin, die sie offenbar wiedererkannte. Nachdem sich die Augen allmählich wieder an das Halbdunkel gewöhnt hatten, stellten sie fest, daß sie, abgesehen von den unter den Tischen scharrenden Hühnern, die einzigen Gäste waren. Karen konnte es kaum fassen, daß das Michelin-Plakat immer noch am selben Platz hing. Es war so viel geschehen, seitdem sie das letzte Mal hier Rast gemacht hatten, daß ihr die Zeit unendlich lang vorkam. In diesem Raum jedoch schien sie stehengeblieben zu sein.

Sie hatten Hunger. Doch die Wirtin konnte ihnen nur eine Schachtel billiger Kekse anbieten.

»Wie geht das Geschäft?« fragte Herr Coslin sie.

»Ach, mal so und mal so«, antwortete sie. »Im Augenblick ist's ruhig. Weiß nicht warum. Vielleicht hat sich's herumgesprochen, daß die Straße immer schlechter wird und viele Autos auf der Strecke bleiben. Außerdem ist die Piste von Ghourma hierher seit einigen Tagen wegen Überschwemmung gesperrt.«

»Aber vor drei Wochen war sie doch noch frei«, mischte sich Thomas ein.

»Inzwischen hat's aber ein paarmal geregnet, und da ist die Senke vor Gossi voll Wasser gelaufen. Da kommt keiner durch.« Die Wirtin ging zur Theke und holte einen alten Lappen. »Ich kann mich an Sie erinnern«, sagte sie zu Thomas, während sie den Tisch abwischte. »Sie waren schon einmal da.«

»Erinnern Sie sich auch noch an den alten Mann, der uns eine Perlenkette verkauft hat?« Jessica spitzte die Ohren, als sie hörte, daß ihr Vater von der Perlenschnur sprach.

»Gewiß«, sagte die Wirtin. »Er taucht häufig hier auf.«

»Wissen Sie, wo er herkommt?« Karen, die sich mit Frau Coslin unterhalten hatte, unterbrach ihr Gespräch und sah die Wirtin gespannt an. Doch die Frau zuckte nur mit den Achseln. »Nein, aber er ist ein Songhai.«

»Von wem könnte man denn erfahren, wo der Mann wohnt?« fragte Herr Coslin.

»Was weiß ich«, sagte die Wirtin. »Vielleicht weiß es die Polizei.«

»Die Polizei?« Thomas sah sie erstaunt an. »Wieso von denen?«

»Ab und zu lassen sie einen Schlagbaum hinunter und drücken einen Stempel in die Pässe der Autofahrer, zum Zeichen, daß sie hier durchgefahren sind.« Die Wirtin lachte, als habe sie einen Witz gemacht. »Einer von denen hat immer Dienst, auch wenn er sich dabei zu Tode säuft.«

»Wo kann man ihn finden?«

»Am ehesten an der Bar bei Juliet weiter unten an der Straße.« Aus dem verächtlichen Tonfall in ihrer Stimme konnte man schließen, daß sie von diesem Lokal nichts hielt.

»Vielen Dank für die Auskunft. Was bekommen Sie für die Kekse?« Nachdem Karen bezahlt hatte, schlug Herr Coslin vor, daß es am besten sei, wenn sich Thomas und er allein auf die Suche nach dem Polizisten machten.

»Ich will mit!« rief Jessica entrüstet und schob sich den letzten Keks in den Mund. Und weil Karen und Frau Coslin nicht allein zurückbleiben wollten, zogen sie alle los, ließen die Autos stehen, wo sie standen, und gingen die Straße hinunter, bis sie zu der Bar kamen, von der die Wirtin gesprochen hatte. *Chez Tantie Juliet* stand auf dem Schild über der Türe.

»Das muß es sein«, sagte Herr Coslin.

Wieder tauchten sie in das Halbdunkel eines schattigen Raumes ein, der nur durch die offene Tür und einige Ritzen in der Wand erhellt wurde. Hinter der Theke stand ein Mann, der mit einem schmutzigen Tuch Gläser abtrocknete.

»Das kann doch nicht Tantie Juliet sein!« flüsterte Jessica ihrer Mutter ins Ohr.

»Vielleicht ist es ihr Mann!« erwiderte Karen. In einer Ecke hockten ein paar Arbeiter und spielten ein Brettspiel. An einem anderen Tisch schlief ein Mann mit dem Kopf auf den Armen.

»Bonjour, Patron«, begrüßte Herr Coslin den Mann hinter der Theke. »Gibt es hier irgendwo einen Polizisten?« Ohne sich in seiner Beschäftigung stören zu lassen, deutete der Wirt mit dem Kopf in Richtung des Schläfers.

»Darf man ihn stören?« fragte Thomas.

Da verzog der Mann das Gesicht zu einem spöttischen Grinsen: »Er ist im Dienst.«

»Also gut. Versuchen wir unser Glück.«

»Der sieht aber nicht wie ein Polizist aus«, sagte Karen leise.

»Versuchen können wir's trotzdem«, entgegnete ihr Thomas und näherte sich dem schlafenden Mann.

»M'sieur«, sagte er und zupfte ihn am Arm. Die einzige Antwort, die er erhielt, war ein tiefer Seufzer. Doch Thomas gab nicht so schnell auf. »Darf ich Sie etwas fragen, M'sieur?«

»Laß mich in Ruhe!« brummte der Polizist, ohne den Kopf anzuheben.

»Nur eine einzige Frage, M'sieur«, wiederholte Thomas hartnäckig.

Da sah ihm der Mann ins Gesicht, und da er annahm, Thomas sei nichts weiter als ein ganz gewöhnlicher Tourist, und für ihn jeder Tourist einen Geruch von Geld um sich herum verbreitete, war er auf einmal hellwach.

»Was wollen Sie wissen?« sagte er und rülpste, wobei er eine Wolke aus Alkoholdunst um sich herum verbreitete.

»Können Sie mir sagen, wo ich den alten Songhai-Mann finde, der sich hier manchmal herumtreibt?«

»Warum interessiert sie das?«

»Weil, weil ...« Thomas suchte verzweifelt nach einer Erklärung, aber es fiel ihm nichts ein. Daß sie sich bei dem Alten nur nach einer Perlenkette erkundigen wollten, würde ihm der Mann nicht abnehmen.

»Wir sind ihm hier vor ungefähr drei Wochen begegnet«, half ihm Karen. »Er bat uns, ob wir ihm nicht eine neue Brille besorgen könnten, weil seine zerbrochen sei und er ohne Brille nichts mehr erkennen könne. Und jetzt haben wir eine für ihn und können ihn nicht finden.«

»Aber der alte Turi spricht doch nur Songhai. Wie haben Sie ihn verstanden?« fragte der Polizist mißtrauisch.

»Er sprach uns an, als wir uns etwas zu trinken kauften, und weil wir nicht wußten, was er von uns wollte, hat uns ein anderer Gast seine Bitte übersetzt.«

»Hm!« brummte der betrunkene Polizist. Ob es zustimmend oder ablehnend gemeint war, konnte niemand erkennen.

In diesem kritischen Augenblick kam Herr Coslin ein rettender Einfall. Er wandte sich dem Wirt zu.

»Bitte bringen Sie noch ein Bier für diesen Herren und für uns eine große Kanne Tee!« rief er, zog einen Stuhl näher zu sich heran und ließ sich, ohne lange um Erlaubnis zu bitten, am Tisch des Polizisten nieder.

Er vermutete, daß er jetzt nur noch die Wirkung des Bieres abzuwarten brauchte, um das zu erfahren, was er wissen wollte, und es dauerte auch nicht allzu lange, bis seine Rechnung aufging. So erfuhren sie, daß sie den Alten in dem kleinen Songhai-Dorf am Fuß der Felsen finden würden. Sie bräuchten dort nur nach Onkel Turi zu fragen, dann würde sie jedes Kind zu ihm führen.

»Über eine neue Brille wird er sich freuen«, sagte der Polizist und lachte spöttisch. »Dann sieht er wenigstens die Steine, über die er stolpert.«

Nachdem alle ihren Tee ausgetrunken hatten, bezahlte der Algerier den Wirt und verabschiedete sich von dem Polizisten, dessen Kopf schon wieder auf den Armen lag.

»Aber wir haben doch gar keine Brille für den alten

Mann, Papa«, sagte Jessica zu ihrem Vater beim Verlassen der Bar.

»Das macht nichts. Dann geben wir ihm eben das Geld für eine neue.«

Herr Coslin erkundigte sich bei einer Frau nach der Piste, die sie zu dem Songhai-Dorf führen würde. Dann gingen sie zu den Autos zurück.

Längst war es Nachmittag. Die Sonne eilte dem Horizont zu und ließ die Schatten der Felsen in die Länge wachsen. Die Piste war schmal und an vielen Stellen vom Regen ausgeschwemmt.

»Verdammte Scheiße!« schimpfte Thomas, als der Rover wieder einmal in eine Rinne rumpelte. Die Staubfahne zwang die Coslins abermals dazu, Abstand zu halten. Kurz vor Sonnenuntergang erreichten sie schließlich die kleine Siedlung. Sie bestand aus einer Reihe runder, mit Gras gedeckter Lehmhütten, zwischen denen Hühner und Schweine nach Futter suchten. Vor einer der Hütten hockte eine Frau und stampfte Hirse in einem Mörser. Auf dem Platz in der Mitte des Dorfes spielten ein paar Jungen Fußball.

Ohne auf die beiden Algerier zu warten, hielt Thomas bei den Kindern an und fragte nach Onkel Turi. Die Jungen, die offensichtlich nur den Namen verstanden hatten, nickten mit den Köpfen und riefen: »Onkel Turi! Ai-ai!« Sie berieten sich einen kurzen Augenblick miteinander, dann öffnete einer von ihnen die Beifahrertür und zwängte sich, ohne lange um Erlaubnis zu bitten, auf den Sitz neben Karen. Mit einer Handbewegung bedeutete er Thomas, daß er geradeaus weiterfahren sollte. Inzwischen hatten die Coslins sie wieder eingeholt. Als sie sahen, daß Thomas einen Jungen mitnahm, folgten sie ihm. Der Junge führte sie durch das Dorf und noch ein Stück weiter bis an den Fuß der Felsen.

»Wenn der dich nur nicht zum Narren hält«, sagte Karen.

»Nein, nein, das tut er nicht«, rief Jessica. »Seht mal da vorn!«

Eine kleine, etwas verkommene Hütte duckte sich in den Schatten der steilen Felswand. Das Grasdach war ungepflegt, und an einigen Stellen bröckelte die Lehmmauer. Während überall zwischen den anderen Hütten ab und zu ein Tamariskenstrauch und manchmal auch ein kleiner Garten zu sehen gewesen waren, wuchs in der Umgebung dieser Hütte keine einzige Pflanze. Um sie herum war alles kahl. Ob auf dem kargen staubigen Boden nichts gedieh, war nicht zu erkennen. Ein magerer, wütend bellender Hund verteidigte den offenen Eingang.

Der Junge gab ihnen durch ein Zeichen zu verstehen, daß er aussteigen wolle. »Gib ihm einen Franc!« sagte Thomas zu Karen. Doch bevor sie ihren Geldbeutel aus der Tasche ziehen konnte, war ihr Führer schon draußen und rannte ins Dorf zurück.

»Der spinnt!« stellte Jessica fest.

»Ich glaube eher, daß er vor etwas Angst hat«, sagte Thomas.

Sie stiegen aus und warteten auf das Eintreffen der Algerier. Angelockt vom Motorenlärm, schlurfte eine alte Frau um die Hausecke und kam ihnen ein Stück entgegen. Jessica schrie erschrocken auf.

»Was hast du?« fragte Karen.

»Das ist die alte Bettlerin aus Mopti. Sieh doch, sie hat nur ein Auge! Sie ist es, da bin ich ganz sicher!« Immer noch hatte sie ihre brabbelnde Stimme im Ohr: ›Perle erzählen Geschichte von Leute, die sie vor viel, viel Jahre getauscht gegen Sklave, Gold, Elfenbein oder Gewehr. Erzähle Geschichte von Kaufleute und Seeräuber, von Schmuggler, König, Medizinmann und tapfere Krieger ...‹

»Na, das fängt ja gut an!« seufzte Thomas und ging auf die Hütte zu.

Die Alte stellte sich ihm in den Weg. »Sch, sch!« zischte sie und hob die Hände in einer abwehrenden Bewegung hoch.

Da tauchte hinter ihr ein Mann in der Tür auf.

»Da ist ja der Songhai, den wir suchen und den sie Onkel Turi nennen«, entfuhr es Karen.

Die magere Gestalt mit dem gekrümmten Rücken, das bis zum Boden reichende verschlissene Gewand und die Brille mit dem zerbrochenen Glas waren unverwechselbar. Auch die Schwären waren noch nicht verheilt.

»Bon soir!« begrüßte ihn Thomas.

Der Mann antwortete etwas in seiner Sprache.

»Er will wissen, zu wem wir wollen«, übersetzte Herr Coslin.

»Sagen sie ihm bitte, daß wir den, nach dem wir auf der Suche waren, gerade gefunden haben«, erwiderte Thomas lächelnd. Herr Coslin übersetzte es dem Alten.

»Er sagt, er habe nichts, was einen Touristen interessieren könnte.«

»Sagen Sie ihm bitte, daß wir gern wüßten, warum er uns zuerst eine Perlenschnur verkauft hat und dann alles tut, um sie wiederzubekommen?«

Nachdem der Algerier Onkel Turi die Frage übersetzt hatte, besprach sich dieser mit der alten Frau. Es fiel niemandem schwer, der heftig geführten Diskussion zu entnehmen, daß die beiden gegenteiliger Ansicht waren, doch wie es schien, setzte sich der Songhai durch. Unzufrieden vor sich hin schimpfend, gab die Alte den Weg frei. Während Onkel Turi die Besucher mit einer Handbewegung einlud, die Hütte zu betreten, hob sie wütend einen Stein auf und warf ihn nach dem Hund.

Einer nach dem anderen trat in die offene Tür und warf einen Blick in das Innere, zuerst Thomas, dann Herr Coslin und seine Frau, Karen und zuletzt Jessica. Das, was sie sahen, jagte ihnen einen tiefen Schrecken ein: In der Mitte des düsteren Raumes qualmte ein kleines Feuer und dahinter, an der dem Eingang gegenüberliegenden Seite, lag auf einem Bündel grauer Decken ein uralter und offensichtlich schwerkranker Mensch. Hätten sich seine Hände nicht unruhig geöffnet und wieder geschlossen, so als wäre da etwas, das sie festhalten müßten, hätte man glauben können, er sei tot. Das mumienhafte Gesicht und der fast kahle Schädel ließen es nicht zu, festzustellen, ob es ein Mann oder eine Frau war. Die Hände, die Arme und das, was die Decke von seinen Schultern sehen ließ, bestanden nur noch aus Haut und Knochen.

»Mein Gott!« sagte Karen voller Mitleid. »Er sieht aus, wie wenn er am Verhungern sei.« Ein Ächzen veranlaßte die einäugige Bettlerin, sich durch die Besucher zu drängen, einen Krug zu holen und ihn dem Kranken an die Lippen zu heben. Doch er schien nicht mehr in der Lage zu sein, etwas zu schlucken. Das Wasser rann ihm übers Kinn und tropfte auf das schmutzige Lager. Mit dem schiefgelegten Kopf eines Menschen, der nur mit einem Auge richtig sieht, beobachtete ihn Onkel Turi aufmerksam. Danach drehte er sich zu dem Algerier um und sagte etwas zu ihm.

»Er glaubt, daß sich der Zustand seines Bruders verschlimmert hat, seitdem er weiß, daß die Perle verkauft wurde«, übersetzte Herr Coslin. »Und er ist sicher, daß er nicht in Ruhe sterben kann, wenn er sie nicht wiederbekommt.«

»Welche Perle?« fragte Karen gespannt.

Der Algerier gab ihre Frage an den Songhai weiter. »Die Samenkapsel. Er nennt sie den Samen des Lebens.«

Da seufzte Jessica tief auf. Es ging also um die Samenperle, die Perle in der Mitte der Kette, eine von denen, die der Antiquitätenhändler für völlig wertlos gehalten hatte. »Aber warum hat Onkel Turi sie dann überhaupt mit den anderen verkauft?« fragte sie.

»Er sagt, er habe ihre Geschichte nicht gekannt«, erklärte ihr Herr Coslin nach Rücksprache mit dem Songhai, »und deshalb versäumt, sie zurückzubehalten, als er die Kette verkaufte. Er brauchte das Geld, um eine heilkundige Frau damit zu bezahlen. Aber die Frau konnte dem Kranken auch nicht mehr helfen. Und als er dann noch erfuhr, daß sein Bruder diese Perle mit den anderen verkauft hatte, verschlimmerte sich seine Krankheit von Tag zu Tag.«

»Das verstehe ich nicht. Was meint er damit?« fragte Frau Coslin etwas ratlos. »Was hat denn die Samenkapsel mit seiner Krankheit zu tun?«

»Das weiß ich auch nicht.«

»Ich finde, daß wir Onkel Turi später danach fragen können. Viel wichtiger ist es, ihm gleich den Samen zurückzugeben«, schlug Thomas vor. »Gib mir die Kette und das Tuch, Jessy!«

Und während Jessica den Knoten des Seidentuchs löste, das sie über der Kette trug und sich diese dann über den Kopf streifte, zog er sein Taschenmesser heraus. Er legte das Tuch und die Kette auf den Boden und zerschnitt die Schnur, auf die seine Tochter die Perlen gefädelt hatte. Dann griff er nach der Samenperle und reichte sie der alten Frau.

Die Alte grabschte so hastig nach ihr, daß sie zu Boden fiel. Noch bevor ihr jemand helfen konnte, hatte sie sich gebückt und sie wieder aufgehoben. Dann hinkte sie zu dem Lager des Kranken und drückte ihm die Kapsel in die Hand.

Alle waren still und warteten darauf, was geschehen würde. Jessica hielt den Atem an. Um die Felsen hinter der Hütte heulte der Wind. Aus dem Dorf erklang das Grunzen eines Schweines und Kindergeschrei.

Nach einer Weile, die allen wie eine Ewigkeit vorkam, hatte der Kranke ertastet, was das für ein Ding war, das er da zwischen seinen Fingern spürte. Die Erkenntnis huschte ihm wie ein Lichtstrahl übers Gesicht. Offensichtlich war sein letzter Wunsch in Erfüllung gegangen, und er hatte das zurückerhalten, was er unwiederbringlich verloren glaubte. Er hob die Hand, in der er die Perle hielt, und legte sie sich auf die Brust. Seine Lippen verzogen sich zu einem Lächeln, und er entspannte sich. Gleich darauf verrieten seine tiefen, ruhigen Atemzüge, daß er eingeschlafen war.

Die Besucher verließen den Raum, um den Schlaf des Kranken nicht zu stören. Jessica knotete das Tuch mit den Perlen zusammen und nahm es mit. Längst war es Nacht geworden. Hinter den Felsen ging der Mond auf. Die Luft war angenehm kühl. Onkel Turi holte ein glühendes Holzscheit aus der Hütte und zündete mit ihm ein Feuer an. Dann hockten sie sich auf ein paar Felsbrocken, die in einem Kreis um die Feuerstelle auf dem Boden lagen. Die alte Frau ließ sich in einiger Entfernung von ihnen nieder. Der magere Hund war verschwunden.

»Also, was ist mit der Samenperle?« fragte Karen. »Was hat es für eine Bewandtnis mit ihr?«

Der Algerier gab die Frage an Onkel Turi weiter und bat ihn, während er ihnen die Geschichte erzählte, ab und zu eine kleine Pause einzulegen, damit er Zeit fände, sie den anderen Zuhörern zu übersetzen.

Die Perle des Songhai

Einst hörte ein Mann aus dem Stamm der Songhai einem berühmten Sänger zu. Er sang ein Lied über das Meer, doch der Songhai-Mann wußte nicht, wie ein Meer aussah. Er stellte es sich wie eine riesengroße Schüssel voll Wasser vor. Diese Vorstellung ließ ihm keine Ruhe, und weil er es ganz genau wissen wollte, war es von da an sein sehnlichster Wunsch, einmal in seinem Leben das Meer zu sehen. Ohne von irgend jemandem Abschied zu nehmen, machte er sich auf den Weg. Alles, was er mitnahm, war eine mit Wasser gefüllte Ziegenhaut und ein paar trockene Brotfladen, denn er hatte keine Ahnung, wie lange es dauern würde, bis er sein Ziel erreicht hätte.

In jener Zeit herrschten in seinem Land die Franzosen, und weil er ihnen nicht begegnen wollte, nahm er viele Umwege in Kauf. Er stapfte durch den Sand der Wüste, und als er in die Steppe kam, kletterte er nachts auf einen Affenbrotbaum, um nicht von einem Löwen angefallen zu werden. Er zwängte sich durch dichten Regenwald, überquerte Flüsse auf schwankenden Lianenbrücken und versteckte sich im hohen Gras, wenn er einen Mann in Uniform vorbeireiten sah. Ab und zu fand er einen Brunnen, aus dem er Wasser schöpfte, und als er seine Fladen aufgegessen hatte, sammelte er Schnecken und Ameisen und stillte seinen Hunger mit ihnen. Hitze und Regenstürme störten ihn nicht. Die war er gewöhnt.

Eines Tages entdeckte er von einem Hügel aus eine riesige glänzende Fläche und blieb überwältigt stehen. Die Fläche rauschte und schwappte in Wellen ans Land, und da er nicht wußte, daß er das Meer vor sich hatte, hielt er sie zuerst für flüssiges Silber. So schnell er konnte, rannte er zum Ufer und tauchte einen Finger hinein. Die Flüssigkeit war kühl und schmeckte wie versalzenes Wasser. Da wurde ihm bewußt, daß er sein Ziel erreicht hatte.

Voll Staunen und Bewunderung hockte er sich ans Ufer und starrte auf das viele Wasser, das bis in den Himmel reichte. Zu Hause hatte er es Tag für Tag schwitzend und keuchend mit Hilfe eines Beutels aus einem tiefen Brunnen schöpfen müssen, um mit ihm seine Felder zu bewässern, denn ohne es wären Hirse, Bohnen, Mais und Yamswurzeln verdorrt. Das hätte bedeutet, daß seine Eltern und seine zahlreichen Brüder und Schwestern nichts zu essen gehabt hätten.

Tief versunken in den Anblick des Meeres, saß er den ganzen Tag mit angezogenen Knien da und rührte sich nicht von der Stelle. Zärtlich strich ihm der Wind übers Gesicht, und das kam ihm so vor, als streichle ihn ein Mädchen. Gegen Abend wurde er hungrig. Er raffte sich auf und suchte nach etwas Eßbarem. Schon nach kurzer Zeit fand er eine Kokosnuß. Er schlug sie entzwei, trank ihre Milch und zerkaute das harte Fleisch. Dann legte er sich hin, schlief ein, und während der Wind in den Palmen raschelte und die Wellen ans Ufer schwappten, träumte er von dem Mädchen, das er einmal heiraten wollte. Er sah sie mit dem schweren Krug auf dem Kopf in königlicher Haltung durch das Dorf gehen und hörte sie fröhlich lachen. Da kam ihm, daß ihr sein wortloses Weggehen Kummer bereitet haben könnte, und er wachte mit einem Schuldgefühl wieder auf. Umschwärmt von unzähligen Sternen, trieb der Mond wie eine Gondel über den Himmel. Nach einer Weile schlief der Songhai-Mann wieder ein, und als er am nächsten Morgen aufstand, beschloß er, bei der Rückkehr seiner Liebsten ein Geschenk mitzubringen, um ihr damit eine Freude zu machen. Nur, was es sein sollte, wußte er nicht. Er hatte kein Geld, um ihr ein Stück Baumwolltuch oder eine Glasperlenkette zu kaufen, und außer seinem Lendenschurz, dem Wassersack aus Ziegenhaut und einem Speer besaß er nichts, was er ihr hätte geben können.

Da fiel ihm auf einmal ein, er könnte das Meer fragen, ob es ein Geschenk für sie hätte, und das tat er dann auch: »Kannst du mir nicht etwas geben, das ich meinem Mädchen mitbringen kann?« fragte er es und ging dabei am Ufer entlang. Er fand viele Muscheln, doch die Wellen hatten sie alle zerbrochen. Er fand abgerissene Schwämme, Krebsgehäuse, weißgebleichte Korallenäste, Tonscherben, getrocknete Algenbüschel und Schwemmholz, doch das alles war ihm nicht gut genug als Geschenk für die Frau, die einmal die Mutter seiner Kinder werden sollte.

Auf einmal entdeckte er eine kleine braune Kugel, die von einer Welle über den Sand gerollt wurde, und es durchfuhr ihn wie ein Blitz, daß sie genau das war, was er zu finden gehofft hatte. Es war die Samenkapsel von einem Baum, den er nicht kannte. In seiner Phantasie wurde er zum wunderbarsten Baum auf der ganzen Welt, zum Baum des Lebens und zugleich zu einer Gabe des Meeres. Glücklich hob der Songhai-Mann die Kapsel auf und stellte fest, daß sie an einer Seite ein Loch hatte und leer war. Sie war rund und vollkommen, aber nur eine Hülle. Ich werde sie mit anderen Samen füllen, überlegte er, dann ist sie wie früher. Er bohrte mit seiner Speerspitze ein zweites Loch in die Kapsel und band sie sich mit einem Grashalm um den Hals. Dann machte er sich auf den Heimweg.

Es dauerte nicht lange, bis er zu einem Dorf kam. Die Dorfbewohner ernteten gerade Mais und Bohnen.

»Bitte schenkt mir ein Maiskorn und eine Bohne!« bat sie der Songhai-Mann.

»Was willst du mit nur einem Maiskorn und einer Bohne? Davon wirst du nicht satt«, erwiderten die Bauern lachend.

»Wenn ich sie hinter meinem Haus in den Boden stecke und sie jeden Tag mit Wasser begieße, dann werden sie in kurzer Zeit keimen und zu Pflanzen heranwachsen. Und wenn ich anschließend alle Samen noch einmal aussäe, habe ich bald ein Feld voller Mais und zwischen ihnen viele Bohnensträucher. Dann übergebe ich die Hälfte meiner Ernte abermals der Erde, und von der anderen kann meine Frau viele Suppen kochen.«

Die Bauern bewunderten die Klugheit des Songhai-Mannes und gaben ihm das, um was er sie gebeten hatte. Der Mann bedankte sich bei ihnen, schob das Maiskorn und die Bohne durch eines der beiden Löcher in die Samenkapsel und verschloß diese dann mit einigen von einem Baumstamm gekratzten Harztropfen. Danach setzte er seinen Weg fort.

Als nächstes kam er an einem Hirsefeld vorbei. Und weil die Hirse gerade reif war, stand eine Frau in dem Feld und erntete sie mit einer Sichel. Ihr Baby trug sie in einem Tuch auf dem Rücken.

»Dürfte ich mir aus einer deiner Ähren ein Hirsekorn pflücken?« fragte der Mann sie.

Die Frau nickte bloß und arbeitete weiter. Da zupfte sich der Songhai-Mann ein Hirsekorn aus einer Ähre, löste das Harz von einem der beiden Löcher und schob den Samen zu der Bohne und dem Maiskorn in das Innere der Hülse. Nachdem er sich bei der Frau bedankt hatte, setzte er seinen Weg fort.

Einmal lud ihn ein alter Mann dazu ein, mit ihm eine Papayafrucht zu essen. Er teilte sie in zwei Hälften und ließ ihn eine davon auswählen. Laut schmatzend verzehrte der Songhai-Mann seinen Anteil. Die Kerne spuckte er auf den Boden und behielt nur einen zurück, den er in die Kapsel steckte. Ein anderes Mal sammelte er unter einer Palme eine Dattel auf, deren Kern er ebenfalls der leeren Hülse an seinem Hals anvertraute. Zu allen diesen Samen fügte er noch ein Reis und ein Gerstenkorn sowie die kleinen Samen einiger Gewürzpflanzen hinzu.

Als er schließlich zu Hause eintraf, war die leere Samenkapsel des Lebensbaumes zu einem Behälter für viele andere nützliche Samen geworden.

Da ging der Songhai-Mann zu dem Haus, in dem seine zukünftige Frau wohnte, und übergab ihr die Kapsel mit den Worten: »In dieser Perle ist der kostbarste Zauber verborgen, den die Erdmutter den Menschen anvertraut hat. Fädle sie auf deine Perlenschnur, halte sie in großen Ehren und behüte sie. Solltest du irgendwann einmal in Not geraten, stecke sie in die Erde und gieße sie fleißig. Dann wird deine Not bald gelindert werden. Spürst du jedoch, daß dir der Tod nahe ist, dann gib sie weiter an deine Kinder oder die Kinder deines Bruders, deiner Schwester, deines Vetters oder deiner Base, aber verkaufen darfst du sie nie!«

Die Frau freute sich über das Geschenk fast ebenso wie darüber, daß der Mann zurückgekommen war. Sie tat, was er gesagt hatte, und fädelte die Samenkapsel auf ihre Perlenschnur. Und weil sie etwas größer als ihre anderen Perlen war, kam sie in die Mitte. An ihrem

Hochzeitstag trug sie die Kette mit all ihrem anderen Schmuck, den großen goldenen Ohrringen, die wie gebogene Bananen aussahen, sowie den Arm- und den Fußreifen, und sie hielt sie von da an immer in hohen Ehren. Sie war der festen Überzeugung, daß sie das Glück ihrer Ehe nur dieser Perle zu verdanken hatte. Auch als ihr Mann starb und sie mit ihren acht Kindern allein zurückließ, war sie sicher, daß ihre Familie immer genug zum Essen haben würde, und sie arbeitete härter als alle anderen Frauen, um die Zauberkraft der Perle nicht zu verschwenden.

Erst als sie spürte, daß auch ihr Leben dem Ende zuging, rief sie ihre älteste Tochter zu sich an ihr Lager und sagte zu ihr: »Nimm diese Perlenschnur, deren mittlere Perle einmal ein Samen vom Baum des Lebens gewesen ist. Alle anderen Perlen kannst du verkaufen oder gegen etwas Nützliches eintauschen, wenn du in Not geraten solltest – nur diese nicht. Dein Vater hat sie mir zur Hochzeit geschenkt und mir dabei versichert, daß derjenige, der sie achtet und ständig am Hals trägt, niemals Hunger leiden muß, denn bevor das geschieht, kann er sie in die Erde stecken, und wenn er sie fleißig mit Wasser begießt, werden in seinem Garten viele Pflanzen und Bäume gedeihen, deren Früchte und Körner ihm immer genug Nahrung spenden!« Danach schloß sie die Augen und starb.

Die Tochter merkte sich die Worte ihrer Mutter gut. Sie glaubte fest an den Samen des Lebens, und als einmal viele Wochen lang der Regen ausblieb, und die Brunnen in der Nähe ihres Hauses versiegten, als in ihrem Garten Bohnen und Hirse zu verdorren drohten und ihre hungrigen Kinder zu jammern begannen, da nahm sie einen weiteren Weg in Kauf als die anderen Frauen, bis sie einen Brunnen fand, der noch nicht ausgetrocknet war. So konnte sie ihren Garten trotzdem bewässern, ohne die Zauberkraft der Perle in Anspruch nehmen zu müssen.

Auch sie übergab die Kette ihrer einzigen Tochter, als sie spürte, daß es mit ihr zu Ende ging: »Nimm sie und halte sie hoch in Ehren«, flüsterte sie. »Die große Perle in ihrer Mitte ist ein Samen vom Baum des Lebens ...« Aber dann wurde sie zu schwach, um weiterzureden, und starb.

Die Tochter nahm die Kette und hielt sie hoch in Ehren, ohne die Geschichte zu Ende gehört zu haben. Nur ihr ältester Bruder wußte Bescheid, denn er hatte einst hinter seiner Mutter gestanden, als ihr die Großmutter die Geschichte erzählte. Die Tochter heiratete und bekam viele Kinder. Doch dann wurde eines Tages ihr Mann im Streit von einem anderen erschlagen, und ihre erwachsenen Kinder zogen in die Stadt, weil sie hofften, daß es ihnen dort besserginge als in ihrem Dorf. Schließlich verlor sie durch einen unglücklichen Sturz auch noch ein Auge. Und weil sie nichts von der Zauberkraft der Perle wußte, konnte sie auch nichts anfangen mit ihr. Sie verkaufte ihre Hütte mitsamt dem Garten und zog zu ihren beiden Brüdern, die keine Frauen gefunden hatten, weil sie zu arm gewesen waren, um das Brautgeld für sie aufzubringen. Die drei Geschwister waren alt, viel zu alt, um noch ein Feld bewirtschaften und für seine Bewässerung sorgen zu können. Sie lebten von dem Geld, das ihnen die Kinder der Frau aus der Stadt schickten, und von den Almosen, die ihnen die Gläubigen schenkten, wenn sie am Freitag aus der Moschee kamen.

Den Kindern ging es in der Stadt nicht immer gut. Sie hatten oft selbst nicht genug zum Überleben, und die Almosen der Gläubigen waren für die drei Alten eine unsichere Einnahmequelle. So litten sie oft Hunger, und deshalb war es kein Wunder, daß der älteste Bruder schon bald zu schwach war, um sich von seinem Lager zu erheben. Längst hatte er die Geschichte der Perle unter seinen Sorgen begraben. Sie fiel ihm erst wieder ein, als er wissen wollte, mit was seine Geschwister die Frau bezahlt hätten, die sie holten, um ihn von seinen Gebrechen zu heilen. Da erklärte ihm sein jüngerer Bruder, daß er die Kette der Schwester an Touristen verkauft hätte, um an das Geld zu kommen.

»Und der Samen des Lebens?« fragte ihn der alte Mann. »Hast du den etwa mitverkauft?«

»Welcher Samen des Lebens?«

Da erzählte der Kranke ihm und seiner Schwester die Geschichte der Samenperle. »Holt sie zurück!« bat er seine Geschwister zum Schluß. »Einen Samen vom Baum des Lebens darf man niemals verkaufen. Das verschlimmert das Unglück einer Familie. Vielleicht könnt ihr den Fehler wiedergutmachen, wenn es euch gelingt, die Perle wieder zurückzuholen und dann einem Mädchen aus unserem Dorf zur Hochzeit zu schenken. Wir sind zu alt und brauchen sie nicht mehr, und die Kinder, die heute in der Stadt leben, würden uns auslachen, wenn wir ihnen die Geschichte vom Samen des Lebens erzählen würden.« Seine Geschwister versprachen ihm, ihr Bestes zu tun, und weil sie wußten, daß in ihrem Dorf schon bald eine Hochzeit gefeiert werden sollte, beschlossen sie gleich, die Perle wiederzubeschaffen und sie später der Braut zur Hochzeit zu schenken.

26

Die letzten Worte des Songhai wurden immer leiser. Karen kam es vor, als lösten sie sich in der Dunkelheit auf. So war das also, dachte sie, das war der Grund, warum sie versucht hatten, uns die Kette wieder abzunehmen. Auf einmal verstand sie die tiefe Verzweiflung des Kranken, als er vernahm, daß sein Bruder versehentlich die Perle mitverkauft hatte. Ob ihr Besitz und der feste Glaube an ihre Wirksamkeit ihm noch helfen könnten, wagte sie nicht zu behaupten, aber sie war sicher, daß ihm die Kapsel den Frieden wiedergebracht hatte.

Sie hatte das an seinen Händen erkannt und daran, daß er gleich eingeschlafen war, nachdem ihm seine Schwester die verlorengeglaubte Perle zwischen die Finger geschoben hatte.

»Wer war dann der Junge?« fragte Jessica in die Stille von Karens Gedanken.

»Welcher Junge?«

»Der mich verfolgt hat.«

Herr Coslin gab die Frage an Onkel Turi weiter. Der alte Songhai setzte zu einer längeren Erklärung an. Er ereiferte sich, während er sprach, und unterstrich manche Sätze mit einer Handbewegung. Karen kam es vor, als verteidige er seine Entscheidung, ihnen die Kette notfalls mit Gewalt wieder abzunehmen, und als entschuldige er sich für das Ungemach, das er ihnen angetan hatte. Nachdem er aufgehört hatte zu reden, übersetzte ihnen der Algerier seine Worte:

»Der Junge heißt Mehmed. Er kommt aus dem Dorf und ist ein entfernter Verwandter des jungen Mädchens, das demnächst heiraten will. Nachdem der erste Versuch Onkel Turis und seiner Schwester, die Kette auf dem Markt in Mopti wiederzubekommen, fehlgeschlagen war, haben sie ihn um Hilfe gebeten. Sie haben ihm erzählt, daß ein großer Zauber in einer der Perlen verborgen sei, haben ihm die Samenperle genau beschrieben und ihm versprochen, sie seiner Base zur Hochzeit zu schenken. Mehr konnten sie ihm nicht bieten, weil sie selbst nichts besaßen, was einem Jungen von heute verlockend erscheint. Zu ihrem Glück, betrachtete Mehmed den Auftrag offenbar als ein großes Abenteuer. Er machte sich gleich an die Verfolgung der neuen Perlenbesitzer.«

»Wie hat er das gemacht?« fragte Thomas.

»Per Anhalter natürlich«, antwortete Herr Coslin. »Per Anhalter reisen hier alle, die kein Geld haben, um sich eine Busfahrkarte zu kaufen.«

»Und weiter? Was geschah dann?«

»Weiter weiß Onkel Turi nichts. Daß Mehmed auf der Suche nach der Perle bei ihnen in Bamako eingebrochen ist, daß er mehrmals vergeblich und einmal mit Erfolg versucht hat, Jessica die Kette vom Hals zu reißen, hat der Songhai eben erst durch mich erfahren, denn Mehmed hat sich bis heute nicht wieder zurückgemeldet.«

»Dann wird er bald wieder dasein«, sagte Karen. »Ich bin froh, daß wir noch einmal hierhergefahren sind und die Perle selbst zurückgebracht haben.«

Sie verabschiedeten sich von der alten Frau und ihrem Bruder und versprachen ihnen, am nächsten Morgen noch einmal nach dem Kranken zu sehen, bevor sie nach Bamako zurückfuhren.

»Warum bleiben wir nicht gleich hier?« fragte Jessica.

»Weil wir Lärm machen, wenn wir unser Lager aufschlagen. Der Kranke braucht Ruhe.«

Herr und Frau Coslin schlossen sich ihnen an. Sie fuhren zurück durchs Dorf und dann ein Stück in Richtung Hombori, bevor sie einen geeigneten Platz fanden, an dem sie die Zelte aufstellen konnten. Karen war viel zu müde, um zu spüren, wie hungrig sie war. Außer der Schachtel Kekse bei Barbra Moro hatten sie nichts mehr gegessen.

Sie schlief rasch ein, und als sie am Morgen erwachte, konnte sie sich nicht mehr daran erinnern, ob sie etwas geträumt hatte. Das Frühstück bestand aus einem Eintopfgericht. Sie hatte im Auto noch eine Dose Bohnen gefunden, und die Coslins hatten eine Dose Gulasch beigesteuert. Den Inhalt hatte sie in einen Topf geschüttet und auf dem Campingkocher erhitzt.

»Bohnen und Gulasch hat's bei uns noch nie zum Frühstück gegeben!« stellte Jessica fest und rümpfte die Nase.

»Dann ist es eben das erste Mal«, sagte Karen. »Vergiß nicht, daß viele Leute hier hungern müssen.«

»So hab ich's nicht gemeint.«

Sie fuhren noch einmal zurück, wie sie es Onkel Turi versprochen hatten. Es war ein schwüler, diesiger Morgen, der die Felsentürme, die von den Leuten Hand der Fatima genannt wurden, wieder in Schattenrisse verwandelte. Als sie sich dem Dorf näherten, bemerkten sie, daß sich etwas verändert hatte. Irgend etwas mußte geschehen sein. Es war so merkwürdig ruhig. Kein Bauer arbeitete auf seinem Feld. Keine Frau lief mit dem Krug auf dem Kopf die Dorfstraße entlang, und nirgends spielten Kinder.

»Was ist denn da los?« fragte Karen Thomas.

Auf dem Dorfplatz standen die Frauen, stampften Hirse und sangen. Den Rhythmus dazu schlug ein Mann auf einer Trommel.

»Feiert ihr ein Fest?« fragte Thomas ein paar in der Nähe stehende Jungen.

Sie nickten. »Wie immer, wenn jemand im Dorf gestorben ist.«

Thomas brauchte sie nicht zu fragen, wer da gestorben war, denn er wußte es sofort, genauso wie es Karen und Jessica wußten. Er stieg aus und sagte den Coslins Bescheid, die ihnen gefolgt waren.

»Fahren wir trotzdem hin?« fragte er Karen, nachdem er seinen Platz hinter dem Lenkrad wieder eingenommen hatte.

»Ich meine schon. Wir haben es versprochen.«

Sie fuhren weiter, doch auf der Hälfte der Strecke zwischen dem Dorf und der kleinen Hütte am Fuß der Felsen, legte Karen ihrem Mann die Hand auf den Arm. Er hielt an und stellte kurz den Motor ab. Aus dem Dorf erklangen immer noch die Trommelschläge. Sie begleiteten die Autos, bis sie die Hütte des Toten erreichten. Bei ihrer Ankunft hockte die alte Frau neben dem Eingang und summte vor sich hin.

»Bonjour, Ma'am!« sagte Thomas zu ihr. »Es tut uns leid …« Er stockte, als er erkannte, daß sie ihn nicht zu verstehen schien. Unfähig, ihre Trauer in Worte zu fassen, sah sie durch ihn hindurch, so als erkenne sie niemanden. Dabei summte sie weiter, während sich ihr Oberkörper langsam hin und her bewegte. Es war, als befände sich ihre Seele weit von ihnen entfernt, an einem Ort, an dem sie niemand erreichen konnte.

Da kam ihnen, wie schon einmal, Onkel Turi entgegen und lud sie zum Eintreten ein.

»Ich weiß nicht …«, sagte Karen unsicher und sah dabei ihre Tochter an.

»Laß sie mitgehen«, sagte Thomas. »Einmal muß sie auch das kennenlernen.«

Die Luft in der Hütte war zum Schneiden dick. Erst als sie sich an das im Inneren des Raumes herrschende

Halbdunkel gewöhnt hatten, fanden sie sich wieder zurecht.

Der alte Mann lag da, als ob er schliefe. Karen bemerkte, daß seine auf der Brust liegenden Hände etwas festhielten, etwas, das sie nicht sehen konnte.

Er hatte die Augen geschlossen, und sein mumienhaftes Gesicht wirkte friedlich.

»Ist er wirklich tot?« flüsterte Jessica.

»Ja, Jessy«, erwiderte Karen. »Er hat ein schweres Leben hinter sich. Gut, daß wir ihm die Perle noch zurückgeben konnten, bevor er starb.«

»Sie werden ihn heute beerdigen«, sagte Herr Coslin.

»Wir sollten gehen«, sagte Karen. »Sie wollen vielleicht allein sein.«

Sie kam sich schrecklich hilflos vor. Es war nicht nur der Tod des Alten, der wie eine Wand zwischen ihnen und Onkel Turi stand, es war auch die andere Welt, aus der sie kamen. Eine Welt, undenkbar ohne Elektrizität, in der niemand zu hungern brauchte, in der die Krankenhäuser für alle offenstanden und, nicht zuletzt, eine Welt, in der Perlen als wertlos galten, die hier unendlich hoch geschätzt wurden. Sie begriff, daß es noch lange dauern würde, bis weiße und schwarze Menschen einander besser verstehen und friedlicher miteinander leben könnten. Niedergeschlagen verließ sie mit den anderen die Hütte. Niemand hielt sie auf.

Bevor sie den Rover bestiegen, durchsuchten sie ihn nach Dingen, die sie entbehren konnten. Sie fanden ein Säckchen Zucker, eine Tüte Milchpulver, Streichhölzer, Sicherheitsnadeln und einige Suppenwürfel. Thomas legte noch ein paar Turnschuhe, ein Hemd und eine Khakihose daneben, Jessica ihr Taschenmesser und Karen eine Wolldecke, etwas Verbandszeug und zuletzt noch einen Geldschein, damit sich Onkel Turi eine neue Brille kaufen konnte. Als Thomas den Wagen wendete, hockte die Alte immer noch mit leerem Blick vor dem Eingang der Hütte und wiegte sich hin und her. In einiger Entfernung hatte sich der magere Hund niedergelassen.

27

Die Coslins begleiteten sie noch bis Hombori. Sie hatten ausgemacht, sich noch einmal bei Barbra Moro zu treffen und eine Tasse Tee zu trinken, bevor sie sich trennen mußten.

»Zeig mir noch einmal deine Perlen, Jessy!« sagte Frau Coslin, während sie auf ihre Getränke warteten.

Jessica holte das Tuch mit der zerschnittenen Schnur und den losen Perlen aus Karens Tasche und legte es auf den Tisch.

»Ohne den Samen des Lebens sind es noch neunzig«, erklärte sie. »Einige von ihnen gibt es mehrmals und andere nur ein einziges Mal.«

»Und von wie vielen kennt ihr die Geschichte?«

Jessica überlegte einen Augenblick. »Mit dem Samen des Lebens sind es elf.«

»Na, dann bleiben immer noch ein paar übrig, von denen du nichts weißt.« Herr Coslin lachte.

»Ja, von den schwarzen Birnenförmigen würde ich gern mehr wissen und von der Roten dort, die so aussieht, als sei sie aus Plastik«, sagte Jessica versonnen.

»Vielleicht finden wir noch jemanden, der uns etwas über sie erzählen kann?«

»Wann müßt ihr denn zurück?«

»In einer Woche fängt Jessys Schule wieder an«, sagte Karen.

»Na, dann hat sie viel zu erzählen.«

»Das ist wahr«, sagte Thomas und sah Karen dabei an, »nicht nur Jessy, auch ich habe durch die Perlenkette mehr von Afrika erfahren als andere Reisende.«

Herr Coslin nickte ihm zu: »Wenn man bedenkt, durch wie viele Hände jede einzelne Perle gegangen ist und wie vielen Menschenleben sie eine andere Wendung gegeben hat, müßte die Kette unbezahlbar sein, viel wertvoller als ein Muschelperlencollier.« Womit er in wenigen Worten das wiederholte, was die alte Frau auf dem Markt in Mopti gesagt hatte.

»Sie haben einen inneren Wert, den man ihnen nicht ansieht«, sagte Karen. »Heutzutage versteht man unter kostbarem Schmuck eben nur solchen aus Silber, Gold und anderen teuren Materialien. Für Glas- oder Holzperlen, für Schneckengehäuse oder einfache Steine würde dir kein Leihhaus etwas geben, wenn du dir dort Geld leihen wolltest.«

»Das stimmt, und ich finde das sehr traurig«, pflichtete ihr Frau Coslin bei.

»Ja«, sagte Karen, »das ist es. Ich muß aber gestehen, daß es mir so vorkommt, als ob ich vorher blind durch die Welt gegangen wäre und als ob mir erst die Perlen das richtige Sehen beigebracht hätten. Dabei muß ich zugeben, daß mir, nachdem wir die Kette von dem Songhai gekauft hatten, Jessy mit ihrer Neugier und ihrer Fragerei, etwas über sie zu erfahren, fast ein bißchen auf die Nerven gegangen ist. Doch mit der Zeit hat sie mich damit angesteckt, und jede neue Geschichte kam mir wie eine Entdeckung vor, die die Welt weiter werden ließ.«

»Und nicht zuletzt haben wir nebenbei eine Menge netter Menschen kennengelernt«, fügte Thomas mit einem Blick auf die beiden Coslins hinzu.

»Masha zum Beispiel«, rief Jessica, »und ihre Eltern ...«

»Vergiß nicht Omar, den Teppichhändler, Jussuf, den Märchenerzähler, den Franziskanerpater, Professor Ahmadou und Herrn Moussa, den Antiquitätenhändler ...«, unterbrach sie Karen.

»... auch Onkel Turi und seine Schwester!«

»Schreibst du uns mal, Jessy?« fragte Frau Coslin.

Sie tauschten ihre Adressen aus. Dann verließen sie das kleine Lokal, denn die Algerier wollten am selben Tag noch bis Gao fahren. Karen, Thomas und Jessica winkten ihrem Auto noch so lange nach, bis es in einer Staubwolke verschwand.

28

Es blieben ihnen nur noch wenige Tage in Bamako. Die meiste Zeit davon verbrachte Jessica mit Masha, während Karen in Begleitung von Frau Ndobo die letzten Besorgungen machte. Omar hatte den Teppich geschickt, aber Karen kaufte noch eine Decke. Dann sah sie einen besonders fein geflochtenen Korb, ein altes Messer für Thomas, einige Meter bunten Baumwollstoff und noch ein paar Dinge, die sie ihren Freunden zu Hause mitbringen wollte.

»Paß auf, daß unser Gepäck nicht zu schwer wird«, mahnte Thomas sie, wenn er am Abend ihre Einkäufe sah. »Übergewicht ist teuer.«

An einem Nachmittag führte Herr Ndobo sie noch einmal durch das Museum, und Karen stellte fest, daß sie die Statuen, die Zauberstäbe, die Waffen und den Schmuck der verschiedenen Stämme auf einmal mit neuen Augen betrachtete. Sie waren ihr nicht mehr so fremd.

»Können Sie mir sagen«, fragte sie den Museumsdirektor, »warum man bei uns die afrikanische Kunst gewöhnlich als primitiv bezeichnet?«

»Das sagen nur Leute, die nichts davon verstehen«, erwiderte Herr Ndobo lächelnd. »Afrikanische Kunst hat nicht nur die Expressionisten beeinflußt, auch Picasso hat viel von ihr gelernt.«

»Dann werden sich auch bald die Modeschöpfer von unseren Gewändern inspirieren lassen«, sagte Masha und lachte dabei.

»Das haben sie schon«, sagte der Museumsdirektor ernst.

Später, als sie sich bei ihm für die Führung bedankten, machte Karen einen Vorschlag: »Wie wäre es, wenn uns ihre Frau und Masha nächstes Jahr in den Ferien besuchen würden? Dann könnten Jessy und ich ihnen alle Sehenswürdigkeiten bei uns zu Hause zeigen.«

»Oh, wirklich!« Masha gab sich keine Mühe, zu verbergen, wie sehr sie sich über die Einladung freute. »Papa, darf ich?«

»Mal sehen. Wenn deine Mutter auch damit einverstanden ist, hab ich nichts dagegen.«

Am Abend vor der Abreise saßen sie alle noch einmal auf der Terrasse des kleinen Bungalows zusammen, lauschten den Rufen des Muezzin, dem einsamen Schrei eines Esels und all den anderen, längst liebgewordenen Geräuschen der heraufziehenden Nacht, während sie die sanfte Kühle nach einem heißen Tag genossen. Am nächsten Morgen würde Thomas Karen und Jessica zum Flughafen bringen. Er selbst würde erst nachkommen, wenn seine Arbeit in Mali beendet wäre.

Es wurde wenig gesprochen. Karen erinnerte sich an ein Gespräch, daß sie am Morgen mit Jessica geführt hatte.

»Schade, daß wir schon wieder heimfliegen, Mama«, hatte Jessica gesagt. »Jetzt, wo ich mich gerade so gut mit Masha verstehe.«

»Vielleicht besucht sie uns ja im nächsten Jahr«, hatte Karen sie zu trösten versucht.

»Trotzdem tut's mir leid.«

Daraufhin hatte ihr Karen einen Vorschlag gemacht, der ihr in der Nacht eingefallen war. »Wie wär's, wenn du Masha etwas zum Abschied schenken würdest«, hatte sie gesagt. »Ich selbst möchte nämlich ihrer Mutter mein Seidentuch schenken. Sie hat es so bewundert.«

»Das Tuch von Papa?« Jessica hatte sie erstaunt angeblickt. »Aber du magst es doch so gern.«

»Eben deshalb. Wenn du einem Freund etwas schenken willst, muß es von Herzen kommen.«

Daraufhin war Jessica nachdenklich in ihr Zimmer gegangen, und Karen hatte sie eine ganze Weile nicht mehr gesehen.

»Willst du noch etwas Wein?« Mit diesen Worten riß Thomas Karen aus ihren Gedanken, nahm ihr das Glas aus der Hand und schenkte es nach. »Wo ist Jessy denn hin? Sie hat gesagt, sie müsse bloß etwas holen.«

»Ich weiß es nicht.«

Doch da kehrte Jessica schon wieder auf die Terrasse zurück. In der Hand hielt sie ein kleines Päckchen.

»Da«, sagte sie etwas verlegen und legte das Päckchen vor Masha auf den Tisch. »Das ist für dich von mir zum Abschied. Es ist die Hälfte.« Was sie damit meinte, verstanden alle erst, als Masha das Päckchen öffnete und eine verkürzte Glasperlenkette zum Vorschein kam. Jessica hatte die Schnur zerschnitten, zweimal fünfundvierzig Perlen abgezählt und zwei Ketten aus einer gemacht.

»Danke«, sagt Masha gerührt. »Vielen Dank. Sie werden mich immer an dich und an die Geschichten erinnern.«

Karen kannte ihre Tochter gut genug, um zu wissen, wie schwer es ihr gefallen sein mußte, ihre Perlen mit Masha zu teilen, und sie gestand sich ein, daß das französische Seidentuch, das sie Frau Ndobo zum Abschied geben wollte, mit diesem Geschenk nicht mithalten konnte. Vielleicht war das auch der Grund, warum sie die Freude von Mashas Mutter, als sie ihr beim Abschied das Tuch um den Hals schlang, etwas verlegen machte.

»Ist das wirklich für mich?« rief Frau Ndobo erstaunt. »Oh, ist das schön. Vielen Dank, Karen. Hoffentlich sehen wir uns im nächsten Jahr wieder!«, wobei sie sie mit großer Herzlichkeit umarmte und an ihren Busen drückte.

»Jessy und ich sind es, die sich bedanken müssen. Au revoir, Therése«, sagte Karen.

Inhalt